Pilot
派力营销图书

永远不要尝试向我推销任何东西。
给我提供所有的信息，
我自己来做决定。
——推特说唱歌手　坎耶·维斯特(Kanye West)

Pilot
派力营销图书

在内容不堪重负的世界中，
你的内容必须极具价值，才能脱颖而出。
让客户思考，
让客户欢笑，
给客户激励，
教客户新知。
当客户想要购物时，自然会想起你。

内容营销

（第二版）

有价值的内容才是社会化媒体时代
网络营销成功的关键

〔英〕索尼娅·杰斐逊　莎伦·坦顿◎著　耿聘聘　林　芳◎译

VALUABLE
CONTENT MARKETING

企业管理出版社
ENTERPRISE MANAGEMENT PUBLISHING HOUSE

图书在版编目（CIP）数据

内容营销：有价值的内容才是社会化媒体时代网络营销成功的关键：第二版 /（英）索尼娅·杰斐逊，（英）莎伦·坦顿著；耿聃聃，林芳译. —北京：企业管理出版社，2019.6
书名原文：Valuable Content Marketing: How to make quality content the key to your business success
ISBN 978-7-5164-1967-0

Ⅰ. ①内… Ⅱ. ①索… ②莎… ③耿… ④林… Ⅲ. ①网络营销 Ⅳ. ① F713.365.2

中国版本图书馆 CIP 数据核字 (2019) 第 104143 号

Valuable Content Marketing
Copyright © Sonja · Jefferson and Sharon · Tanton, 2013 and 2015
Illustrations © Lizzie Everard
This translation of Valuable Content Marketing 2nd edition is published by arrangement with Kogan Page.
Simplified Chinese edition copyright:
2018ENTERPRISE MANAGEMENT PUBLISHING HOUSE
All rights reserved.
本书中文简体字版由企业管理出版社出版。
未经出版者书面许可，不得以任何方式复制或抄袭本书的任何部分。
北京市版权局著作权合同登记图字 01-2019-2433 号

书　　名：	内容营销（第二版）：有价值的内容才是社会化媒体时代网络营销成功的关键
作　　者：	（英）索尼娅·杰斐逊　莎伦·坦顿
译　　者：	耿聃聃　林　芳
责任编辑：	韩天放　田　天
书　　号：	ISBN 978-7-5164-1967-0
出版发行：	企业管理出版社
地　　址：	北京市海淀区紫竹院南路 17 号　　邮编：100048
网　　址：	http://www.emph.cn
电　　话：	编辑部（010）68701638　发行部（010）68701816
电子信箱：	qyglcbs@emph.cn
印　　刷：	河北鹏润印刷有限公司
经　　销：	新华书店
规　　格：	166 毫米 × 235 毫米　16 开本　20.75 印张　280 千字
版　　次：	2019 年 6 月第 2 版　2019 年 6 月第 1 次印刷
定　　价：	69.80 元

版权所有　翻印必究　·　印装有误　负责调换

对内容营销的表扬

"内容营销这本书简直难以用语言来形容,视野高远。它向你讲述了应该制作什么样的内容。在我们这个日益喧嚣的世界,这本书给予你更高的境界。"

——克里斯·布罗根(Chris Brogan),经营者媒体集团(Owner Media Group)总裁

"关于内容营销这本书我没遇到过能出其右者,它真的是面面俱到、有实用性、给人以灵感、容易理解。我向对这个主题有兴趣的任何人高度推荐,尤其是那些正积极践行内容营销的人和那些考虑把内容营销落实到他们机构的人。"

——蒂姆·塔克(Tim Tucker),内容营销顾问和培训师

"我之所以喜欢这本书是因为它不是去尽力粉饰内容营销,它好似在彗星上登陆的探测器一般能给我们发回数据。而且,这本书写得明确、诚实、有实践性,它既展示了内容营销的强大影响力,也表明了它有多么简单可学。它也能将内容营销置于一个适宜的环境中,作为一种能取得收益的方式……如果你喜欢营销,想以合适的方式来做,你来对了地方,也找到了最得力的助手。"

——道格·凯斯勒(Doug Kessler),速度伙伴有限公司(Veloclty Partners Ltd.)创意总监

"在这个满是导师和专家的世界里,内容营销使人耳目一新。这可不是骗人的万灵油,它清晰地解释了如何与我们的潜在客户和现有客户进行互动。本书的内容具有基础常识性和可操作性,它有助于人们以一种诚实和坦率的态度把数字化信息运用到他们的企业中。"

——罗伯特·卡莱文(Robert Craven),主管中心(Director's Centre)管理总监(MD)和创始人,《发展你的数字营销》(Grow Your Digital Agency)作者

"这本书不但展现了大局图景,也包括对小型企业内容营销的种种细节……如

果你不能确定从哪儿开始在网上营销你的企业，或者你网站上的营销内容不能给你的企业带来足够的利润，那么从这本书入手吧！你不会失望的。"

——亨内克·杜斯特马特（Henneke Duistermaat），魔力营销（Enchanting Marketing）的创始人

"这本书结构清晰，具有逻辑性，就如你从标题看到内容一样，它既包括实践性的观点，也包括创建内容的操作指南，而且是创建可以增加价值的内容。这必定会是一本你不止学习一次的书！"

——贾耶·查克拉巴蒂（Jaya Chakrabati），商务教育学硕士（MBE），无名媒体集团（Nameless Media Group）总裁

"关于为什么内容营销是收益增长的支柱有满满的商业性的评论，实用的提示是如何创建一个可以建立伟大内容策略的持续、有效的方法。"

——保罗·威尔逊（Paul Wilson），财富500强金仕达（Fortune 500 Sungard）首席营销官

"价值内容营销就是……有价值的！它注定会是现代营销经典。在你的竞争者实践之前购买此书，你不会遗憾的！"

——李·弗雷德里克松（Lee Frederikson），Hinge营销（Hinge Marketing）管理合伙人，《螺旋上升》(Spiralling Up)作者

"价值内容是你可以在网上发表的有趣的、有价值的东西；有教育意义、有帮助性或者鼓舞人心的内容；读者喜爱的内容。这本书形象地向你阐述了如何做到这一点。"

——斯蒂芬·金（Stephen King），《啤酒杯垫上的金融》(Finance on a Beermat)作者

序（一）

商德需要好榜样
——派力营销图书经典系列再版序

我已十多年没有意愿发声，一是自身回归清静生活有点懒惰，二是对这些年商业的道德表现有些失望。

我是否是愤青般的夸大其词或羡慕嫉妒恨？

那就让我们以一个普通家庭消费者的身份，回顾一下日常生活中的购物和投资理财体会：大到购买房产及装修、买车、股票和基金、理财产品、商业保险、股权投资、医疗、教育等，小到网购、穿的衣服、吃的食品、用的物品、公用服务（通信、交通等）、售后服务、旅游、各种软件下载等，很多时候都会让你购前满怀期待、购后愤怒生气甚至投诉起诉无果。

商界精英们可以从自己及能影响到的身边人做起，力所能及地认清和改变自己，尽量持公正心、做正直人、干正派事，即便是不能给自己带来任何功利，至少每晚可以安然入眠，为我们的子孙树个好榜样，为未来中国商业和社会文明的进步垫砖添瓦。

其实，中国商界古代都有很好的榜样和"先信，再义，后利"的先辈教诲，就当今的消费体验而言，广东和四川的餐饮服务业很早就是中国商界好榜样，中国家电行业曾经的表现也是，那些辛苦赚钱的快递外卖小哥们的服务表现也不错，部分B2B行业的客户服务也进步很多，不少富翁们已经开始做一些很有持续利民价值的公益慈善活动，党和政府的反腐倡廉及法制建设也在快速进步，当然还有其他不一而足。

在出版派力营销图书经典系列之际，写此文与商界及二十多年来一直信任和陪伴派力营销图书的上千万中国营销同仁们共勉。

最后，让我们摘录亚马逊CEO杰夫·贝索斯在普林斯顿大学2010年学士毕业典礼上的演讲中的几句话作为共勉：

善良比聪明更难，选择比天赋更重要。

天赋和选择不同。聪明是一种天赋，而善良是一种选择。天赋得来很容易——毕竟它们与生俱来。而选择则颇为不易。如果一不小心，你可能被天赋所诱惑，这可能会损害到你做出的选择。

你们要如何运用这些天赋呢？你们会为自己的天赋感到骄傲，还是会为自己的选择感到骄傲？

北京派力营销管理咨询有限公司　屈云波
2018年10月1日

序（二）

在这令人思绪万千的几年里，内容营销理念已经从一个时髦词汇转变成了一种主流的营销方式。

在那个时候有相当数量的书把内容营销作为一门艺术和科学来撰写——大多数出自这样一些人手中，他们的业务名片上（墨迹未干）写着像这样的话"内容策略家"，或者"内容建筑师"，或者甚至是"内容导师"。

真是不幸，但是又充满期待，许多这样的建议已经是……嗯，一派胡言。这样的胡言乱语被人们沿街叫卖，这些人让内容营销看起来像魔法一般可以从中取得既定利益。

并不是这样的。

内容营销非常简单：运用你的专业知识去帮助你的潜在客户做这项工作。辛勤耕耘，为每一条你制作的内容增添价值。要慷慨大方。注入你的激情、态度和活力去赢得关注。

我之所以喜欢这本书是因为它不是去尽力粉饰内容营销，它好似在彗星上登陆的探测器一般能给我们发回数据。

相对于那些把内容营销写得神乎其神的书，这本书写得明确、诚实、可操作性强，它既展示了内容营销的强大影响力，又表明了它有多么简单。它也能将内容营销置于一个适宜的环境中：作为一种能取得收益的方式。

结果，这不止是一本超级有用的工作簿——也把内容营销的演示展现到极致。撰写此书时，莎伦和索尼娅已经实践了她们所宣讲的观点：努力服务于她们的读者（我们）；传送真实的、有实践操作价值的内容。

莎伦和索尼娅用来传扬福音的这本内容营销指南，其内容就是我们所称的"全垒打内容"：是人人真正想要消费的，有雄心的、自信的、智能的和有娱乐性的内容。当人们不断地粗制滥造苍白无趣的评论之时，再也没有什么能比得上创建志存高远、立场明确、有共鸣的内容更重要的事了。

为了实现它，最好有个向导来帮助我们，最好能有两个。

我首先遇到了索尼娅和莎伦，她们邀请我到布里斯托内容集团会议上做个演讲。

我不太确定她们对我有什么期待。现在布里斯托这样的地方能有什么类型的营销社区？结果我发现，布里斯托内容集团聚集了一群充满活力的、具有聪明才智的、非常有趣的、志趣相投的营销者，并且他们能创建高质量的内容。像我这种类型的人，从未见过像这样大的社区。

徘徊在价值内容（Valuable Content）办公室，我对他们服务客户的宽度、深度和精神留有深刻印象。这些都是给这本书带来影响的一线经历：能真正发挥作用的，真实世界里的策略和战术。

集团、企业和这本书，都是 VC 这对搭档具有聪明才智、慷慨大方、充满激情和具有精湛专业素养的证明。

如果你喜欢营销，想以合适的方式来实践，你来对了地方，也找到了最得力的助手。

享受这一切吧！

道格·凯斯勒
速度伙伴有限公司创意总监
2015 年 10 月 1 日

前 言

你为何需要本书

对于任何尝试建立和营销企业的人来说，这是个既让人兴奋又令人困惑的时代。以前从未有这么多的方式让你去弄清楚情况或者与客户建立联系。理论上说，任何人都可以通过访问网站购买此书。

然而你不太可能躺在才华横溢的推销人物的光辉下晒太阳，而是得想办法去吸引喜爱你的产品和服务的客户。你如何才能弄清楚这个新的营销世界？

价值内容是你的客户和你的企业之间联系的重要方式。本书会向你讲述为什么你需要关注价值内容，关注什么工具，最重要的是如何正确地利用它。

如果你能不断地创建和分享人人喜爱的价值内容，你会拥有前所未有的机会去获取人们真正想要的业务机会。你会发现那些愿意向你奉献他们的时间、他们的关注和支持的人。你的客户会成为你的社交分享营销部落，他们会帮你完成推广你的业务的任务。

我们在这里讨论的是广为人知的"内容营销"（2012年我们撰写了本书的第一版）——一种会真正成为主流的开展业务的方式。

为何要阅读本书

成千上万的企业，既有大型企业也有小型企业，已经把资源转化成了价值内容。你会发现更多内容营销的书籍、资源、技巧、文章评论、指南和博客，让你应接不暇。

那么为什么我们还要把它添加到我们这本书的内容中？这本书会给我们带来什么优势？

在内容不堪重负的世界中，你的内容必须有价值才能脱颖而出

我们遨游在内容中，但并不是所有内容都是优秀的。把客户的最佳利益置于核心地位的高质量的内容，有助于为你的企业营销提供动力，这里会用一种为你量身打造的方式学习如何达成这一切。

为小型、独立性的企业提供帮助

市面上已有许多为大型企业进行内容营销撰写的优秀书籍。本书可以为你提供一个直接的途径去尝试和测试在小型企业里内容营销发挥作用的方式。

我们已经发现，小型企业经常会充分利用内容营销。独立的思维、勇敢、足智多谋、准备迎接挑战——这些使得小型企业经营者成功的品质也都是有用的内容营销者的特质。

如果你对营销这个概念感到不安（我们知道许多小型企业经营者有这样的感觉），本书会教会你一种感觉自然的营销方法。用价值内容进行营销，是你帮助客户的一种方式。如果你的资源有限，你要学会如何用价值内容，把营销有效地建立在你的企业中。

为独立的、有思想的大型企业提供帮助

大型企业也可以从本书中受益。如果你深深地关心你的客户，那么你就是处于一种需要采取行动的状态，这是写给你的。用价值内容开展营销对你的企业来说意味着某种大的变革，如果你准备好迎接这场挑战，那么我们欢迎加入。

如果你了解你的企业在做善事，你有伟大的故事要讲，你可以学着如何把你的观点变成有用的和鼓舞人心的内容，与你的理想购物者产生共鸣，为你赢取更多的业务。

前言
你为何需要本书

用最实用的内容提供实际帮助

本书解决了相当数量的问题，我们知道人们面临的最大困难是：

◎我知道我需要创建内容，但是确切地说我应该创建什么内容？

◎如何清楚地了解我的网站？

◎我应该采用什么语调？

◎内容、社交媒体、电邮营销、SEO——如何把这一切都结合在一起？

◎我恐惧写作。

◎我太忙了，没时间做。

◎我成功了，但是我不知道切入点在哪。

◎如何使它为我们发挥作用？

感受方向正确的方法

如果你对不相关广告信息进行的地毯式轰炸感到精疲力竭、被陌生电话激怒、对垃圾邮件感到厌烦、对像在网上散播的再营销这样的新的骚扰技术感到沮丧，那么你就不是在踽踽独行。我们也有相同的感受，你的客户也有和你一样的感觉。

本书展示的方法，特意避免了给营销者招来不好名声的技巧这一步。大家玩出精彩吧！这是人们喜爱的营销。

这个第二版本做了什么改动

围绕内容营销的对话做了改动。当我们撰写本书第一版时，我们更多关注的是为什么你应该用价值内容进行营销；这次我们关注更多的是如何你才能把这一切弄清楚。

一些内容并未有变化。我们来自第一本书的真言——"提供帮助，而不是推销；展示，而不是去告诉；演讲，而不是呐喊"——像以往一样有效。对话和工具也许发生了变化，但是方法的核心理念仍旧是相同的。

我们已经使用价值内容帮助许多企业建立和拓展了他们的业务。我们也用此

3

方法经营我们自己的企业，已经看到企业在蓬勃发展。我们创建和分享的内容已经把我们带上了某个愉快之旅，并为我们赢取了我们想要与之合作的目标客户类型。我们还是从未打过任何一个陌生电话，未曾付费要求广告宣传，或者向购买来的联系人列表里发送推销邮件（尽管人们仍旧在尝试一周至少两次向我们推销他们）。忠于我们的原则使我们更快乐——正确的客户类型一直在纷至沓来。

在这个版本中，我们想运用我们的知识和经验向你展示如何利用这个有影响力的方法为你发挥作用。

如何阅读和运用本书

无论你是一名企业经营者、领导、营销者、推销人员、主题专家、主修商务的学生或是一人团队，本书都会对你有帮助。无论你是否是数字土著，我们都会引领你穿过这片新的图景。不管你是内容营销的新手，还是富于经验的、想要做得更出色的内容营销者，你都能从本书获益。

本书分为三个部分。

◎第一部分。介绍为什么内容营销如此必要和如此有影响力。你会学到支撑这种有影响力的方法的原则；举出取得巨大成功企业的例子，列举他们如何用价值方法来开展业务。如果你是一位高级专门人才可以略过这部分。如果你需要把企业案例运用到你的机构里进行内容营销，这里的故事和总结俯首皆是。

◎第二部分。关注当今你可获取的内容选择的范围——内容创建和发布工具的结合构成了你的价值内容宇宙，洞悉了解每一项内容并给出观点。这是你的基线——当今每个企业需要落实营销发挥作用的基本原理。

◎第三部分。写给做好准备认真对待他们的内容的人——想利用为他们的企业驱动产生更具竞争力的优势。如果你做好准备做些艰苦思索，真正想让你的企业与众不同，请详细阅读此部分。

通篇包含案例研究、故事和可践行的技巧——从开始的"你的内容有多大价值"，练习到资源区的大量丰富的检查表、模板和创意动力。

让我们开始吧！

诊断题：你现在的内容有多大价值

参加价值测试——你是否需要这本书。

参加价值内容测试来精准定位你现在所进行的营销有多大用处。这会帮助你集中精力、提高你的效果、指导你找到本书最有帮助的部分。那么，看看你做得怎么样？

1. 我们的营销活动产生了好的能带来利润销售额的 Leads[①]。

A. 是。一切非常好，谢谢。

B. 有时是，但是我们喜欢更多的 Leads。

C. 不，是一件难事。

2. 我们积极开展在线营销，而且我们的在线业务已经取得了收益。

A. 是，我们有一个为我们服务的网站，我们在网上传播我们的内容。我们 50% 的新业务咨询或者经由网络而来的更多业务咨询，都是在线进行的。

B. 达到一定程度。我们有网站，但是我们并未在网上做其他更多的努力。我们期待更好的结果。

C. 不是，我们没有在网上合适地营销我们的业务。事实上，感到很尴尬。

3. 潜在客户欢迎我们的营销。

A. 是。我们的营销是所有关于创建和分享有用的、相关的和有意义的信息，我们的客户告诉我们他们喜欢这样的营销。

B. 他们喜欢其中的一些。也有许多被他们忽视。

C. 不是。大部分时间门户紧闭，鸦雀无声，难以启齿。

4. 我们定期发表新鲜内容。

A. 是——每月两次或更多。

---

① Leads 指通过交流后，某人或机构可能购买某种产品或服务的信息。

B. 诚实点说，有点断断续续。

C. 不是，我们的内容几乎从未改变。

5. 我们有一个工作业务博客。

A. 是。我们定期发布一篇新文章，从我们开博客所付出的努力中产生好的 Leads。

B. 只达到某种程度。我们确实有一个博客。我们时不时地发布一些内容，但并不是真正地进行更多的互动或者用来产生 Leads。

C. 没有。

6. 我们加入社交媒体是为了寻求业务。

A. 是。我们有一列不断增长的观众人群的名单，我们的许多内容被分享。它建立关系、产生有用的联系、推荐意见和推销机会。

B. 有一点。我们试水，但是它不会真正把我们带向何处。

C. 不是。

7. 我们确保搜索引擎可以找到我们的内容。

A. 是。优化搜索引擎（SEO）是我们的策略中一个重要的部分——我们的排名很好，可以被发现。我们谨慎索引我们的内容。

B. 我们只做到了一点点，因为我们还不完全懂 SEO。

C. 不是。我们的内容是看不见的。

8. 我们已经建立了一份联系人互动名单列表并用有用的通讯系统保持联系。

A. 是。我们向我们的订阅者定期发送有价值的内容，我们有一个积极的、人数不断增长的社区，他们乐于接收我们的内容。

B. 我们只做到了一点点。我们定期发送企业消息。

C. 不是。

9. 我们在我们的网站上分享深度内容，如：有用的指南、白皮书、展示、视频或者电子书。

A. 是。我们已经投资了一些在我们的网站上容易发现的的真正高质量、重量级的内容。

B. 我们可以做到。我们有一些散落在办公室的好资源，但是我们还未把它们中的许多内容发布到我们的网站上。

C. 不是。

10. 我们的营销努力锁定了具体的目标客户。

A. 是。我们确切知道我们想要吸引什么类型的客户或者顾客，我们制作出他们能与我们联系并重视的相关信息。

B. 在一定程度上，但是有一点儿大棒加萝卜的营销方式。

C. 不是。我们的营销是相当全才和漫无目的。我们认为如果我们做得太具体的话会错失机会。

11. 我们有开展内容营销的策略方法。

A. 是。我们已经标记了我们的内容策略，并且定期作参考。

B. 我们有点了解我们的目的，但是我们还未完全想清楚。

C. 不是。

12. 整个业务都加入到内容营销中。

A. 是。从销售团队到老板和支持员工，我们会全力以赴这 行动。

B. 有一支内容团队，但不是每个人都加入。

C. 你在开玩笑吗？

13. 我们为我们的网站和营销感到自豪。

A. 是。我们发布的信息反映了作为一个企业的真实的自己并且很好地讲述我们的故事。

B. 嗯，有那么一点，但不全是。有点儿尴尬。

C. 不是。就感觉不像我们。诚实点说，我们对我们的网站感到很失望！

你的得分

大多数选 A 的朋友。恭喜你！这听起来好像你的营销正沿着正确的道路行进，在 Leads 和销售方面有好的收益。很明显你喜欢定期分享的价值内容是客户寻求的营销类型。在本书第三部分你会找到使你的内容更加有价值的高级技巧。

大多数选 B 的朋友。你在正确的方向上，但是肯定还有待提高。使你的内容正确，在 Leads 和销售额方面你会看到来自你的网上营销更好的结果。本书第二部分、第三部分和额外的资源真的会帮到你。

大多数选 C 的朋友。虽然为时未晚，但是毕竟失去了你的营销机会。这对你的企业来说必定不是件乐观的事。如果你想让别人在网上发现你，要不断地从你的营销努力中产生好的 Leads，想取得一定的前景，你真的需要这本书。阅读一下，然后展开行动去改变你的内容，赢得更多的业务。

目录 CONTENTS

第一部分 为什么需要有价值的内容 \1

第一章 消费已发生了变化，营销应跟上步伐 \4
拓展业务所面临的挑战 \5
谁是内容营销的赢家 \6
成功的企业做了哪些正确的事 \8
改变消费者行为的三个要素 \10
具体的实施方法 \15

第二章 客户青睐有价值的内容 \16
普通内容与有价值的内容 \17
稍等一下，这种营销方式是新兴的吗 \20
客户青睐有价值的内容营销的八个原因 \21
具体的实施方法 \29

第三章 有价值内容的指导原则 \30
有价值的内容营销的八个指导原则 \31
具体的实施方法 \41

第二部分 什么是有价值的内容 \43
有价值的内容宇宙 \45

第四章 博客 \47

博客的基础知识 \ 48

如何成功创建商务博客 \ 51

如何撰写有价值的博文 \ 54

使你的博客看起来令人满意，读起来更好理解 \ 56

推广你的博客文章 \ 58

博客内容可以视觉化 \ 61

关于博客的问题 \ 62

具体的实施方法 \ 65

第五章　社交媒体 \ 66

社交网络：开展商务活动的主要场所 \ 69

哪种社交平台最适合用来分享内容 \ 78

适用于所有社交网络的价值内容指南 \ 81

社交网络的未来 \ 85

具体的实施方法 \ 85

第六章　电邮期刊 \ 86

保持联络的重要性 \ 87

电子期刊是有价值的联络方式 \ 88

电子邮件营销工具——你有选择权 \ 89

创建社区 \ 90

电子期刊的内容 \ 93

自动回复电邮——邮件策略的价值补充 \ 97

发行你的期刊 \ 98

具体的实施方法 \ 99

第七章　优化搜索引擎 \ 100

为什么优化搜索引擎是件聪明的事 \ 101

目 录

人们如何使用搜索引擎 \ 102

使用关键词搜索 \ 104

搜索引擎想要从你这得到的内容 \ 105

网站设计要便于搜索 \ 107

利用 SEO 得到正确的帮助 \ 109

搜索引擎的新变化 \ 110

具体的实施方法 \ 111

第八章 更有深度的内容：电子书、白皮书、幻灯片和出版物 \ 112

存量和流量：内容走深的价值 \ 112

所有最有价值内容都要下一番苦功 \ 115

可供选择的、有深度的书面内容 \ 116

关键性内容条目下撰写的内容 \ 123

有深度的内容需要伟大的设计 \ 124

登录页的重要性 \ 125

是否应该让人们填写表格去下载你的内容 \ 126

内容重新利用和整合内容活动的价值 \ 128

具体的实施方法 \ 131

第九章 视频、音频、信息图表等多种媒体手段 \ 132

用不同的形式与更多人建立联系 \ 133

视频的强势崛起 \ 134

视频选择 \ 134

为什么视频对内容营销者作用好 \ 135

面对镜头时如何放松 \ 140

很棒的动画制作 \ 141

神奇的网络研讨会 \ 142

关于网络研讨会的有价值的提示 \ 142

信息图的作用 \ 143

商务播客 \ 143

让在线游戏成为销售工具 \ 145

移动应用程序 \ 145

多种方式相结合 \ 146

具体的实施方法 \ 147

第十章 扩大传播范围的方法：公共关系、访问博客、参加活动和付费广告 \ 148

让你的内容在业内领先的媒体上发布的意义 \ 149

价值内容赢得公关机会 \ 150

客座博客的礼节 \ 151

如何向有影响力的人献殷勤 \ 152

如何找到合适的网站和博客 \ 153

作为内容营销的活动 \ 154

充分利用演讲的机会 \ 154

完美展现的技巧 \ 155

选择付费广告 \ 155

具体的实施方法 \ 157

第三部分　如何用价值内容提升你的业务 \ 159

第十一章 价值内容策略 \ 162

创建和记载你的价值内容策略 \ 163

策略方法的益处 \ 164

写下来的重要性 \ 164

做些真正的研究 \169

创建客户档案 \170

创意档案练习 \171

档案的用途 \172

利用档案为你的内容萌生前期思路 \173

你在你的故事中寻找什么 \177

如何发现你的故事 \178

撰写故事 \179

定义你的内容的最有效点 \180

什么是重要的话题 \181

为你的内容营销设定观点 \182

准备内容日历 \183

采用何种方式发布的内容会有大量的读者 \185

如何建构你的企业使它发挥作用 \187

谁是讲故事的最佳人选 \188

你的内容营销精锐团队 \189

让你的人员通力合作 \192

没有明确的目标你不能评估 \193

评估真正重要的事 \194

评估进程中的过程以促成销售额 \194

对话是关键 \195

营销自动化使你更智能 \196

创建一个定制评估报告 \196

长期评估、精炼和学习 \197

一个页面的内容策略 \198

具体的实施方法 \199

第十二章　创建有价值的网站 \ 200

　　坚实基础上创建内容策略 \ 201

　　评估时间：你的网站能否胜任此工作 \ 201

　　有价值的商务网站的作用 \ 202

　　像梅尔·李斯特（Mel Lester）一样，给网站设立客户为中心的目标 \ 204

　　内容撰写的二八定律 \ 205

　　为达成销售进程中的每一步提供内容 \ 206

　　逻辑和情感 \ 207

　　传统网站与价值网站 \ 208

　　与你的网站设计开发团队协同并进 \ 211

　　两个重要的网站设计特点 \ 213

　　营销自动化和网站的未来 \ 214

　　网页设计团队指南 \ 217

　　网站主区域的构想 \ 218

　　关于我们 \ 219

　　我们的员工 \ 220

　　这是你吗 \ 220

　　客户经历 \ 220

　　我们的服务 / 产品 \ 222

　　免费资源 / 深度内容图书馆 \ 222

　　向世界发布你的新网站 \ 223

　　具体的实施方法 \ 224

第十三章　如何撰写有价值的内容 \ 225

　　任何人都能学习撰写价值内容吗 \ 226

撰写价值内容的不同之处是什么 \ 226

规划成就完美 \ 227

规划问题 \ 227

提高写作技能的一些基本写作原则 \ 228

快速写作练习（一）\ 229

使用主动语态而不是被动语态 \ 229

快速写作练习（二）\ 229

捕捉"你"的力量 \ 230

快速写作练习（三）\ 230

提出问题 \ 230

快速写作练习（四）\ 231

要精简 \ 231

隐喻和类比 \ 231

打破一些规则 \ 232

要真实 \ 232

编辑 \ 232

为企业确定一个正确的基调 \ 233

基本的基调指南 \ 235

让标题发挥作用 \ 235

成为一名自信的内容作家 \ 237

不要虚度光阴，想做就做 \ 237

具体的实施方法 \ 238

第十四章 如何利用有价值的内容进行销售 \ 240

推播式营销在集客式营销年代并未终结 \ 241

价值内容并不是销售手册 \ 242

如何使用价值内容开始营销对话 \ 244

价值内容与优秀销售团队的作用 \ 246

你应该如何追踪内容下载 \ 246

如何不把事情搞砸 \ 247

让营销和销售在内容上协力发挥作用 \ 249

销售人员参与内容营销的实施方法 \ 251

第十五章　赢得不断生成内容的挑战 \ 252

价值内容产生过程 \ 254

每个月都写些什么内容 \ 255

自己准备一个笔记本 \ 255

平衡你的内容——不能只是博人眼球的内容 \ 256

如何做到善于安排事情 \ 256

如何让别人阅读你的内容 \ 257

如何让别人阅读你的内容（快速检查单）\ 258

定期举办内容规划会议 \ 261

有趣味性 \ 263

规划和使用内容日程表 \ 264

内容日程表工具和内容实施 \ 265

建立团队精神：一种价值内容文化 \ 266

提供人们创建内容的时间 \ 267

身先士卒 \ 267

是激励，而不是强迫 \ 267

使价值内容文化成为你招募过程的一部分 \ 268

提升团队技能 \ 268

支持你的团队 \ 269

继续前行 \ 269

具体的实施方法 \270

第十六章　疑难问题解答：回答重要内容问题 \271

问题1：如何抽出时间来创作优秀的内容 \272

问题2：如何从我的内容和我的团队中挤出每一滴有价值的内容 \274

问题3：如何克服我的写作恐惧 \275

联合创作 \276

问题4：如何长时间使内容保持趣味性 \277

库存内容盘点和重新组织内容 \277

联系你的客户 \277

尝试新格式 \278

重新唤起你的创造力 \278

结语：快乐的人创造优秀的内容 \279

具体的实施方法 \280

结语　致营销人员的宣言 \281

价值资源区 \283

了解客户的问卷调查 \283

评估报告例子 \286

内容规划问题 \287

网页内容的评估指南 \288

能帮助你写好案例研究的问题 \291

检查者：这个内容有价值吗 \294

致谢 \296

后记 \299

第一部分
为什么需要有价值的内容

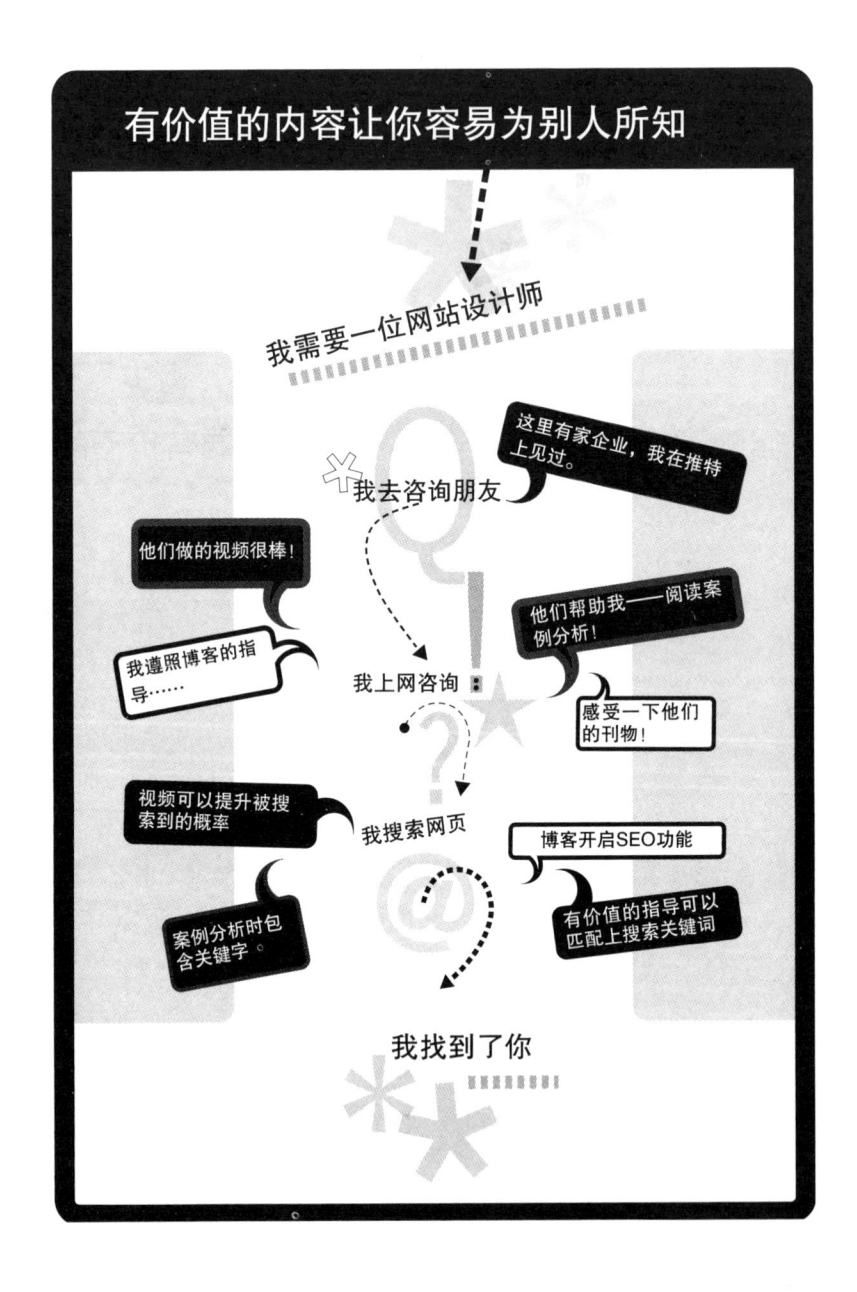

内容营销
（第二版）
Valuable Content Marketing
有价值的内容才是社会化媒体时代网络营销成功的关键
How to make quality content the key to your business success

有价值的内容让你容易为别人所知

我需要一位网站设计师

我去咨询朋友

这里有家企业，我在推特上见过。

他们做的视频很棒！

我上网咨询

他们帮助我——阅读案例分析！

我遵照博客的指导……

感受一下他们的刊物！

视频可以提升被搜索到的概率

我搜索网页

博客开启SEO功能

案例分析时包含关键字。

有价值的指导可以匹配上搜索关键词

我找到了你

为什么价值内容是所有成功营销的关注点？如何才能遵守新的比赛规则？

> 营销不再是关于你所制造的东西，而是关于你所讲述的故事。
>
> ——塞思·戈丁

营销在过去十年中发生了极大的改变。人们购物车的方式改变，所以我们对销售也要做出相应的改变。价值内容营销已经发展成为一种弥合差距的方式，这种差距表现在人们喜欢的购物方式——网上搜索和通过来自社交网络的推荐——智能企业喜欢销售的方式——通过展示同情、目的性和实用性，而不是采用吵吵嚷嚷的大声叫卖。

本书第一部分详细探讨了这种新的营销图景。当今适合我们思维和行动的价值内容是什么？支撑内容营销成功的原则是什么？

如果你是内容营销的新手，此部分会帮助你适应一下。如果你已经在内容营销领域驰骋多年，你会对我们客户发生的一切变化有了新的洞察了解。如果你已经被说服用价值内容进行营销是我们前进的方向，尽可随便略过第一部分。如果你需要使别人信服你的观点，这个部分有许多内容对你大有裨益。

我们会向你展示什么内容才会成为真正有价值的内容，分享一些采用此方法取得成功的企业的例子。有了这样适当的基础准备工作，我们会让你思考：对于你、你的客户和你的企业而言，什么内容才是最有价值的？

第一章
消费已发生了变化，营销应跟上步伐

如果你不喜欢变化，你会跟不上潮流甚至被淘汰。

——艾瑞克·辛赛基

本章内容介绍

◎业务拓展是艰巨的。

◎谁会是赢家。

◎企业该如何行动。

◎改变消费者行为的因素。

◎新型消费者的心理。

回忆在过去12个月内购买产品或服务的情形。做出采购决定经历了哪些步骤？首先是什么驱使你做出采购的行为？采购前你是如何来做一番研究的？何种事物或人会影响到你的采购决定，并且你会产生何种心理变化？究竟是什么最终把你推向做出那个重要的采购决定的边缘？

最有可能的就是过去几年中你的采购历程已经发生了翻天覆地的变化。然而好多销售行为仍旧停留在1985年的状态。

本章我们着眼于为什么有的企业在如此激烈竞争的市场环境中依旧能赢得客户。针对挑剔、吹毛求疵的消费者，我们将剖析一下影响他们销售行为的主要因素。不要对这一切漠不关心——消费者的眼光及洞察力甚至是对我们的挖苦，都可能会为我们提供商机。

拓展业务所面临的挑战

产品的销售一直以来都是很艰难的事。询问任何一家企业的经营者他/她的企业所面临的最大挑战是什么，位于榜首的回答十之八九总会是"业务拓展"。由美国 Hinge 市场营销对专业性服务企业所做的广泛调查，72% 的专业性企业把"吸引和发展新业务"作为他们 2015 年的首要挑战。

怎样才能找到新客户？怎样才能让我们在竞争中显得与众不同、脱颖而出并能证明我们的价值？如何才能创造更多的机会让更多的人知道我？如何才能在销售中取得长久的、丰厚的回报？

商家曾开展各种活动来尝试吸引客户的关注，但其结果均不像以往那样奏效。其表现如下。

◎ 人们对那些冷冰冰的营销电话、邮件的回应如断崖式下降——例如，客户对 80% 的语音邮件都会采取漠然置之的态度。

◎ 过去曾使用过的通过地毯轰炸式的发邮件来产生 Leads 的方法，结果无非就是电子邮件未曾开启或被直接归为垃圾邮件。

◎ 媒体广告所投入的成本难以估算（而且大多数人也会自动屏蔽掉大部分的广告，这好像也不是我们所要遵循的正确方式）。

◎ 展会既耗费巨大的财力又投入大量的时间，而又有什么回报呢？

◎ 在竞争激烈的市场中，你一直所依赖并寄予厚望的网络接触也不能提供给你所需的 Leads。

对于与上述类似的挑战我们不再一一赘述。阅读了本书我们知道必须要做出改变了！你很有可能已经迈向了数字革命时代，开始了在线业务营销。但你心中渴求的、得到丰厚回报的愿望还会不时令你沮丧失望、甚至难以跨越。

有更好的办法吗？

◎你也许在网站方面已有所投资，但所有承诺的Leads都归向何方？

◎PPC和SEO为你的网站注入一定的流量，但访问者很少在此驻足。

◎推特占用过你的时间，但情形犹如隔空喊话得不到丝毫回应。

◎你可能也曾经登录过博客，但只是踽踽独行、艰难行进——这是一种会起作用的内容营销吗？

◎你所采购的并给你做出诸多承诺的这种自动营销模式，能向你确切展示网站后台发生的一切（然而这明显远远不够）。

如果以上诸营销手段听起来那么真实，可以说你并不是在独自前行。你已然成为你所从事的本领域的行家，并且知道在你圈外的人谁会真正受益于你的产品和服务。？那么你究竟该如何获得他们的关注和建立起他们对于你的信任？

是时候对所有的营销方式做一个大盘点了。尤其是在如此不甚奏效的"技术"上耗费了大量的时间和金钱，而所产生的效果竟是如此的微小后。

必定会有更好的方法！

谁是内容营销的赢家

有些企业即使所处的市场环境极为恶劣，仍然能够取得企业的成功发展。它们始终引领潮流发展的方向——其中最大的依靠就是他们的网站和社会媒体。它们的网站扩展迅速，用温和的方式传递着容易被人们接受的信息。不需要打促销电话，也不需要铺天盖地的广告和促销邮件，仍然可以把自己的信息高效地传递给客户。事实上，经常是客户主动打电话联系他们。有些顶尖的营销高手，甚至会说自己在享受营销！

◎ Ascentor的信息风险专家成功吸引到大量的leads

Ascentor在过去三年中每个月发表四篇博文，并且提供大量的内容，涉及信息安全、经营风险有关的的免费电子书、指南和电子期刊。它所提供的内容通过网上搜索、社交媒体、电子邮件和活动营销等，手段分别送达至董事会层面人员、政府客户和中小型企业用户的手中。

"我们的内容极大地增加了我们的品牌意识。现如今都是人们主动来找我们，而不是我们去求助于他们，"戴夫·詹姆斯（Dave James）如是说。他认为内容营销在不断地吸引 leads，它有助于提升企业网站在利基市场方面的在线术语搜索功能。

◎ IT 服务公司 Desynit 创建了一个健康的销售管道

Desynit 是一家小型 IT 服务公司，在 2013 年推出网站之前主要进行客户研究。"我们深知客户想从一家 IT 公司了解到何种的前景和展望，我们就把这一点转化成一种强有力的品牌特征，使用各种手段来支撑我们的内容，这其中包括博客、指南、信息图、幻灯片合集、视频和现在的播客。"Desynit 的营销经理艾米·格伦汉姆（Amy Grenham）这样说，"我们的网站流量翻了三倍多，而且呈持续上升状态。我们现在拥有了一个以前从未有过的强大的、稳健的销售管道。"

◎ 生产企业 Sugru

Sugru 销售万能胶，其种类繁多的胶类产品使其销售上的言辞听上去也那么的美味、有吸引力。他们利用网上分享的内容创建了一个自己动手修理的社区。Sugru 的创始人詹妮·杜尔奥伊蒂（Jane Ní Dhulchaointigh）说："我们需要的是以一种讲故事的方式来使人们相信，如果我们修好了某个东西真的可以使得世界变得更美好。我们发现最容易的一种方法就是通过发送好看的视频和优秀的内容，就会使得整个故事生动起来。"

◎ 克劳顿·考克斯（Clutton Cox）律师事务所

这个 8 人律师事务所在线提供的服务，比起线下那些由 50 个合伙人建立的律师事务所提供的服务还要强大。他们作为价值内容方法的早期采纳者，主要提供在线法律服务，其客户关注度不仅帮助他们在法律界剧烈动荡的时期存活下来，而且还不断发展壮大。他们开的博客、给出的指南、所提供的不断创新的展示及在线指导创建了他们的形象，建立起了人们信任感，因此他们成为当地人们首选的法律事务所。

◎沙滩度假酒店（Sands Beach Resort）

位于兰萨罗特斯的沙滩度假酒店发展蓬勃兴旺，它的成功绝大部分归功于在网上创建和分享的内容。这片神奇的海滨度假区一直以来受到家庭度假人士的喜爱。但是在过去三年多的时间里作为首要赛事目的地，它也赢得了一定的声誉——通过社交媒体与不同的客户分享相关的、高品质的内容，这才是其成功的关键。

◎ Create 健身器材有限公司

马克·德恩福德（Mark Durnford）的健身房提供个人训练、游泳培训和运动按摩。Create 团队相信凭借分享他们的教练方法和知识，可以充实客户和其他人的体验，他们开博客，创新电子书，并在 YouTube 上传教学视频。这种有价值内容营销既引起了国际关注又带来了商机和满怀感激之情的客户。"新客户告诉我们说，他们毫不犹豫地就联系了我们。甚至在他们拿起电话或发出电子邮件前，一想到 Create 会支持他们做出的这种积极改变就心情舒畅。"马克·德恩福德说。

◎汇丰银行（HSBC）海外服务（Expat Services）分部

内容会使你青睐上某个银行吗？这听起来像天方夜谭，但是 HSBC 的海外内容营销渐进方法使之得以破解。它们提供了众多资源——指南、调查报告、视频、众源提示和技巧、超一流的博客、交互式工具和社交软件更新——所有资源都是经过精心设计并可共享。这样的内容有助于创建更好的商誉，不断培养新的海外客户并更好地服务于现有客户。

阅读本书的其他章节你还会看到更多成功企业的策略。

成功的企业做了哪些正确的事

所有的成功企业都会向有营销价值的特定客户群体无私地展现自身的价

值，而他们的慷慨也将得到回报。

◎展开在线营销。他们在社交媒体上创建关系，使他们的网络策略朝着正确的方向发展。

◎发布有价值的内容。他们创建并分享有用的或有娱乐性的内容，不发布仅取悦自我的销售信息。无论在线或是离线，他们都能利用这种有价值内容开启对话和创建关系。

◎向利基客户传达强有力的信息。他们清楚自己的最终目的，了解自己所针对的客户群体，清楚地知道客户的兴趣点所在。那些取得最佳成效者也有振奋人心的目标——远大的企业愿景，讲述为什么他们想做他们所从事的事业。

◎慷慨大方，有奉献精神。他们会在网上发布一些对消费者有益的、有价值的信息，然后受益于客户给出的推荐意见、提供的 leads 和接受的销售。

◎质量为旗号。他们分享的信息是自己原创的、真正有益处的。独特而有价值的内容才是让企业脱颖而出的决定因素。

◎具有价值是他们做企业的方式。他们运用的不单单是营销技巧，是彻头彻尾地以客户为中心来进行服务。

所有这些企业把自己的知识、经验和思路转化成对利基客户有意义、有帮助的信息。他们把这些信息发布出来，并广泛推广，潜在的客户，无论以前是否购买过该企业的产品或服务，都可以获得这些有用的信息。由此，企业树立起了良好的商誉与信任，获得了更多的利益和 leads，销售额自然会节节上升。这就是所谓的"双赢"。

特别值得指出的是，这些企业在主动推销自己。他们不停地与外界交流，开展各种活动，不会错过任何一个机会。营销已经成为他们日常事务的一部分，而不再是每年一二次的临时活动。

投资在线营销的企业获取 leads 的速度为一般企业的四倍

2012 年美国 Hinge 市场营销研究显示，高度重视在线工具的专业性服务企业得到了高速的发展，至少40%的leads都是从网上获取的，其增长速度为一般企业的四倍。与之相比，一般性企业在网上无任何leads的产生，它们在这方面所做的努力也极容易衡量出来。

改变消费者行为的三个要素

为什么今天有价值的内容会变得持续走俏？为什么以前那种着重于自我推销的营销技巧会失去往日的风光？下面让我们来分析以下影响消费者心理状态的三种潮流：

① 互联网。
② 社交媒体。
③ 推销信息的信任感缺失。

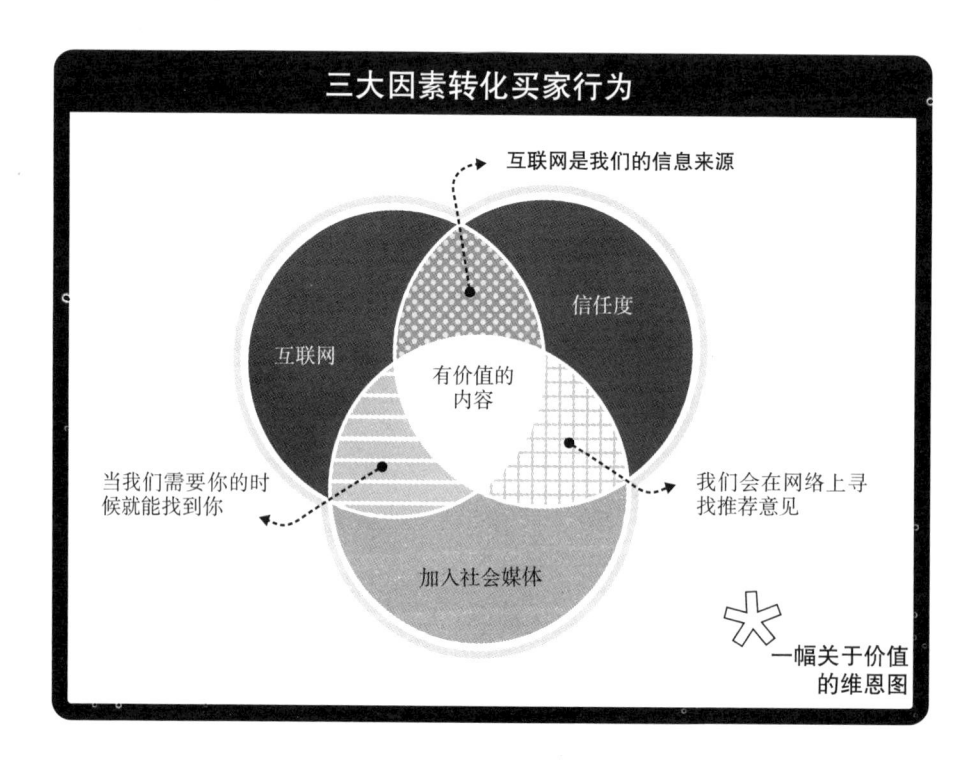

三大因素转化买家行为

- 互联网是我们的信息来源
- 互联网
- 信任度
- 有价值的内容
- 当我们需要你的时候就能找到你
- 加入社会媒体
- 我们会在网络上寻找推荐意见

※ 一幅关于价值的维恩图

互联网改变了游戏规则

与朋友保持联系，征询意见以获得推荐建议仍是销售中的重要一环，但是无论你售卖何种商品，网络已悄然在销售过程中扮演着举足轻重的角色。

谷歌搜索引擎每年的搜索量从 2009 年的不到 8 千亿上升到 2014 年的 2.25 万亿之多。

消费者会利用谷歌搜索寻求信息以做出选择。他遇到问题时会在社交网络中寻求推荐，会访问一些网站以帮助自己做出决定。他在考虑谁能帮助他解决问题，谁是最值得信赖的帮手。

网络把销售的缰绳交到了消费者手上，这无形中也改变了销售的过程。作为企业来说，现在应是追上消费者的脚步与他们并驾齐驱，保证给他们在漫漫长路中的每一步提供需要的内容。

来自谷歌和 CEB 名为 "B2B 营销的数字革命" 的研究对消费者的行为提出了新的见解，向传统观念提出了挑战。根据此项研究，在与销售代表进行互动前，就有接近 60% 的客户已经进入了销售流程，且他们完全不考虑价格的因素。还有更为精确的数字证明，57% 的销售进程在互动过程中消失。

这一切并不是因从网络获取信息的便捷性改变了游戏规则。网络工具的日益成熟和大举扩散，使得信息的获取唾手可得。新的渠道意味着，我们有比以前更多的方式与更多的人保持联系的机会。更好用的工具意味着，我们可以轻松地创建和发布自己的内容——可凭借博客和易于上手的网站内容管理系统，如 YouTube、SlideShare、LinkedIn 和其他社交网络。

我们不再需要对网络开发者付费来升级我们的内容或是乞求付费媒体发布我们的文章。我们可以夺回我们的话语权直接讲述我们的故事，公布我们的想法和免费分享我们的知识。

你所需要的就是讲述一个动听的故事，有一个数字平台和社交媒体网络来传播你的文字。你没必要——或者说不应该——再依赖其他人来分享你的故事,而是以你自己的方式来讲述你的故事……

——伊恩·桑德斯

社交网络的兴起

对于优秀企业,从好的方面来说,比起以往,现在可以通过多种渠道建立起可以信任的形象。

通过社交网络建立联系的客户总会在网上耗费大量的时间。社交网络使我们在网上交流和建立联系的能力发生脱胎换骨的变化。在2011年,45%的成年网络用户加入了社交网络,到2014年,数字已攀升到一半以上(54%),几乎所有年龄在16~24岁(91%)的成年用户群体在使用社交网络,但是社交网络并不只是针对年轻群体。到2014年,大约37%的年龄在55~64岁的成年用户和13%的65岁以上的成年用户也加入了社交网络。

你很难再把企业的信息区分为"技术资料"和"社交信息"。

从消费者的角度来看,你的网上足迹已经履行了你的品牌诺言。"他们在推特上的表现怎么样?"这是人们五年前绝不会问到的问题。但现在网络却是消费者频繁光顾某企业并进行一番查验的首选工具。企业的故事是不是已经堆积如山?他们还会是他们口中所称述的那个样子吗?他们会以何种方式来向客户诉说?

除了心血来潮的冲动购物之外,正常情况下,在做出购买决定之前,我们会先寻求一些推荐意见。来自朋友和家人的口口相传的推荐意见,仍旧高居榜首,排在我们最信任的广告形式之首。无论是正处在假日还是工作时间,最普通的第一反应就是询问熟识的人,而社交媒体又进一步强调了这个推荐过程,因此其中蕴含着巨大的商机。

正如我们在第五章会讲到的,海量的信息是社交媒体能够发挥威力的基础。如果在Share、Like、推特等网站上张贴信息、链接有价值的内容,对于社交媒体而言就能起到润滑油的作用。

我们对推销信息的不信任

我们从来自推特说唱歌手坎耶·维斯特（Kanye West）的这段话开始撰写此书——永远不要尝试向我推销任何东西。给我提供所有的信息，我自己来做决定。——表明他的那一天过得很糟糕，但是确切总结了我们当今购物者的感受。因特网给我们提供了选择和开展研究的工具——我们比以往更加痛恨别人对我们进行推销。

在回应不喜欢的推销信息时，消费者已经学会了把这些杂音排除在外：忽略掉绝大多数的促销信息；把直销邮件直接扔进垃圾箱；挂掉无聊的电话；迅速扭转方向避开推销人员。消费者遭遇了太多的销售陷阱，他们已经受够了！

> 信任度正处在有史以来的最低点。人们对政府、企业、销售人员及营销信息的信任度比蚱蜢的膝盖还要低。准确地说，造成这一切的根本原因就在于，以前的信息总是围绕着宣传自我的目的来进行，难免有夸大事实之处，甚至根本就是谎话连篇。总之，他们显得极不靠谱。
>
> ——查尔斯·H·格林

在这样一个浮躁不安的社会中，我们该信任谁？

> 对别人越用心，你获得的信任度就越高。
>
> ——查尔斯·H·格林

对自我推销不予理睬。不要一味地说你有多伟大，而是要去证明你的专业能力和实用性、你的真诚和你的人道。通过帮助你的潜在客户和准客户来建立信任。

当今，强大的销售技术发出了它的最强音。

销售人员只要发电子邮件告诉客户"在月底前注册会有折扣",这种行为便如同斗牛士手中挥舞的红布一般,效果出奇的棒。

——马修·库里

现在"愤青"横行,你的客户不可能会再接受僵硬、落伍的销售方式。

真烦人——我希望不再有这些推销活动。我恨那些把营销手段用在我身上的人。

——马修·库里

新兴消费者的心理是"只要向我们提供优质的信息,我们就会做出最适合自己的选择。不要试图操纵我们做出购物的行为。"

营销与客户购买期望相结合

内容营销协会引述了由公众观点研究者"Roper Public Affairs"进行的此项研究:

◎ 80%的商务决策者喜欢从文章中了解企业信息而不是从广告中获知。

◎ 77%的人表示,即使杂志的内容是以销售为目的的,但只要信息有价值,也是可以接受的。

◎ 61%的人表示,有价值的内容让他们感觉与企业的距离被拉近了,因此购买产品或服务的可能性会有所提高。

对于那些善于把营销与客户的期望联系起来的销售人员来说,这是一个令人兴奋的大时代。在这个信任度低下的社会里,谷歌是我们搜寻答案的地方,社交网络的信息远比传统媒体来的可信。有价值的内容才是我们追寻的目标。

教育或者娱乐消费者,并为他们提供最佳体验,告诉他们正确的追求,以及取得成功的捷径,最终让他们了解到你是如何为他们提供便利的,为他们答疑解惑,帮助他们开阔眼界。创建并发布此类针对性强、价值高、易被关注的信息会在不知不觉中转变消费者的思维,把他们培养成你的长期粉丝。

> 引我思考
>
> 让我欢笑
>
> 予我激励
>
> 教我新知
>
> 当我需要购物时，自然会想起你。

具体的实施方法

◎ 回忆最近一次购买产品或服务时的情形，你是如何搜索、找寻并选定产品或服务的？

◎ 在营销过程中，你的信任度在某一时点是上升了还是下降了？是什么因素在左右着它？

◎ 思考一下你自己的营销活动。它是否与消费者的感觉一拍即合？

第二章
客户青睐有价值的内容

有价值的内容为何能够赢得业务机会

你可以赢得关注（广告）

你可以通过媒体求得关注（传统的公关）

你可以在短时间内吸引某人，获得关注（传统的销售）

又或者你可以在网络上发布一些有趣味、有价值的内容赢得关注

——戴维·米尔曼·斯科特（David Meerman Scott）

本章内容介绍

◎ 有价值的内容营销对我们的意义。

◎ 这种营销方式是新兴的吗？

◎ 商务人士必须了解的八个要点，以及有价值的内容所传递的信息。

首先来了解一下内容营销是如何运作的。你为潜在客户创建一个有用的、能提供免费信息的网站，给他们展示海量的并与其生活有密切联系的信息，给他们提供服务和购买产品的机会。

每次上网你都会看到内容营销在发挥作用，想想当你上网搜寻信息时所访问的博客、提示、文章和忠告时所看得到一切。内容营销适用于任何

类型的企业，也是你建立营销意识、吸引新的客户和激发销售的最佳可能方式。

这是开展业务很人性化的方法。客户对此也会觉得有价值，因为它看起来并不像是营销，就像是冥冥中他们所要寻求的答案。

普通内容与有价值的内容

内容营销确实很奏效，但是只有当内容是有价值的，才会发挥作用，这里我们做一个重要的区分。

◎通常我们所说的"内容"是指在书上或屏幕上所读到的东西，如网页、博客上的文章以及公开分享的视频、图片。在这里，"内容"则仅指知识与信息。

◎有价值的内容强调的是"内容"：它有很明确的目的性；是为特定人群创建的有用的信息；能够打动特定的客户。顾名思义，有价值的内容是指选中并组织、分享给客户的知识和信息：可以是有教育意义的、有帮助或激励作用的内容，必须是客户欣赏和喜爱的内容。

> 内容要想有价值，必须对目标客户有意义。
>
> ——查尔斯·H·格林

永远不要忘记，分享这些内容的目的是推动营销活动的展开，对你的客户有价值意味着对你和你的企业有价值——这也是你想通过内容营销的方法取得的效果。

在开展内容营销之前，你首先要了解何种类型的内容有价值，为什么其他的内容无法打动客户。下面是一个简易的快速标准表，帮助你创建合适的内容类型。

有价值的内容应该是	有价值的内容不应该是
与利基客户有一定相关性	模糊不清——完全不了解谁是目标客户
书面内容具有真情实感	书面内容抓不住读者
真诚地回答问题——回答人们之所问	对外界漠不关心——不能真正回答问题
与企业目标相一致	不能与企业目标相一致
设计精良	看起来寒酸、价值菲薄，读/看/听起来艰涩费力
可供查找	查无此内容
可供分享	分享困难
热情洋溢的创作精神	愤世嫉俗的创作心态
耐人寻味，过目不忘——这是最神奇的	令人精神萎靡——我一看到这个就烦死了

让我们再深度挖掘一下，看看如何才能创建出像第一列表当中的那样的内容。怎样才能使得你的内容耐人寻味、过目不忘？

对企业最能发挥作用的内容有以下几个特点。

◎ 有帮助作用——能回答人们的问题

◎ 发挥娱乐功能——能激起情感或有激励作用

◎ 内容真实可信——让人们感觉到真实存在，具有真情实感。

◎ 相关性——对于目标客户有一定的聚焦能力和特殊的意义。

◎ 及时性——在恰当的时机迎合人们的需求。

无论怎样组合，以上特性都不可缺少，在内容传播的过程中，企业的商业特性必将展露无遗。

我认为有价值的内容是：有用性和功能性——能给我提供答案；

优美、有娱乐性——给我一种愉悦感。至少具有其中以上一种特点，我会考虑订阅。

——简·诺斯科特（Jane Northcote）

情人眼里出西施。同样的道理，内容的价值还取决于观看内容的人。对我有价值的内容对他人未必有价值。关于这个问题索尼娅有话要说。

索尼娅认为有价值的内容

今天是周一的早晨。我坐在桌前开始一周的工作。打开 Outlook，通常都会收到很多邮件。我直接删除了其中的 30 封（发信的人我不认识，或者我没有主动联系过对方），但是有些邮件我会打开阅读：

◎来自克里斯·布罗根的期刊，它的目标对象通常为像我这样的企业经营者，它总会让我思考并就关于如何更好地经营我的企业提出一些好的点子。

◎芬尼斯特瑞（Finisterre）酒店——冷水冲浪的庆祝与优美视频、漂亮文章和偶尔的邀约交织辉映恰到好处。

◎ Do Lectures——给予人生鼓舞，提供灵感并配有大量户外活动简报。怎能让人不喜爱呢？

我认为这些企业的网站对我来说是有价值的，值得我注册并订阅他们的电子邮件，这感觉像公平交换，尽管我的时间很紧还是会抽空阅读。不要误会，我完全明白这些企业的目的是在向我销售某些东西。

◎克里斯·布罗根（Chris Brogan）想让我注册其某一课程（我们已参加这一课程）并买了他的书（这些书摆放在我们的书架上）。

◎芬尼斯特瑞酒店想让我购买他们的冲浪产品（不错——我也买了）。

◎ Do Lectures 想让我付费去听一些名人演讲和睡在深沉黑暗的威尔士帐篷里（我正打算某一天去实现它）。

最重要的一点，这些企业在其网站、电邮、社交网络中分享的并不是生硬的销售信息，而是向客户群体传递有价值的信息。他们对自己的客户有着深刻的理解，准确地知道客户欣赏哪些类型的信息。在向我慷慨分享知识的基础上进行销售沟通。他们的营销其实是在传递高质量的教育、资讯及娱乐信息——像我这样的客户对此种做法深表欢迎。

这就是有价值的内容——这里的内容是发布者主动分享的，也是阅读者自愿接收的。本书的其余部分将会告诉大家如何为企业及客户创建此类信息。

稍等一下，这种营销方式是新兴的吗

"内容"与"内容营销"等术语是近年来才出现的商务词汇，但是通过给出一些有价值的知识来吸引人们关注的理念却并不新鲜。其实，早在互联网出现之前，米其林指南、乐高杂志及一些专业企业所发布的白皮书中已经对此能产生利益和促进销售有所阐述。下面是一则来自英国的企业案例。

Be-Ro 烹饪书：20 世纪 20 年代的内容营销，现今仍有价值

在 20 世纪 20 年代早期，自发粉是一种新奇的事物。纽卡斯尔 Be-Ro 食品企业举办了一系列的展览，展出新鲜出炉的烤饼、油酥面包和糕点等，然后以一先令的价格出售给参观者。此种做法大受欢迎，人们纷纷提出食物配方的要求以便于他们在家里也能烤出如此美味的食物。

他们在展会上印制了免费的食谱进行分发并且人手一册。Be-Ro 烹饪书也包含以极低预算养活饥饿家庭的食谱。很快他们成为年轻家庭主妇经营一个小家或养活一大家人口必不可少的教育读本。结果 Be-Ro 以烹饪书一举成名达到他们的目标，成为北方最知名的面粉企业。

第一本 Be-Ro 烹饪书印制于 1923 年，全书共 19 页。此后再版 40 次，全书内容增至 86 页，销售量达 3800 万册，无可争辩地成为最畅销的烹饪书。

网络的进步给有价值的内容营销插上了双翼。所有的事物都发生了改变，

但一切又都没变。新的网络工具和社交媒体的全面铺开意味着，发布并传播思想变得越来越简单，也越来越廉价。优秀的营销方式一直以来是要把客户置于首位，只是今天的社会让人们对那些不够优秀的营销方式完全失去了兴趣，甚至不能容忍它们的存在，也不再对其做出回应。

以一种有价值的内容进行营销是一种比较成熟的方法；有价值的内容营销因其带来的丰厚回报导致其在世界各个领域的受欢迎程度爆发式增长。老旧的学院派价值已然成为新的工具。

客户青睐有价值的内容营销的八个原因

如果你的企业想在这个网络占优势、信任度低下和处于社交媒体年代的世界里成功营销，你需要做到，当他们想要购物时，你所创建的内容便于他们查找，并能了解、喜欢、信任和记住你所发布的内容。

我们来详细看一下取得如此利益的他人的故事，他们都以价值内容营销为中心并且取得了丰厚的回报。

便于查找

针对利基产品和服务，消费者在网上可以以直接搜索的方式找到你的企业信息。

> 我想在 G-Cloud 云操作官方认证方面得到帮助——信息风险管理顾问 Ascentor 在谷歌搜索中居于榜首。

还是你想成为在整个网络搜索中——被偶然发现的企业：

> 当我发现一部内容翔实，并就我考虑的问题进行管理咨询的幻灯片时，我正在寻求这样的点子，如何使我的 IT 部门转型。我召集他们开了个会。

英克斯特律师事务所（Inksters Solicitors）依靠内容扩大影响力

颇有远见的苏格兰英克斯特律师事务所已经开始利用网络吸引客户。他们把多年积累的法律知识分享到网络上，让自己的网站转化成那些需要服务的客户获取有价值信息的来源。他们的营销重点在于把每一个擅长的领域内的有价值的内容分享到网络上，以此来获取客户的关注。

农法是他们擅长的业务之一。访问他们的网站，你就会看到网页上很多有用的消息、文章、视频及案例，甚至还会有相关主题的讲解。他们也开了一个独立的农法博客。搜索引擎对这些内容极为青睐，给了英克斯特的网页一个靠前的排名。如果有人想搜索与"农法有关的问题"，英克斯特的网页会第一个展现在他的面前。

像法律这种传统而严肃的行业都可以进行价值内容营销，那么其他行业亦可以。很多从网上发现英克斯特的人最终成为了他们的客户（他们20%的新业务直接来源于网络搜索），因此而进行在线咨询的人就更多了。

> 如果你不主动向外界展示你的专业知识及业务成就，那么只有现在的客户才会向你咨询，才会了解你的实力。在线发布知识、专业成就便如同广撒渔网，你永远不会知道哪些人会因此而成为你的客户。
>
> ——布莱恩·英克斯特

建立声望

企业视声望为一切，能被引荐更是值得引以为荣。价值内容是一种便利的推荐工具，给人们提供了谈资和分享的余地。比起递给他们你的名片（事实上他们也许早已丢弃一旁），传达一些他们所读所见的有用或有说服力的东西人们会更快乐（使他们看起来更乐观，感觉更良好）。通过网站发布有价值内容，建立你的声望的同时还会证明给你推荐意见的正确性。

Balsamiq 靠提供参考信息获得成长

Balsamiq 是一家软件企业，提供一种看似简单但却在世界各国广为流行的网站建设模板，很多网站设计师在使用这种工具。企业的创始人贾科莫·拜乐迪·古力佐尼（Giacomo Peldi Guilizzoni）开博客分享他的经验，甚至介绍了创业伊始他赚取收入的某些细节。这份用心撰写的博客很快成为一个人气颇旺的社区，不少粉丝在博客上支持他，他的博客很快走红。Peldi 的善意与慷慨促使企业研发的软件在 18 个月内完成了从无人知晓到业内领先的转变过程。

今天，每名 Balsamiq 的员工都在写博客。拜乐迪鼓励团队中的每个人在自己选择的利基市场中成为领军人物，并在相关社区中分享有价值的内容。Balsamiq 的网页内容真实可信、能让人从中受到启发。这些优秀的内容不断提升他们的声望，并广为流传。在谷歌或推特上输入 Balsamiq，所有信息一目了然。从一个 2008 年一个人运作的小企业到 2011 年的市值超 500 万美元，Balsamiq 的发展可谓奇迹。

变得更令人有好感

> 内容营销比劝说、说服更具人性化。人们倾向于信任他们了解的人。但是他们也信任他们有好感的人。能使人快乐的人比起仅是有事通知我们一下的人更容易让我们喜欢上他。
>
> ——安迪·马斯伦

就像在现实生活中，由于某人的一言一行，你会瞬间地热情看待或反感他们，网络世界中客户对你的企业所发布的内容也会有类似的反应。令人有好感听起来是一个相当模糊的目标，但是令人有好感会让你在工作中取得长足的发展，尽管也会有例外的情况。打造与客户的良好关系是大多数小型企业的关键任务，客户服务对大型企业才是真正至关重要的，采取令人有好感的态度真的会有意外收获。

令人爱不释手的 Sugru——Sugru 的营销赢得人们的微笑

赋予胶水人性化的特点并不是容易的事，但 Sugru 做到了。Sugru 是一种万能硅胶。经过粘贴、塑形它就会变成橡胶。我们发明它就是为了让修补和制作变得更容易、更有趣。现在它有 10 种方便可用的颜色了！全世界的手工制作者们，多么激动人心的时刻。全世界的手工制作者们的庆祝推进了他们的内容，赋予了这种实际产品一张非常人性化的面孔。

"我们的故事"页面定下了基调。"当我在伦敦 RCA 攻读产品设计硕士学位时（参读"玩乐中实验材料"），我有了点想法。""我一直不想买新的材料。我想破解已有的材料让它更好地为我所用。"（我并未真正的大声说出来。我就是想想罢了。）

这种基调一直延续应用到网站的其余部分。网上有一系列吸引人的故事和图片展示人们如何使用此产品（修补了滑雪板到达北极，修补飞机上的摄像机进行航空特技摄影，制作三岁儿童手中把玩的防脱落相机）。这些超级棒的小故事加上微笑的面孔使你无法不爱上这个产品，喜欢上制作这个产品的人。

当人们逐渐了解我们也是现实生活中的人时，他们就会喜欢的。开始时视频由我来主演，所有的博文也由我来撰写。现在通常每周一次我会在 Instagram 或在博客上写点东西。我认为人们的关注起到的作用不大，Sugru 的成功在于人们相信我们所称述的我们口中的那个样子，他们相信我们关心他们，我们也是真实存在的人，象他们一样努力勤奋，也想尽量干得漂亮一点，并认为 Sugru 是他们信任并值得一试的产品。

——詹妮·杜尔奥伊蒂

记住，像 Sugru 一样人与人之间业务的展开是通过创建真正有人性化的内容。

变得更值得信赖

由大名鼎鼎的查尔斯·H·格林提出的可靠的顾问的方法列出了四点支配所有值得信赖的行为的基础原则。

◎ 站在他人的角度来关注他人,不要把他人仅作为一种实现自己目的的手段。

◎ 建立一种合作型的关系。

◎ 从中期长期关系的角度出发,不能只关注短期的交易。

◎ 保持交易透明度的习惯。

那些值得信赖的人,他们的行动与以上原则如出一辙。我们对于众多机构一直以来的极低信任度,对一直以来居高不下的死缠滥打式的营销技巧已经无法容忍,当今赢得信任不再是一蹴而就的事。真诚地分享对客户有帮助的、有用的内容而不求任何回报,足以证明你值得信赖,值得与你开展业务。

> 当我们感觉到另一人或组织做事完全是受除自身利益以外的其他动力的驱使,信任开始萌生。
>
> ——西蒙·斯涅克

克劳顿·考克斯律师事务所房屋购买程序中建立信任

克劳顿·考克斯律师事务所——它是一家小型的法律业务事务所,坐落于布里斯托尔市的奇平索德伯里远离传统商业街的位置。处于数字化时代——他们成功了。他们是早期的内容营销采纳者:2008年发表"产权转让"博文的第一家律师事务所(涉及房屋买卖的法律程序)。

分享有帮助性的内容有助于建立对该公司的信心。

> 搬家时产权转让提醒注意的36件事,是我们早在2014年4月份在SlideShare上的首次幻灯片展示。迄今为止已收到7830多条

的评论。我们当然尝到了甜头，然后创建了产权转让术语表来深入浅出地解释产权转让程序，把它起名为"法律名字那些事"，又有11011条的评论（在法律界像病毒一样传播开来）。

他们的业务策略依赖了好多块儿敲门砖。价值内容一个月内吸引了7000～8000名网站访问者，并在他们所提供服务的人群中建立了有价值的信任。

变得容易被记住。

除了冲动购物外，大部分人还是会花一定时间做出消费决定的。购买量越大，花费的时间也相对较长。消费时刻一到，轻而易举能记住的东西就不再具有价值，如果其产品和服务只属于供考虑可购买范畴。

合适的时间、恰当的地点才是最有用的，价值内容可以助你一臂之力。我们会给你展示如何让你的业务处在客户喜欢之列。

游泳教练马克·德恩福德的内容让索妮亚锁定目标

"马克是由一个朋友推荐给我的，所以我查看了他的网站。网站上的游泳技巧视频剪辑非常有用，我下载了他的电子书，书中也给了我许多的提示。自从最初的推荐后，实际上长达一年的时间我都没有联系过马克，但是我会不断地回头去看电子书和视频。当我最终意识到我需要一个私人教练来调整我的技巧时，Mark很自然成了我的选择。他始终如一的高质量的内容赢得了我对他的信任，直到我一切准备就绪，他一下子就跳到我的脑海中。"

明显与众不同的业务

本章所谈到的例子无一是销售独一无二的产品，也无一是在本领域独树一帜的产品。其他的法律事务所、游泳教练和修补产品大部分也是唾手可得的。价值内容营销给他们提供了展示的机会，他们总是能以独特的方式帮助到客户。你所创建的内容，分享内容的方式是你的品牌鲜活的体现。你向外界展示业务的方式会使你显得与众不同。

Newfangled 技高一筹

网页开发市场十分拥挤，但 Newfangled 却另辟蹊径闯出了自己的道路。他们提供的内容既有较高的质量又有明确的重点，在该领域中是一颗闪耀的明星。他们敏锐地进入（为广告和营销企业开发网页的）利基市场，彰显了自己的特色。许多设计企业的网站只是简单的在线平面手册，他们的网页则完全不同。在主页上就可以看到他们为客户精心准备的小贴士及文章。这些既不是浮夸的图片，也不是言之无物的简介，而是真正有价值的内容。他们开博客，制作高质量的月刊，发推特，参与网上讨论组，还出版书籍，让越来越多的受众真正发现他们，关注他们。所有这些有价值的内容会对客户产生引导和教育的作用，为他们赢得更多的工作机遇。进入他们的网页便如同进入了当代最先进的引擎中。

Newfangled 总裁马克·奥布莱恩（Mark O'Brien）表示：

> "内容丰富的网页是我们进行营销的基础。它充分展现了我们的专业水准，让我们与众不同。我们有 20% 的新业务来自于网站。此外，网站还为我们带来了很多其他方面的收益。网站完全承担了提供一个稳定的平台、持续地分享我们的专业知识的任务，自然会吸引到很多的关注，这其中就包括一些会对我们的其他业务产生重要影响的人物，我们希望与之建立联系。这些关系为我们打开了一扇大门，从而进入到一系列非现场营销活动中，比如在重要的行业聚会上发表演说，在行业杂志上发表文章，通过正规的行业出版社出版书籍。总之，有价值的内容是我们进行一切营销活动的基础。"

营销投资经受得住时间的检验

网上发布一些有用的博文，这会永远为你的企业产生利益——这应该是广告和销售邮件消亡很久之后的做法。

> 三年前我就在博客上发布一些博文，直到今天还能产生一些热门的 leads。再者来说，如果你能聪明地运用它，再加以利用，一条内容可以在各种不同场合反复使用——从一人讲话到多人会谈，从会议平台到喝着咖啡的一对一的销售聊天。
>
> ——布莱恩尼·托马斯

广告和电影消亡很久以后，内容营销仍旧流传下来。

> 内容是一种常青资产。广告和电子邮件如空谷传声。我们的内容像动作迟缓的乌龟，粗鲁的广告犹如疾行的野兔。内容却会常年产生搜索流量。
>
> ——道格·凯斯勒

感觉怡然自得

与我们开始旅程的许多客户起初都是不情愿的营销者。真正不喜欢营销者数量相当可观，一些人对此甚至恨之入骨。然而一旦关注的目标从八面玲珑的取悦自我的销售转向创建能真正帮助到目标客户的网站内容时，他们发现事实上很享受。

内容创作明星总是诞生在内容创建的团队里。有时会是最不起眼的参与者异军突起想出最棒的点子，或是才思敏捷天生就是写博文的高手。给予人们话语权，相信你向外界展示的部分内容会使他们感到有价值。

创建人们青睐的营销内容，这才是值得我们奋斗的目标！

具体的实施方法

◎思考下列问题:你个人认为有价值的内容是什么?你所青睐的内容是什么——有帮助的、有娱乐性、及时的?

◎记录下你可能创建的受客户所青睐内容的类型。

◎你真正想让价值内容营销为你的企业做什么?

◎你关注的是便于寻找、与众不同或只是更加享受营销?写下你的目标。

第三章
有价值内容的指导原则

在这个匆匆的世界，我们的竞争是这样的：人们忙忙碌碌。为了攫取他们的关注，我们只需记住一条简单的原则：有趣味性。

——大卫·海特

本章内容介绍

◎有价值的内容营销的八个可操作原则

◎洞悉一种完全不同的营销意识

我们已经观察过有价值内容营销所涉及的内容，也了解了通过内容营销取得令人难以置信成就的企业的例子。我们希望你感受到一定的鼓舞从而对你所采用的推销方式做出一些真正的改变。

在想要领先一步尝试新策略之前有必要先建立一个牢固的基础。价值内容方法是一种非常别出心裁的交流方式，我们来看一看以这种方式运作来巩固成功时所要遵循的原则。

在我们的工作和培训过程中，我们已看到数以百计的企业采用相同的营销模式——内容营销。有几条基本的原则来巩固成功的内容营销成果。我们把这些原则缩减到八个可操作的分项。这些原则都掺杂着软硬属性；它们都是以企业为中心，非常人性化。

研究一下这些潜在的原则，会有助于你理解运用它们获取营销成功的价值内容方法。注意！这是一门与眼下流行的绝大多数营销方法都不同的（已经成为人们所忽略的）彻底转变的新方法。

有价值的内容营销的八个指导原则

重新思考一下你所知道的销售和营销交流。有价值的内容不是"看我们多伟大"（像现在流行的宣传小册子上看到的那样），而是"看我们多么有用、多么有趣味性——我们手里有你想要的答案"。

当你着手创建有价值的内容时，以下八条基本原则应牢记在心中。

◎把客户放在第一位。

◎提供帮助，而不是推销。

◎把你的点子慷慨免费传播出去。

◎总是知道为什么。

◎定位到利基市场。

◎讲述一个伟大的故事。

◎承诺质量。

◎用心去写。

把客户放在第一位。

（除了你自己之外）没有人会关注你的产品和服务。人们真正关注的是他们自己以及需要解决的问题。

——戴维·米尔曼·斯科特

当你为自己的企业/产品/服务感到骄傲的时候，你的客户对此并不感兴趣，这是没办法的事情，他们关心的只是你将如何满足他们的需求，帮助他们渡过难关。如果你希望他们能够购买更多的产品/服务，那么你关注的重点应该是他们而不是你自己。

许多企业被说服持有这样的想法，他们营销的目的就是不断地谈论自己的企业有多么神奇；他们以为喊得越是响彻云霄，得到的订单也就越多。

诚然，营销的目的是为了帮助自己获得更多的商机，但是如果你希望别人欢迎你的营销行为而不是把它当作一种骚扰，那么请转变营销重点。谈每一笔业务的时候要把最大的利益让给客户，之后才是你的利益。我们不需要懂得复杂的航天科技，只要把握人的心理即可。如此一来，你的营销方式绝对会与众不同。

在某些方面内容营销就是在打掩护，是一个以客户为中心的企业的前线。几十年来人们一直在高谈阔论着以客户为中心的企业，但是迄今为止我们仍未看到更多这方面的证据。营销引导着革命。内容营销迫使企业把自己和盘托出——从想着把自己放在第一位转变到考虑为他们的客户提供真正有价值的内容。

开始行动：把客户放在第一位

进行一下快速测试：你的网站以自我为中心的程度究竟有多深？看看你当前的官网或者营销材料，然后进行这个测试。有多少词语是用来提升企业形象的？有多少内容关注的是潜在客户？比较一下你说"我们"和"你们"的频率分别是多少？

让我们用二八定律来进行区分。按照简易的经验法则，这就是有用内容与目标销售网页的比例：80%以客户为中心的价值内容；20%的企业信息，包括在你这儿消费什么和如何消费。

提供帮助，而不是推销

> 业务领域最有价值的就是在沙盒游戏中与另一人有合作、信任，并能协同适应的能力。
>
> ——查尔斯·H·格林

第一部分·
为什么需要有价值的内容

采用内容营销方法取得成功的企业，它的行为就像一个表现良好的公民。成长过程中父母教导你应具有的优秀品质——心中多为他人着想、帮助他人、不要打扰他人、不要打断别人的说话、要慷慨大方、要微笑、与他人协同工作时要常说"谢谢"——都是优秀内容营销者所应具有的品质。好的行为放之四海皆准。

然而出于某种原因，尤其是在网上，当我们进行营销或是与他人交流时，很容易忽略这点。因为网络世界的浩渺无边，我们很容易忘记是在和真实的人打交道。

但是网络世界与真实生活确实截然不同。当你去参加一个聚会，有人缠着你不断讲述他自己，他了不起的事业和他神话般的孩子们，你会有什么样的感觉？我们都能猜得到这多少有点烦。如果你在聚会上遇到的是对你感兴趣的人，他不断问你问题，很明显在倾听你说些什么，你会有什么样的感觉？如果你正在与一位对你表现出极大兴趣的人交谈时，你不太可能一有机会就偷偷溜进厨房。

营销的最终目标是与客户建立起一种关系，让他们了解、喜欢、信任你，当需要购买的时候会考虑你。一旦你获得了人们的信任，他们就会把你视为一种可以提供帮助的资源，这样你就在销售过程中又向前迈进了一步。使用有价值的内容构建关系是第一步，当时机恰当时，它会帮你赢得销售的机会。

牢记这些人性化的价值，我们有了新的营销真言来指导你，帮助你在营销上选对路子。

> 提供帮助，而不是推销；展示，而不是去告诉；演讲，而不是呐喊。

这是当今优秀营销的精髓。让我们来解释一下。

提供帮助，而不是推销：如果你想在网上造成一定的影响（或者在线下）可以探讨一下这种方法。记住，网络是我们寻求答案的地方，我们对于被销售

33

都感到不厌其烦。总之，如果你能提供帮助的话，人们会更喜欢你。

不要用你的内容进行"推销"，这需要一定的训练和刻意的关注。但是你提供的帮助越多，你会在签订更多订单方面花费的力气越少。企业越了解它的客户，在帮助他们面对挑战方面所做出的努力和贡献就越大，企业也因此变得越来越成功。

演讲，而不是呐喊：网络是进行社交的地方。我们都尽量避免与那些大喊大叫吵着要求晋升的人接触，也不会听他们在说什么，但我们都喜欢对我们熟悉的人展示同情心。

展示，而不是去告诉：创建一个标有"我们真伟大"字样的网站毫无意义。你做的越好，就会越有效果，通过你的行动展示你的伟大之处，做一些伟大之举，由他人来评说。

利用好你的资源为你的目标客户去创建对他们真正有用的东西。你必须相信如果你拥有了这项权利，你的业务需求自然会得到实现。这是我们在汇丰银行海外部所积累的经验。

——理查德·弗莱

开始行动：提供帮助，而不是推销

牢记这条有价值的箴言，无论你是在撰写博文内容、期刊内容甚或是推特。每一次与外界联系都要提供有价值的内容。

把你的点子慷慨免费传播出去

可以把这种方式看做"商务上的因果循环"——你不含任何目的地提供免费的点子、提示及建议，作为反馈你将得到推荐和名望，最终给你带来物质上的回报。

——布莱恩尼·托马斯

有价值的内容营销意味着人们无论是否与你交易都能从内容中获得价值，也就是说你要把一些辛苦得来的知识以免费的形式，以慷慨的精神发布出去。目前来看业务和慷慨并不好像是天生合作的伙伴，但当谈到创建内容时，你给予的越多，你就会收获得更多。

你可能不太赞同我的说法。销售产品和服务来赚取利润当然与免费发布有价值的信息矛盾。不择手段扼杀你的竞争者与同他人合作奔向共同的目标是截然不同的做法。除此之外，慷慨大方是一个如此空洞的概念。你并不想成为戈登·盖柯式的金融大鳄，要知道贪婪并不是件好事，要有限度。

互惠的概念深植于人类天性。在心理学家娜塔莉·纳海（Nathali Nahai）的优秀读本《运用说服心理术提升在线影响力》中解释道，如果有人给了我们喜欢的东西，我们会不由自主地想要给予回报。

> 我们已从深层面上进化到价值互惠交换阶段。如果你想让你的客户"喜欢"你，给他们点儿能让他们喜欢上你的东西。
>
> ——摘自娜塔莉·纳海

这点在业务中也很奏效。如果你发布有助于客户的有用的内容，客户更有可能腾出点时间来关注你。

在对一些伟大企业研究的过程中，我们看出成功与分享之间有密不可分的联系。千百万的企业都说他们对他们的客户关怀备至，但只有那些真正把言语践行到行动中，能慷慨无私、真正起到帮助作用的企业才能真正展示出这种关心。越来越多的推荐意见、更深厚的忠诚，意味着会接受更多的销售订单。

> 慷慨无私、自由地发布内容。如果你关心的只是给予太多，只会裹足不前。少点担忧，多点付出。
>
> ——安德列·P·豪

开始行动：要慷慨

今天你可以做以下三件事。

◎ 向你的客户传播一些有价值的令人心动的信息！

◎ 分享一些你所构想创建的内容，但事实上是别人创建而已。

◎ 写一篇不厌其详的博文，愿它能帮助到你那位正挣扎于艰难挑战中的客户。不要只是浅尝辄止，如果你时间充裕尽可能写尽能帮助到他的所有内容。

人道的做法和成功的企业——两者并不矛盾。尽管你在电视真人秀节目《学徒》中看到对人用卑鄙手段陷害，极尽手段对你的同事先发制人，大喊大叫，做每件事都付出110%（至少）的努力，这都不是使企业保持遥遥领先地位的方式。待人如待己，你会百尺竿头，更进一步。

当然，总会有时机来进行"销售"——就是当客户准备进行消费之时。即使是进行强行推销，有朝一日也会关门大吉（根本就会有那样一天）。最佳销售人员是最善于帮助顾客的售货员（见第14章）。

总是知道为什么

这些规则初听起来感觉就是讨好卖乖，而这条听起来更加精明实际些。

不仅对你的客户有价值而且对你也有价值——这是你想用内容营销达到的一种平衡。所以关注那些极其有用或娱乐性的内容，但一定确保它与你的企业目标相匹配。

清楚知道为什么你要创建每项中的每条内容。你想让他为你的读者，并为你的企业完成何种目标？

开始行动：知道为什么

你的企业目标定义的越清晰坦率，你的内容策略就会越清楚。完成第11章"让你的目标更清晰的练习"。反思一下为什么你必须计划每一条内容。

定位到利基市场

> 对读者的了解越深刻，写出来的东西就越受欢迎，也越容易得到响应。
>
> ——克里斯托夫·巴特勒

数字时代赢得商务竞争胜利的企业通常是那些十分了解市场、了解自己的服务和客户的企业。

要想利用有价值的内容取得成功，就要像激光一样聚焦自己的客户及其具体需求。获得商业成功的关键在于专业划分的细致程度——认准目标全力投入，让你提供的内容在某个利基领域独放异彩。

> 消费者发现你的言辞中肯、一语中的，自然会购买你的产品或服务——比如你可以准确地说出他们正在寻找的东西。反之，如果你的内容言之无物、读之如同嚼蜡，那么就会被他们排斥在圈外。搞清楚你要为谁服务或者究竟要做些什么，就能找准利基市场，然后马上行动让自己成为该领域的专家。
>
> ——保罗·西姆斯特

如果你够专业，那么对重点内容的了解一定会超过其他企业，你说的话会更肯切、更与众不同，也更容易引起别人的兴趣，你的专业形象也将得到进一步提升。

对于一家服务多个不同市场的大企业来说，这条原则的意思是要他在每个需要服务的利基市场都建立相应的专业内容。汇丰银行已经意识到了这一点，可以看看他们对海外移民这个利基市场的定位。

HSBC利用专业网站、社交媒体、博客、指南、视频及其他工具充分满足了海外移民客户的特殊需求。很明显通过其所分享的千丝万缕的利基内容使他们在这方面的理解能力要远远高于其他竞争对手。

对于资源有限的小企业来说，利基市场意味着许多艰难的抉择——你选择服务于哪个市场？如果你关注面过于狭窄，是否可能会错失其他机会？比较稳妥的做法是在大的市场中寻求普遍的需求，但你却要承担着没有自身特点，无法让人记住的风险。你对客户的描述越准确，对问题的剖析越深刻，所展示的知识与主题越相关，你的内容就越有价值，成功的几率就越高。

在利基范围内，内容的制作要相对容易一些，也易于为人们所理解和转述。

行动起来：定位到利基市场

回答如下问题：谁是你的理想客户？敢于迈向利基市场，看看他们真正需要什么？你能为哪些团队解决他们面临的问题和挑战？什么情况下他们会致电给你？

讲述一个伟大的故事。

> 优秀的营销内容是有生命的。它是你讲述的故事，是意志和情感的延伸。
>
> ——罗伯特·罗斯、乔·普立兹

优秀的营销是在谱写一个伟大的故事（想想 Mad Men 和广告这个行业存在的年头），数字时代的内容营销，当然会有完全不同的方式：优秀的故事、伟大的思想——这些才是传播的动力。

最成功的销售人员能够围绕深刻的故事锚定他们所要发布的内容。有一个明确的主题会统一你的内容并激发对你思路的支持。

下面这些企业具有清晰的中心主题，他们的信息广泛传播——显然他们的定位和内容都是正确的。

◎高端牛仔生产商惠特·单宁——做一件事，做到最好。

◎ IBM——智慧地球。

◎ 冲浪用品企业芬尼斯特雷——冷水冲浪。

◎ 软件开发商 Desynit——好的系统改变你的生活。

◎ 万能胶产品 Sugru——修补的快乐。

所有这些企业或机构都有自己明确的主张，各种形式的内容都始终围绕着将客户联系起来并迅速推广传播这一重要主题。

记住：有价值的内容是一个有用的工具。创建内容不是目的，让客户喜闻乐见才是我们的目标！

行动起来：讲述一个高格调的故事

思考一下那些令你高山仰止的企业。他们讲述了怎样的故事？开始思考一下你自己企业的故事。

承诺质量

如何才能创造出不容易被忽视的有价值的内容？如果你真的想成功，那么一定要有极高的质量。在浩瀚如海的内容中脱颖而出，你的内容一定是"具有内在的价值、惊人的人性化特点或者是令人出乎意料的实用性。"乔·切尔诺夫（Joe Chernov）在《演讲内容》里说道。

总有一天质量会凌驾于数量之上。内容多纵然是好的，但不能以牺牲质量为代价。正如道格·凯斯勒所说："理想的情况是质量与数量兼而有之。你必须确保你的内容经得起质量检验。但一旦你这么做，不妨在资源有限范围内尽力而为。大部分的预算按比例都负担不起高品质的内容。所以我会选择几条你创作的上佳内容来卖力推广。"

沙滩度假酒店致力于提高内容质量

明年我主要关注进一步提升内容质量。有时速度还是缓慢了些。我现在每天都从手里选一张最好的图片，发一张漂漂亮亮的照片。现在世界上每人都在发布信息，只有高质量的内容才会脱颖而出。甚至频出佳作的摄影团队和高质量的视频制作团队都在致力于此——明年我就能看到投资质量的收益。

——约翰·贝克利

优质的内容离不开充满激情与创造力的优秀设计，单是文笔上佳是不够的。如何设计看起来和内容本身一样重要呢？

行动起来：承诺质量

仔细设计你的内容。用它独特的风格来吸引时间紧迫的读者的关注。文字要朗朗上口，不费吹灰之力就能搜索到的导航网页，看起来心情愉悦。质量上乘的内容需要独特的设计和上佳的文笔，如此才能有助于和客户保持联系，产生一定的影响力。

你的内容的设计与内容本身一样重要。花点时间调查一下内容的风格吧。高质量的图片以及清晰美观的字体、风格独特的设计，这些都会带给客户美观舒适的感觉。

——贾斯汀·克尔

用心去写——从中获得乐趣

真心、真意、真诚——虽然现在世界上有许多人都在做假，但你的内容绝不能有半点虚假，这是必须遵循的底线。"关心你的客户"这句话已经成为许多企业的装饰品，更不用说让客户真的相信它。

动机至关重要。由正确的动机催生出的内容往往会让人们以一种完全不同的方式来接受。人们能够分辨出口头上的假关心和真心实意的在意。

曾有最佳的营销策略吗？关心你的客户。

——加里·维纳查克

不要担心会暴露出你的缺点。用心去写意味着要诚实，分享你的感情和思路。在充斥着单一化、刻板内容的网络世界中，真正人气爆满的内容才会赢得注意。小型企业经营者可以在这里真正地崭露头角。你也没必要完全循规蹈矩，做最好的自己就是做优秀的企业。

开始行动：用心去写

如果你真的不关心你的工作和你的客户，那么就请离开，做点别的事。人生短暂啊！

具体的实施方法

◎ 保持开阔的眼界，获取有真情实感和富于个性的内容。体会高品质内容的作者是如何让你感觉融入其中的？

◎ 写下指导价值内容营销的八项原则贴在桌边的墙上。这些是应该牢记在心的。

第二部分
什么是有价值的内容

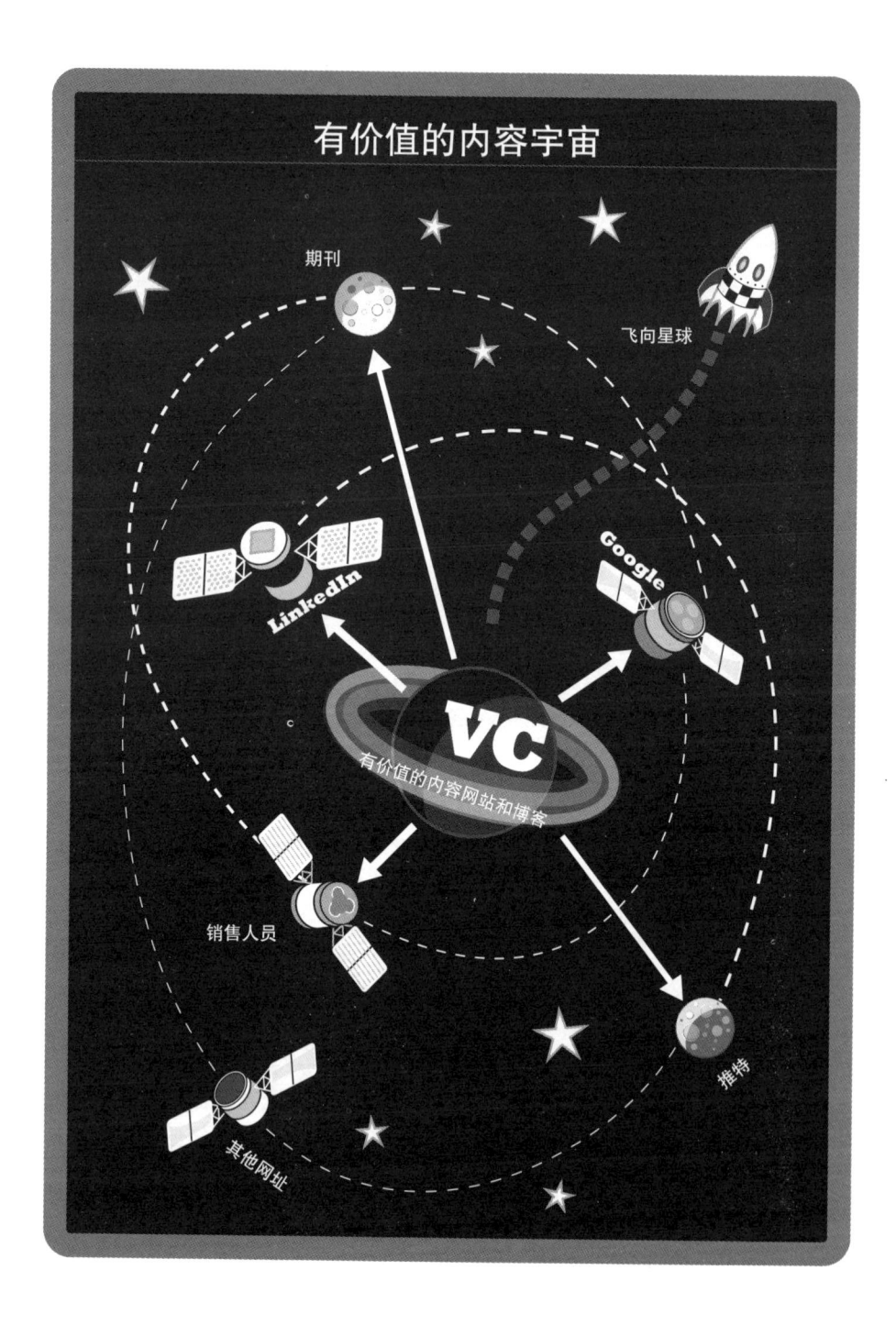

有价值的内容宇宙

- 期刊
- 飞向星球
- LinkedIn
- Google
- VC 有价值的内容网站和博客
- 销售人员
- 推特
- 其他网址

第二部分·
什么是有价值的内容

有价值的内容宇宙

> 因特网改变了世界。它为孩子们创造了人人机会均等的局面。许多网络工具的出现向世人宣告我们的到来。它们非常强大,用起来也是自由随意,但也是人人可以获取。所以我们必须学会如何擅于利用这些工具。否则只有消亡。
>
> ——大卫·海特

如果你想利用内容营销为你的企业服务,那么拥有一个好的网站、博客、电子期刊和社交媒体展示就非常必要。这就是我们称之为"有价值的内容宇宙"的所有部分。本章主要目的是对构成这个宇宙的主要内容创建和发布工具做一概述,并就如何创建支持你的企业的社区做出最佳配置提供一些意见。

过去几年中这些平台和交流方式已经在我们日常生活中生根发芽,变得根深蒂固,其中的好多种你都耳熟能详。尽管此部分谈到的工具已平淡无奇,但如何利用它们,如何分享你的观点和如何使它们配合起来珠联璧合,对内容营销的成功有举足轻重的作用。

做一个简单的比喻,我们通篇应牢记的是把你的网站作为你的大本营、你的行星地球。网站是你的内容营销宇宙的中心,是你拉回客户的地方——运用你所分享的内容吸引他们,建立他们对你的信任。本部分所写到的其他工具——你的社交媒体、搜索引擎会使你在其他网页上的种种排名如页面、PR值、活动和内容立竿见影地提升——这些都会成为你的企业前哨。

优秀的内容营销者知道在前哨中让你的客户参加到价值内容的互动中,寻找合适的时机把他们纳入到网站中。为什么我们想让他们参与到这儿来呢?因为你的网站是你唯一能支起摊子进行销售的地方。运用我们即将讲到的内容营销工具,在你的前哨进行销售是人们犯的主要错误。撰写愚蠢的销售式博文、自我促销式的推特文章和自私自利的通信类文章会使你一败涂地。发些有帮助性的、有趣的和有价值的内容，人们会欣然地和你交流。这样关系才会有所发展，然后再开始围绕你来创建社区。创建社区会更好地服务于你的企业。社区内的潜在客户会很乐意从你这里消费，很快你就会远近闻名、声名鹊起，很自然你就会拥有一大群的拥护者，他们愿意从你这里得到指点并分享到他们的网络。

企业网站就像高科技专家和远程实体，网站做得好的企业都会把它做得非常人性化。利用这些工具来进行互动、联系、娱乐和提供帮助——在这里做一名好公民你才能走得更远。

如果你是内容营销的新手，在你创建每一个工具的时候可以读一读这一部分的内容并加以参考。如果你是名经验丰富的内容营销者，这部分的许多企业案例也可以供你借鉴，这些企业已能真正充分利用这些新的营销工具来获取新的灵感并用来寻求企业发展的新方式。

第四章
博　　客

　　对我来说，在过去 15 年中无任何一件事物的重要性从专业上可与博客堪比。它改变了我的思维，改变了我的人生观，它是最棒的营销工具而且是免费的。

——汤姆·彼得斯

本章内容介绍

◎为什么要开博客

◎如何成功创建博客

◎如何撰写一篇好的博文

◎如何推销你的博客

如果你接受委托要创建并分享有价值的内容，那么开博客是你工具箱中不可或缺的部分。你的博客将成为价值内容营销活动的枢纽。它是即时的内容创建工具；它是所有价值内容的核心；它是一种性价比高、回报丰厚的方式，用这种方式发布信息自然会得到客户的青睐。

写文章并分享它们是在自己的领域内宣示主权的一个有力的方法。把你知道的东西都展示出来，树立起自己的权威地位，为你的构思和商务拓展做好铺垫。

　　博客不是一种 SEO 策略的营销。它并不是一种在你的网站上堆砌起一串串的东西然后把它链接到谷歌上以博取印象。企业开博客

> 最主要的目的是建立信誉和信任，这是与你潜在客户达成关系的一种快速、简单的方式。
>
> ——伊恩·布罗迪

博客曾经异军突起，但现在仅是创建工具的一部分。随着视频和其他视觉媒体的激增，你也许会认为博客已经逐渐淡出人们的视野，但是我们并不苟同。博客仍旧占有一席之地，它在内容营销的奋斗中一直居于核心地位。一个优秀的博客会在赢家与落败者之间形成云泥之别。

认真构思一下如何创建一个好用的博客，因为它将帮助你提升价值内容策略中其他环节的表现。唯一真正的成本就是你所花费的时间。本章将介绍如何提高工作效率，利用博客在最短的时间内取得最大的收益。

博客的基础知识

什么是博客

"博客"也许并不是最优雅的词汇，一些人开博客还落得个不幸的名声，这里成为他们在网上沉湎于日记风格的写作家园，但我们强烈要求你开博客一定要慎重。博客的形式灵活多样，但是谈到你在网上的业务时，博客已经成为"一个能够安放和发布你的思想的地方"。从发展业务的角度来说，我们所指的发布价值内容的博客其实是一个平台，你可以把你的企业交易后获得的益处围绕着某个主题写下来放在这个平台上，也可以是个人在专业领域的心得体会。有价值的博客让你以一种既令客户感兴趣，又能为他们提供帮助的形式定期分享你的理念。

什么样的内容不能视为博客

铺天盖地的销售信息不能称作博客。企业的新闻网页也不能称之为博客。

"热烈庆祝简加入董事会","本地报纸关注了我们,这让我们很激动"等消息是不可以作为博客素材的。的确,它们都与你的企业有关,但这样的博客没有任何的帮助作用。真正的博客只是个人的观点,是对思想的阐述。直接报道事实,既不是博客的写作方法,也不是公关的宣传方法。

为什么要开博客

企业的博客活跃的话每个月可以多产生出67%的leads。

博客有助于你建立关系,你的企业也会因此而披上一层脉脉温情的外衣。不断地回答问题,对于客户关心的问题给出你的见解不仅有助于建立你的信任,而且可以展示出你在自己所从事的领域方面作为的专家地位。优秀的博客会给你带来leads。你可以就某个方面展示一下你的权威地位。但这样做的目的是为了与你的客户建立联系,而不是要把自己推上"王位"。

开博客的七个理由

◎在更广阔的范围内传播与自己的企业有关的词汇,吸引人们浏览你的网站。

◎给人们一个反复浏览你的网站的理由。

◎提高声望,宣传自己在专业领域的主导地位。

◎展示你人性化的、平易近人的一面。

◎为客户提供帮助,使他们的生活变得更舒适。

◎提升网页在搜索引擎中的排名。

◎让你做得比以往更好。

企业博客是人们了解企业风貌的首要之处。它是你想通过直觉获取该企业动态的一条捷径。企业的网站不开设博客意味着该企业缺乏思路,也缺少与客户友情式的交流,而撰写优质的博客表明你是很在意客户的。企业利用博客可以取得收益。你的博客会给你带来电子期刊的签约。除此之外,博客还能提高企业在搜索引擎中被搜索到的几率。商务博客中包含的客户高频检索主题词越多，被搜索到的几率就越高，访问量也越多。

开的博客越多，客户搜索问题答案或者寻找某些内容时发现你的文章的几率也会越高。博客能够让大家了解你既是一个实干派又是一个思想者。你在客户们感兴趣的领域里从事工作，掌握了丰富的经验和最新的知识。它是在展示而不是讲述，它能证明你完全胜任自己的工作——是一位业务繁忙的商人，而且完全了解自己的领域。

博客最大的收益还在于它能磨炼你的写作技能。优秀的博客作者有极好的沟通技能，无论是为某个社交媒体撰写标题，做展示或是跟一大群人讲话——能够进行构思并与客户产生直接的联系是一项非常有用的技能。

当你学会了撰写一篇好的博文时，对你进行其他创作也有一定的用处。

——亨内克·杜斯特马特

内容故事：身为顾问和培训师的沃恩·梅林（Vaughan Merlyn）用博客赢得了新的客户

沃恩是一位业务关系管理顾问和培训师。开博客帮助他的业务取得了巨大成功。以下是他关于开博客的策略的洞见。

我分享的内容各式各样。大部分的内容都是从我的咨询工作中所学到的——洞悉IT业和业务关系管理世界的运作方式，有时是对未来的沉思；偶尔是从我的爱好（音乐、潜水）中所学习到的东西，它们也可以运用到我本领域的工作。我尽量每周都发一篇博文。

想看到确实的结果是需要花点时间的。我在这儿不停地坚持下去是因为开博客帮助我处理了在咨询工作中发生的一切，我的读者人数在不断增多，所以我多少有点相信好事儿就会发生在我身上，即使现在还看不到立竿见影的效果。

此后我开始接触一些新的前来咨询的客户，他们告诉我前来的原因主要是看了我的博客。尤其一位客户的评论令人很震惊。她说："沃恩，我们选择你作为合作伙伴并不仅是因为你的博客展示了深厚的知识和你对工作的酷爱，而是对你处理客户评论的方式颇为欣赏。无论每条评论有多么的愚蠢、空洞，你都会带着风度和谦卑的心态做出回应。你使我们确信你就是那个我们想要与之共事的咨询顾问。"

我的博客访问量周周都有起色，现在我得到了相当大百分比的咨询和预约，因为业务规则管理（BRM）的培训和咨询部提到过我的博客，所以他们联系了我。

我使用 Evernote 记录我的想法发表博文（产生思路是最困难的部分！）然后我尽量在周末留出几个小时来写博文留到接下来的周二发表——这对众读者来说是美好的一天。阅读博客也很关键——我花相当多的时间来追踪我操作领域内的博客圈。由此我收获良多。

沃恩对其他企业的提示：

◎不要为了吸引业务而发博客。发博客是因为你想就保有热情的话题进行全球对话互动。

◎多准备一些要发布的内容——你发布的内容越多，打算付费给你寻求帮助的客户群就越庞大。

◎要为此做出长期奋战的准备。

如何成功创建商务博客

好吧，我们已经说服了你。你已经打算致力于开博客了。那么你的博客应该是什么样子呢？你打算写点什么呢？

优秀的商务博客在形式上不拘一格——包括专家的博客、CEO 的博客、技术性博客、励志博客。每个博客都有自己独特的风格和基调，承载着不同的希望。博主的热情程度决定着博文的水平。写出最好博文的人并不一定是知识水平最高的人，但他们一定对自己的专业有着深刻的理解，并且愿意与网友沟通。

你的热情程度至关重要。如果你对内容营销充满热情，你就会坚持不懈地针对某一主题进行撰写，不断地挖掘，找寻新的角度，倾听客户的心声，这里或许包含着会成为你博文的金科玉律。选取能真正激发你的内容，使你的博客之旅更加有趣、更加有成就感。

一旦开博客需要准备的七件事

◎并不是每个人都会喜欢你说的，但是没关系。

◎花点时间增强你的网站流量。

◎开博客不仅仅意味着撰写，还要倾听。

◎好的视觉资料对博客很重要——甚至要有比过去更多的视觉资料。

◎努力想知道要写些什么的时候，必定会遇到困难。坚持到底完成它。

◎通过社交媒体推销并分享你的博客是重要的一环。腾出点时间来做这件事。

◎有概念规划，发博客日程安排会提高跟上时代步伐的机会。

内容故事：吉姆·奥康纳（Jim O'Connor）博客撰写观念的转变

吉姆·奥康纳起初并不喜欢撰写博文，但现在……

当我开始试验着创建并分享内容后，很快就发现这些内容不止对读者有价值——对于提供内容的企业也有巨大的价值。这不仅是因为它能够提高网页的访问量，培养忠实读者，帮助自己传播某些词汇或者成为客户（通常能做到一箭双雕），更因为它为企业提供了一个分享知识及专业经验的平台，通常这些内容是无法展现在销售合同上的。撰写博客使我成为自己所从事领域中令人信赖的专家，与可能成为客户的人建立起长久的信任关系，这是传统媒体所无法提供的。博客究竟有多少价值？

它是无价的！因此我决定转变观念，为人们写一些有价值的内容是一件令人能够得到满足感的事。当然还有另一点也比较重要，它能吸引一些新客户，因为我真的能帮到他们。你可能会对此表示怀疑（我理解这种感情，我本人也比较多疑）。试着做几个月吧，结果会让你大吃一惊。

给你启发的20条博客小技巧

◎ 把一些思路和要点罗列出来，最好编上号。

◎ 浏览一下推荐阅读的书籍。

◎ 写文章的"入门"准备。

◎ 对一些与客户有关的新闻的评论。

◎ 写文章的理由是什么？

◎ 描述你推荐的方法可以带来的好处。

◎ 对某个未来或现在客户提出的问题做出回答。

◎ 描述客户应如何规避风险。

◎ 添加一些时事内容——比如近来发生的庆典或活动。

◎ 采访某位客户。

◎ 对其他人的观点或文章进行评论，表明自己的观点，比如哪些应该做或哪些不应该做。

◎ 像记者一样学会记录，回顾近来演讲的内容，出席行业会议或者其他活动的相关内容。

◎ 向其他专家提问，并分享他们的回应。

◎ 找一家与你正在合作的企业，或者你所在领域中运营比较成功的企业做案例分析。

◎ 进行一次民意调查，并分享调查结果。

◎ 为你的社区寻找一个能够聚集人气的时事新闻。

◎ 分享你最近一次演讲的幻灯片。

◎ 请业内专家帮忙撰写客席专栏。

◎ 介绍读者可能会从中受益的产品或服务。

◎ 把最近讨论比较激烈的内容以图片或卡通的形式分享出来。

随着时间的推移，你就会致力于建立一个展示你对该领域深刻理解的平台，并且会引导客户融会贯通这些知识。博客的表达方式、写作风格及附加价值的不断改变无形中也会拓宽你所涉及的内容——有些人钟爱"快捷"的指南，另外一些人则比较欣赏对具体问题的深入剖析——但是你总得一点点来，找出最容易发挥的一个切入点，只要你自己觉得舒服就可以开始了。

如何撰写有价值的博文

你的业务可能得益于你的博客，写了第一篇文章后，你会有一些想法。现在你需要给自己一些时间（比如说写第一篇文章用了 2～3 个小时，但以后你的速度会越来越快的）和一个平和安静点的环境（关上门，关掉所有吸引你注意力的东西）。

适用于博文的简单模板

博客文章没有固定的长度——500～1500 的文字都在博客单击区域。如果你不能确保可以管理好字数，明智之选就是使用博文模板。以下是帮助你构思一篇 700 字博文的基本模板。

◎ 100 字的简介，设定你打算回答的问题。

◎ 3×100 字的段落，回答你的问题。

◎ 50 字的前言。

◎ 200 字的目录。

◎ 50 字的总结。

下面是模板内的细节。

标题

标题的作用是吸引读者的注意力，使读者想要了解更多的内容。某种程度上也可以采用总结性的标题来引领读者。

第一句话

博文开篇需要有个引子。可以提某个问题，给出一些有趣的或者比较新奇的内容。第一句话尽量简洁。冗长的开场白会导致无人浏览。

第二段

迅速切入主题。浏览者往往只是蜻蜓点水般地一略而过，很少有人会凝神细思，所以切忌序言过长或其他离题内容过多。你已经抛出了问题，现在需要直接解答。仍需谨记句子一定要简洁。

博客的主体部分

你的段落不必是均匀的 100 字长度，在这个中间部分也没有完美的目标性段落数。博客的模板非常灵活，但一般的标准是，简短的段落显然好于冗长的。博客给人的感觉应更像你与你的读者之间的对话，而不是长篇的讲座。增设几个问题，创建些许空白有助于你的博客更显对话感觉。

项目符号列表

序号或项目符号列表对于博客来说是很重要的：
◎ 它们能增强结构性。
◎ 它们可以让你在有限的空间内尽可能多地添加价值内容，却不需要过多的言语铺垫。

◎它们迎合了读者希望迅速找到答案的心理。

列出多少项比较合适？个人认为 10 条以内为佳。我们都是大忙人。简短的列表可以让读者感受到这是一本速成秘籍而不是大部头的《战争与和平》。

结论

总结一下你的论点。撰写博客有点像作报告——告诉人们你想要说什么，说出来，然后告诉他们你为什么这么说。

提问

提出一个鼓励人们与你联系的问题。写博客不可过于自负，应邀请他人分享自己的观点。记住这是一次对话，你的目的是想找到正确的人与你联系。

使你的博客看起来令人满意，读起来更好理解

无论你的论点多么有说服力，无论你的写作有多么精练，如果你写的文章读者是挣扎着读完的，而且看起来也令他们心情不悦，人们就不会给你时间。也许有点儿令人难过，但事实就是这样。幸运的是能做到以下一些简单的事项，读者阅读你的博客会更舒服。

在设计上多倾注些心血。许多极好的博客模板都是免费的，你可以对它们进行自定义来满足你的需要，这值得一试。好的设计会让你的博客看起来更加专业、更加受欢迎，也能够就图片的种类给与你一些有帮助性的建议，使它在你的博客中大显身手。

通俗易懂

如果你遵照以上的写作模板，你创作出来的文本会相当地支离破碎。可以适当加些有意义的小标题使之读起来更加通俗易懂。

小标题

小标题就像栏杆一样，引导着你的读者走下陡峭的楼梯。因为读者通常是浏览页面而不是从头至尾的通读。他们瞥一眼你的博客，直接从小标题就可以获取想要学习的内容，所以编写出色的小标题可以使读者如同看到又一个大标题一样欲罢不能而继续读下去。从 SEO 角度看小标题的作用也非同小可，它会强化你的关键字并有助于博客的被搜索和被发现。

其他格式技巧

关注文章的排版将会极大地改善其可观性和可读性。考虑一下字号大小（不能太小），行长度（不能太长），行距和字体——博文正文文本的外观都取决于此。这些听起来很琐碎，也不是很重要，但我们可以向你保证如果你想有人从头至尾地通读你的博客，这些听起来微不足道、琐碎的事儿也是相当重要的。

我们评估一下巴特里克（Butterick）的排版规则。这里有一个总结：

◎字号大小。不能太小——尤其你的读者是 40 岁以上！那意味着印刷文件字体大小为 10～12 磅，网页字体大小为 15～25 像素。

◎行距值为字号磅数的 120%～145%。

◎平均每行长度为 45～90 字符（包括空格）。

◎句子之间要有一个空格。

◎字体颜色。白底黑字比黑底白字便于阅读。（灰色字体难以阅读。）

◎不要文本对齐。

◎选择标题、小标题、引用你满意的格式并在撰写的每篇博客中坚持使用。

◎选择看上去更加专业的字体。

如果你购买的是现成的博客主题，那么格式风格也许是预先设定的。如果没有购买现成的博客主题，当你开设博客要确保你的设计者要密切关注格式风格（任何一位优秀的设计者都会知道怎么做，而且非常值得一试）。

图片

找一幅图片对你的观点进行辅助性解释：形式不拘，只要内容配合即可。如果你希望读者能够在网页上多驻留一会儿，那么精心设计的、有视觉效果的网页绝对要好过纯粹的文字页面。虽然你会发现自己历尽千辛万苦搜索到的适合的图片许多都是过时的视觉上的烂片，但是网络上的图片素材库仍是一个极好的来源，图片的价格也颇为公道。关于何种类型的图片可以起到画龙点睛的作用的问题，你应该不断总结经验，并且坚持下去。通常来说，在博客上使用图片时要注意，图片大小要一致，风格要相似。

迅速评估博文的简易方法：

◎我的目标读者会认为文章的主题是令人感兴趣却能从中受益的吗？

◎贴在网上的文章中是否含有我们所从事领域的专业意见？或者有我们需要读者了解的内容？

◎标题是否具有足够的影响力？

◎是否包含人们搜索我们时会经常用到的关键词？

◎是否有结构清晰的开篇、中段、结尾？

◎我是否已经删除了过于专业的术语？

◎我是否使用了有帮助的子标题或项目符号列表重建文本结构？

◎我是否在文章的结束部分抛出了一个问题？

这个问题先说到这儿。你已经很辛苦了。更多的写作信息请参见第十三章。现在来讨论如何让别人发现你的博客，喜欢上你的博客和分享你的博客。

推广你的博客文章

好吧，我还没回过神来，现在又要做什么？怎样才能让人们读我的博客？你开博客的核心目的是把人们再拉回到你的网站，把他们注册到你的邮件列表中，这样你可以继续对话。你是想让你的博客激起人们对你的信任，获得他们的认可，从而来开启你和潜在客户或推荐人之间的有用的对话。为了实现这一目标，人们需要知道你和你的博客真实地存在在那儿，并且你也会做出回应。

第十五章我们会写些关于如何让别人乐于读你的内容。现在我们来看一些可以纳入到你的博客中，有助于你的博客被读、被分享的因素。

分享键

"分享这篇文章"键不容忽略，趁热打铁，在社交网络上进行分享超级简单。

鼓励注册

在博客的结尾加上一句话号召大家订阅你的邮件列表（可加上这一句"喜欢吗？注册可以看更多内容"）不失为一种好的方法，使你的博文快速、有效地送达至感兴趣的群体。如果你发布的内容受到人们的喜欢，他们可能愿意加入你的邮件列表，那么你写的下一篇博文就可以直接发送到他们的收件箱。

阅读更多相似的内容

引导读者阅读你所撰写的主题相似的其他博客。强调其他相关博文会使读者进一步深入你的网站，也可以向他们展示你可以帮助他们的其他方式。

例如，有篇名为"电子商务时代不得不知的十件事"的博文，那么被这篇文章吸引来的读者很可能会对"电子商务平台大比拼""电子商务案例研究""电子商务引发的混乱及解决之道"等文章感兴趣。向读者提供全方位立体式的帮助，一方面展示了你对专业内容高超的驾驭能力，另一方面则展示了你的慷慨大方，让读者如沐春风、如饮醇酒。利用醒目的标题和相关文章中的链接来提供帮助是极为便利的，浏览者只要轻点鼠标就可以了。

通过社交网络推广你的博客。

博客是在社交网络上分享内容的理想形式。事实上不开博客的话是很难参与到社交网络中的——就像你突然现身于一次社交活动中，绝对没有什么话可说。

当前像推特、LinkedIn、Google+ 和脸谱这些关键的地方，你完全可以在你的博客加入链接。在加入链接之时我们也向这四个地方推广了我们的博客。

◎ 1 次链接到我们的脸谱页面。

◎ 2 次分别链接到 LinkedIn 和 Google+（把我们个人的信息流和有价值内容信息流结合起来）。

◎ 10 次或更多次链接到推特（个人提要和有价值内容提要）。

有价值的提示

一个节约时间的提示就是一撰写完博文就再接着写一大批不同的推广标题——趁着脑中的思路仍记忆犹新。然后你可以使用 Tweetdeck 客户端在每天的不同时段来安排推文的日程。

何时推广你的博客

考虑一下人们都在哪儿和他们将会做什么？他们在世界何方？（例如，人们通常下班时会查看一下社交媒体信息，这么看下午 5：30 是在英国发推文的好时段）

评论

当别人评价你的博客后，请务必给予回应。这样就能起到利用博客吸引人们参与的目的，也更容易在人群中分享你的博客。不言而喻，你应该主动热情地做出回应，至少要抽出时间做个简短回复，感谢对方在百忙中对你做出的评论。如果需要表达的内容比较多，可以通过电邮的形式与你的读者继续讨论。

（当然，对于批量发送的网络垃圾信息或者明显是来找茬的人是不需理会的——不管怎样，好的垃圾邮件捕手软件会拦截大部分这类评论。这是你的博客，适当的删除一些垃圾评论可以让浏览者感觉更轻松更自由，也可彰显你的专业。）

博客内容可以视觉化

如果你已经阅读了本章并且认为"我绝对做不到这些"，那么不要感到绝望。你依然可以享受撰写博文带来的众多益处而无须撰写大量的文字。

你要牢记博客真就是一个分享信息的地方。它的信息可以是文本的，但也可以简单的以视觉化的形式或音频形式来呈现。尤其是视觉化内容可大量分享。无论它是照片、信息图、插图、SlideShare——一幅图片有时可以节省你的千言万语。在博客中嵌入播客或视频，也是一个很妙的主意。

> 照片是有价值的视觉化内容。它们即刻就能描绘出某个信息和讲述一个故事。
>
> ——阿曼达·托马斯

虽然你期待着全神贯注地进行写作，但也不要忽视其他内容形式。格式的混搭会使你的读者一直保持兴趣，增加进一步推广你的博客的机会。

内容故事：一切皆有可能，设计师伊恩·克拉里奇（Iain Claridge）的视觉博客

自由网络设计师伊恩·克拉里奇的视觉博客为他赢得了遍布世界各地的

业务，甚至为他争取到了美国宇航局（NASA）的一个设计项目。

作为一名设计师，由于在撰写吸引人的博文方面技能有限经验不足，我的博客发的绝大多数的帖子都是视觉化的内容而不是充满智慧的精练文字，这实在是不足为奇。但是我还是希望我的充满视觉化愉悦的数字化剪贴簿不仅仅是挥霍眼球的糖果，而是可以作为一个范本告诉大家作为一个设计师我是如何建立我的观众群，甚至作为一名策展师是如何赢得工作的。

我开始创建博客主要是作为一种组织资料的方式，作为网络项目创意人员，我发现有的资料可以给我的工作带来灵感。网络设计是一种表现求知欲的各种规则的结合体，它可以从设计的许多方面获取灵感，包括产品设计、建筑设计和印刷设计。我的大多数博客帖子反映了我的设计方法，形成了当在我的数字创意工作中寻求灵感时富含提取材料的地方。

我写博客的初衷纯粹是把它作为一种个人资料库，但是很快成为众多人所青睐的目的地，他们来这里分享我体会到的美感，寻求他们自己项目的灵感，同时也帮助我开启了与志同道合的人的几宗工作关系。实际上它在吸引我真正想与之合作类型的人和组织方面比我的网上作品集更加有效。

博客是一个与潜在客户对你的领域进行深度理解交流的极好方式，可以表现出你是一个如时钟般精准的人，以一种非推销式言辞的方式传达你的个人和专业宣言。

关于博客的问题

问：在我的企业里该让谁来开这个博客？

答：如果你是位孤独的游侠，那么这个问题很好回答——当然该是"你"来开这个博客！如果你就职于一家大型企业，那么理论上来说有形形色色的人都可以分享这个写作大权。

主题问题专家会做出优秀的博客，尤其那些来自工作一线与客户进行互动的人。他们了解人们问的问题，知道给出何种帮助或建议才能切中要害。（所以，如果你供职于一家法律事务所，应该由律师来开这个博客。如果你是一家技术公司的一分子，也许一位对公司有深入了解的在一线负责为客户答疑解惑的匿名人士和技术专家是开博客的最佳人选。）如果 CEO 能够开博客的话，那么你在内容营销方面所做出的努力会有更大的成功的胜算。开了博客的 CEO 们更能激励员工，并就他们开博客所需要营造的势头提供支持。

问：更新博客的频率以多久为宜？

答：一月一更足以为你带来益处。一月二更则是一个比较良好的开端。随着自信心的不断增长，你可以适当提高更新频率。一周一更能使你的商务得到巨大改善。

> 博客需要内容，但是你不用把所有力气都用在这上面。在大多数利基市场中，每月能够提供 1～3 条极具价值的内容即可。
>
> ——德瑞克·海波

当你真正地启动和运行时，Newfangled 的劳伦·麦加（Lauren McGaha）建议你的目标应该是每个月在你的网站上加注 3000 条独特词汇和可索引的词。

为什么我们推荐 3000 个词，是因为谷歌有大量适合 SEO 运算法则的因子用来在搜索引擎结果页面上进行网站排名。它们真正寻找的是发布在你的网站上的新内容的频率。如果谷歌对站点进行抓取，当它们回过头来再次抓取时意识到你的站点上有新内容发布，这就是线索。这也是提示谷歌需要回过头来再次抓取。它们必须回过头来频繁地抓取你的站点上发布的任何新的索引内容。

问：我应该写哪方面的内容？

答：人们利用网页搜索信息、解决问题或者寻求娱乐，因此，你需要迎合他们的这些需求为博文划分类别。最好的方法就是写那些人们正在搜索的信息，或者给出问题的答案（请参见第十一章）。

问：我觉得自己好像无话可说。

答：这种感觉是人之常情。请再复习一下推荐的20条建议。只写下人们对你的服务或产品提出的最多的问题，然后写下你给出的答案，请控制在10句话以内。瞧，第一篇博文的草稿已经出来了！

问：我真的讨厌写文章，必须要做吗？

答：请参阅本书第十三章的写作小技巧，我们提供的博客模板将助您一臂之力。这是一门技术，同其他技术一样只有熟能生巧。把写博文看作是同潜在客户进行的一场气氛友好的谈话，而不是在上百人面前进行生硬的推销，这样想写起来会容易一些。

问：没有其他的方法吗？请人捉刀如何？

答：当然可以，请一位自由撰稿人来帮助你也未尝不可。找些写作风格与自己相近且对本行业比较了解的人。如果你觉得说比写容易，可以请作者先采访你，然后把你的话语转变成文字，最终形成一篇以你的口吻撰写的博文。无论如何主导思想必须由你自己确定，因为这始终是你的业务。

问：工作太忙，我应该怎么做？

答：如果你具有极高的专业水准，而且想进一步拓展自己的业务，博客是一种提高工作效率的有效工具。想办法抽点时间出来，努力总会有回报。现在没有任何一家企业会忽略在线营销的作用，博客是向潜在客户展示实力的最佳方式。把它编入你的工作时间表中——完整的工作计划，确定一段时间用来打理博客——CEO理查德·爱德尔曼的博客"6am"就是一个极好的例子。像许多身为高管的博主一样，理查德从事着朝九晚五的工作，而博客则利用业余时间来打理。可以考虑请自由撰稿人帮助撰写博文。如果能有些写博文的思路或者对客户的问题已经有了答案，自己写其实也不难，可以借助一些外部工具来开启你的博客之旅。为你的团队分配好任务，制定周详的计划，可以减轻自身的负担。

问：开博客是否会对我的业务带来不良影响？

答：如果你操作得当不会产生任何不良影响。相反，还会给你带来更多的业务。只有在下列情况下它才可能产生不良影响。

◎ 不能保持一致性——在不同的文章中，就某一话题说法不一。

◎ 缺乏清晰的方向——如果你只是把博客当作随便写写、吐槽一下的平台，那么人们不会对你的专业权威性产生信心。

◎ 呓语连篇／含糊不清——如果大家都搞不清楚你在说什么，自然不会认为你是一个可以提供帮助的可靠之人。

◎ 不停地在博文上兜售你的产品或服务——这里不适合发布带有明显销售倾向的信息。

◎ 博客内容迟迟得不到更新。如果上次圣诞节的博客仍旧出现在复活节，这无异于昭示你的业务已经就此打烊了。

具体的实施方法

◎ 搜索一些优秀的博文。把他们打印出来认真研究其组织结构。包括标题、开篇、主体、结论，然后开始行动。

◎ 如果你在博客写作方面完全是个新手，可先评论几篇你喜爱的博文，这有助于你在发布自己的观点时感到怡然自得。如果你喜欢，可以先发一篇关于价值内容的博客——继续下去，不断的尝试——我们保证你一定会得到回应！

◎ 从我们的列表中选择一个主题利用"资源区"的模板开始撰写博文。

◎ 把写好的博文拿给同事阅读，并收集反馈信息——习惯分享自己的作品，是成长为优秀博主的必要条件之一。

第五章
社交媒体

社交媒体并不能创建价值内容，但它在内容传播方面的能力却是无与伦比的。

——索尼娅·西蒙娜

本章内容介绍

◎社交网络——开展商务活动的主要场所。

◎使用大型平台的提示：推特、脸谱、YouTube、LinkedIn、Google+、Instagram、SlideShare 和 Pinterest。

◎哪个平台最适合用来分享内容？

◎如何为你的商务活动选择合适的渠道？

◎适用于所有社交网络的价值内容指南。

即便是最优秀的内容也无法自动传播，没有外力的推动它们只能待在你的网页或博客上。没有人会来浏览它们，它们也不可能自动送达目标客户的案头，更不用提灌输到他们的头脑中。要想让你的信息从 A 传递到 B，必须借助某种媒介，社交媒体就是其中之一。

价值内容可以产生涟漪效果，通过网络把你的思想传播到世界各地。但是仅仅加入社交网络并不会自动产生涟漪效果。拥有一个推特账户并不会让别人去读你的博客或对你的销售进行注册检验。如果社交媒体能够帮助你建立起业务，你需要在适合的地方长期不断地说和做正确的事儿。

在社交媒体上的表现如何极其重要。各种平台不断出现与消失，但是许多相同的规则都适用于所有你可能用之于你的业务中的平台——无论现在还是未来。简而言之，在社交媒体中你需要表现得像在每一个其他业务领域里一样具有人性化，并能提供帮助。且不说语气进行调整和谈判上的细微差别，只要你扎根于人性化和能提供帮助这两点你就不会离谱。

> 社交媒体让我们与我们的客户更亲密：直呼其名；知道他们的喜好并明确地展示出我们关心的东西。社交媒体可以使关心更加扩展升级。
>
> ——保罗·哈耶克

社交媒体和内容密不可分地联系在一起。要想取得成功二者缺一不可。本章将介绍为什么我们要把社交媒体变成价值内容传播的元素之一，同时还将对各大社交网络大揭秘，让你了解如何利用它们的功能为商务活动服务。首先对由于采用社交媒体方式而致企业兴旺的例子做一简介。

内容故事：依靠社交媒体取得成功——沙滩度假酒店

沙滩度假酒店早就意识到社交媒体是一种强有力的开展商务活动的工具。而很多企业在这方面的领会要慢得多，他们避免使用推特等社交媒体，因为他们认为这太微不足道，"人们只是分享了一下他们的午餐"，沙滩度假酒店已经抓住了这个机会。他的数字化营销经理约翰·贝克利形容这个社交媒体就像是每个办公桌上都有一部电话。这是近来人们喜欢交流的方式。它是很有意义的。

> 几年前我们知道这个理论并做了许多实验，现在我们全身心投入到其中。这是我们的销售、广告、展览等都已退居二线。它能真正地推进度假酒店的业务。我们的网上足迹在过去几年中得到非凡

的发展。我们2012年以来的备份目录在今天仍旧推进着业务。

我们每日的行动都是围绕着社交来进行——对度假酒店内发生的一切进行拍照，与来访的团队一起工作，尤其"以活动方的身份"制作视频。我进行交易的工具仍旧是我的iPhone和Nilox相机。现在有更多的人参与进来。我们甚至让救生员和我们的客人拍照和录制视频。

我们优先考虑视频，所以我们的YouTube渠道对我们十分有利。挑选实习生时我们看中的是他在视频制作方面的经验和知识。如今在我们看来关键的是营销技巧。开博客固然是永远重要的。我们涵盖所有的事情、拍照片、录制视频和写报告。兰萨罗特岛马拉松对我们来说是个很大的机会，我们对此进行了广泛报道。Flickr仍旧是一个至关重要的渠道。我们拍摄了9000多张照片，收到的评论超过150万条。这是一个大规模的社区，但是确实需要付出艰辛的劳动。

这简直就是一份全职工作。我们有一个实习项目——他们可以获得非常好的体验，并能帮助我们进行研究、分享故事和进行线索跟踪。

我们的CEO鼎力支持我们。他理解这种做法的紧迫性，知道我们分享的内容必须具有实时性。他本人在社交媒体上具有举足轻重的地位，并且不断地推动我们快速发布一些高质量内容。

对我们来说所有这一切是关于互动的问题。我们已经告别了纠结于拥护者数量的日子。我们正在寻求办法来衡量遍布所有渠道的互动情况，利用这些报告学会如何更上一层楼。

实时对我们来说是一个挑战。我们仍旧朝九晚五地工作，但是社交媒体和网络一直处于运行状态。我们需要找到一种方法对直播作出回应。因为我们的客户在网络世界中寄予了更高的期望。

最大的挑战和机遇是激励人们和我们一起开始这段旅程。我们的合作伙伴、我们的员工、每一个人都参与其中。我们的管理团队有20人。他们都使用LinkedIn，也都参加到推特中。我们现在谈的就是变革，变革对人们来说是可怕的事。时间总会检验一切，所以你可以着手真正地去鼓舞你的人，他们会找出时间的。

社交媒体并不是独立的实体——只是一个我们真实自己的延伸。

约翰所描绘的这幅图景：利用多渠道，让整个公司的人都参与进来，教会人们最佳做法，吸引更广泛的社区，投入一周7天、每天24小时的关注，全情投入社交媒体事业，这是我们想取得成功的教科书式范本。

约翰已经对各种不同的渠道进行过实验和测试，所以他知道如何利用每个渠道和不同的客户打交道。

为什么你的企业需要在社交媒体上的存在感？

本书的读者许多已经是社交媒体的皈依者，但是你仍旧很难理解为什么在推特上虚度光阴与艰难创业究竟有何关系，这里有一个简单的概述：

◎人们喜欢与人打交道——社交媒体是一个可以展示你的地方，展示在公司外表下的你。

◎这是现在许多人交流的方式——加入对话来让你扬名。

◎有助于你的思想和内容的传播——从社交媒体到你的网站，到销售额的达成。

为你的企业找到一个最佳舞台也许是你成功的关键，下面这些关于社交媒体的一些信息会有助于你规划社交媒体帝国。

社交网络：开展商务活动的主要场所

推特和LinkedIn等社交网络让繁忙的商务人士可以管理庞大的人脉圈子——面对面地实地接触所需要的时间远远多于社交网络。

在社交网络上投入的时间将为你带来绵绵不绝的机遇。

——希瑟·汤森德

我们已经意识到社交媒体的大千世界处于一个高速变革的时代。自从2012年我们撰写此书的第一版以来，社交媒体的工具和平台一直在不断地变化。今天提到的工具也可能很快就会过时，但有一点我们坚信，能否融入社交媒体是内容营销成败的关键。

在我写下这些文字的时候，适用于企业经营者的主流社交网络平台主要有四家——推特、脸谱、LinkedIn 和 Google+。YouTube、Pinterest 和 Instagram 也有大量的追随者，提供不同的打交道方式。以下是关于这些平台的简单介绍。

推特

推特是一种非常重要的商务工具。它可以帮助你建立重要关系，进行商务营销。在分享价值内容、与潜在客户联络并建立合作关系等方面它的作用无与伦比。推特，对篇幅有 140 字的限定，因此想在这上面长篇大论是不可能的。但是你可以把博客的链接放到推特上，从而为博客带来大量的访问量。推特能吸引人们关注你的内容，拓展你的交流圈，能帮你获得更多的业务机会，因此，在推特上建立的关系是比较牢固的。

> 我们创建公司之前在担心我们有可能必须通过冷不防的电话来获取业务。我们并不期望着只能告诉你这些！然后我们注意到我们许多潜在客户都已经在使用推特。真正使我感到惊讶的是仅凭在推特上和他们打交道、交换想法和交流一些有用的文章就足以激起他们的兴趣。"推特 handshake"的功能惊人强大——对于冷不防的邮件或电话你会得到截然不同的回应。你真的可以通过推特来建立关系，对于我们来说这些关系可以给我们带来利润丰厚的项目。

——杰伊·比格福德

应该把你的企业放到推特上吗？

当然！任何企业都可以在推特上受益。

如果你正在处理一桩业务，个人与客户之间的默契是业务成功的关键，那么推特会是特别有用的工具。莎伦为一个新的网站项目采访了一家法律公司的客户，受访者告诉她一接近律师就会紧张，所以关注了推荐给她的律师的推特账号，了解一下律师的真实情况。一个周六的晚上，她读到其中的一条推特信息，说是律师正在看医生。这条消息也正是受访者此时在做的，这瞬间使律师看起来更平易近人。所以没错了！她就是要选择的律师。

脸谱

凭借着全球范围内 2015 年的 14.4 亿用户（写第一版时只有 8 亿用户），脸谱如今已经成为世界最大的社交网站。在这里你可以发现大量的品牌，还有各类企业的页面。在脸谱上，你可以向朋友们分享内容，他们也可以将这些内容分享给其他人。由此，这些信息很快被数以千计的人传播出去。你的客户可能会有个人账户，设置一个免费页面是再简单不过的。

哪种类型的内容适合借助脸谱来传播

人们加入脸谱不是为了学习，而是为了娱乐、跟进他们喜欢的人的动态、联系和交往。这也是它最有人情味的一面——但它在展示专业知识上略逊一筹（LinkedIn 比较侧重于这方面），它与推特也不一样。因为它比较偏向于娱乐，所以你需要分享一些趣味性强的、比较美观的、令人兴奋的内容。

应该把你的企业放到脸谱上吗？

当然应该先尝试一下加入脸谱。如果你是一家 B2C 企业，那么加入脸谱是很轻松的决定。为什么你不愿意和潜在客户打交道来创建一个脸谱粉丝群呢？B2B 企业需要找到不同的事情来分享，但是讲述一个你为什么开展业务的真实故事能给你更多的空间和从哪起步的想法。B2B 和 B2C 类型的企业可以在脸谱上无拘无束。但是这并不适合每个企业。

社交媒体给你的最大收获就是找到你与你的社区进行最佳互动的地方。测试下不同的平台。给它们一个恰当的评价。（那意味着至少 6～12 个月的努力，而不是为期 3 周的改进。）如果一家平台就是不能为你所用——例如如果在你的帖子中仅有为数不多的评论、并不太多的分享或者对话——那么丢弃它，把努力集中在能为你效劳的地方。

脸谱小测验

应该把你的企业放到脸谱上吗？可以用下面表中的问题来评估一下。

你的企业	是 / 否
你从事的是旅行、食品、住宿或休闲行业？	
你有许多优质的图片或视频内容需要分享？	
你的企业能吸引人们的兴趣，甚至超过她们对本专业的兴趣？	
你的业务会对人们有所启迪？	
当你在晚宴上谈起你的业务时，人们的脸上总会浮现轻松愉快的表情？	
你的业务能否成为轶闻的来源？	
你的企业能帮助客户达成他的人生理想，而不是简单地完成任务？	
你的企业已经拥有了一群忠诚的支持者，他们喜欢把你的一举一动都分享出来？	

如果以上问题的答案大部分是"否"，那么你可能需要寻找其他社交网络引擎。

LinkedIn

作为专业性较强的社交网站，LinkedIn 的花样比脸谱要少，允许发表的内容比推特多。这是一个纯粹的商务工具。它并未将业务和过多的轻薄浮夸风格糅杂在一起。但并不是说你在这儿必定会很无聊（哪里都不会枯燥乏味），只是你不宜在 LinkedIn 上分享周末散步的照片，而这你可以在脸谱和 Google+ 上试试。

借助 LinkedIn 的状态更新功能，你可以在你的社交圈内通过群组和较新的 LinkedIn Publisher 来分享价值内容。尽管仍旧坚守有价值的"提供帮助，而不是推销"箴言，但评论其他人的讨论，开启你自己的群组对提高知名度很重要。

撰写本书之时，LinkedIn 在世界范围内有超过 3.13 亿的用户（2012 年的用户数量是 1 亿），在 Google+ 上有极高的排名，LinkedIn 可以帮助企业搜索、建立、维护与客户之间的关系，并且能让企业的形象经常在人们面前出现，以起到提示的作用。

在 LinkedIn 上的内容应具备以下五个要素。

◎个人资料——能让你的意见更有价值。

◎实时更新——开启对话，传播价值内容。

◎发布消息——你可以撰写和分享文章。

◎企业主页——帮助企业建立商誉。

◎ LinkedIn 群组——与相关领域内的其他人建立联系。

我应该在 LinkedIn 上开个账户吗

是的！每个企业专业人士至少要在上面写个简历。

写好 LinkedIn 个人简历的八个方法

①写清楚你在寻找哪类项目。坦率写出这些内容对你毫无损害，但却让潜在的客户更容易找到你。注意使用客户搜索时经常用到的关键词可提升你被搜索到的概率。

②编辑你的经历，让它与你正在寻求的工作相契合。与个人在线简介相比，LinkedIn 在这方面的表现十分出色。可以写一些相关项目的详细内容以强调你的专业能力。

③要简洁明快。要写标题式文章而不是散文。

④把客户的需要放在第一位。设置专门的一块内容讨论"我要怎样帮助你"，它会使你的简介变得出类拔萃。

⑤要坚持更新。LinkedIn 的个人简历编辑起来非常容易。

⑥分享你的任务——尽管这是主要社交媒体渠道最保守的部分，但是一点点的商业激情对此大有裨益。

⑦包括对你的有价值内容的链接——幻灯片、出版物等。

⑧获取推荐。

LinkedIn 常见问题解答

哪种类型的内容最适合 LinkedIn

如果你寄希望于分享一些深层次的内容（例如白皮书、行业指南或者 SlideShare），那么 LinkedIn 会是推销它们的一个极好选择。加入 LinkedIn 分享你兴趣的群组，很有可能搜索到热切期待分享你那些深层次内容的客户。

LinkedIn 需要多久更新一次

一周两次就足够了，整个 LinkedIn 有许多颇有价值的讨论值得你花点时间维护和参与。

我是否应该加入 LinkedIn 上的群组

这取决于你的客户类型。如果你从事专业性服务或 B2B 业务，LinkedIn 群组极其有用。它们创建新的客户关系进行互动，如果你在正确的群组分享合适的内容，会给你带来新的业务。

你也可以在你的空间创建自己的群组，主持对话。

加入与你企业业务最相关的 LinkedIn 群组分享你的观点和内容。我们确定你知道这点，但这并不意味着一有机会就把名人拽到你的博客中。记住：有价值的社交媒体规则——要有价值，而不是自我推销。如果你认为它会给你的群组增值，那么要发表评论。群主讨论中的推销信息完全不合时宜，这可不是推销的地方。

Google+

该平台建立于 2011 年，在我撰写此书第一版时它正在英国努力站稳脚跟。在过去几年中，它已成为内容分享的主要场所之一。在用户数量方面它虽然竞争不过脸谱，但是如果你正在寻找可发布内容和可进行有趣对话的一席之地，那么在这上面露一面也是有意义的。

直接在 Google+ 上发帖能使你充分利用谷歌的高级搜索功能。谷歌对自已发布的内容评价很高。社交分享功能开始在搜索引擎排名方面占据支配地位——谷歌基于人们的说法和彼此的推荐会发表搜索结果，此种搜索远远高于简单的关键字搜索。谷歌仍旧是排名第一的搜索引擎，与它打交道还是很有意义的。

与推特相比，Google+ 允许的内容格式更宽松——你有更多的空间去表达和分享，更多的内容，形式也更为多样。我们喜欢这种方式，因为它允许你选择分享的对象，它的使用方式非常直观，更新及上传图片和视频都很容易，广告免费的这种情况也更是吸引人。

我应该在 Google+ 上开个账户吗

当然，如果你是一个 B2B 企业的话，尤其应该如此。

YouTube

YouTube 是世界上最大的视频分享网站，从创立至今一直保持着强劲的增长势头。YouTube 的内容和商业合作伙伴的负责人——罗伯特·凯恩西（Robert Kyncl）预言，在不久的将来互联网上 90% 的流量都为视频文章，毫无疑问 YouTube 是该领域的巨擘。

创建自己的 YouTube 频道是和世人分享你的业务视频内容的一种非常简单的方式。YouTube 的作用并不仅限于视频内容的传播，它本身也是一个社交媒体网站，也提供界面允许用户相互联系，并创建小组。建立 YouTube 账户后，你就可以对于目标客户有关的视频内容进行评论、排名、支持，亦可直接分享此类内容。所有这些活动都有助于提高自有网站的访问流量。你甚至不需要上传自己的视频文件，虽然这种权限是极宽松的。在这个平台上与其他用户互相沟通、邀请他们参与活动、让他们逐渐了解你的企业都是极其简单的事情。

充分利用 YouTube 的七种方式

◎ 使你的频道看起来有家的感觉。加入你的品牌信息，定制界面颜色，填补企业形象，加入相关信息和链接。

◎加入小标题。所有 YouTube 用户可以自动获取字幕。当程序处理，使用声音识别时你需要再次编辑字幕保证准确性。加入字幕可使你的内容更易于理解。

◎不要独来独往。YouTube 是个社交平台，所以要确保核实网站上的其他内容，合适的视频予以点赞，适当地交些 YouTube "朋友"。

◎使人们容易找到他们在寻找的内容。组织好你的内容以便于用户操作而不只是上传线性编辑的视频流。创建节目播放列表把相关视频合并到一起，或者把旧有内容归入到过时（例如 2014 年 10 月，2015 年夏天等）文件夹。

◎不要忽视标签。花点时间把你的视频加上正确的标签，然后进行横向思考。

◎成为一个推广者。不要认为你的看客会主动来围观，或者自动关注你在 YouTube 上的动态。每次你发布一个可供大众分享的相关视频，可以在博客里说一下、发个推文或者把它加入到你的脸谱页面。

◎利用 YouTube 的免费分析工具。YouTube 针对每一个上传的视频通过"Insight"键给每一位用户提供免费的分析数据。这种免费观看，信息不容忽视，因为它给你提供一些不仅是关于观看数据，而且还有信息图、社区和最有用的——"发现"数据——关于用户如何无意中发现视频的有价值信息，包括他们一路关注到这的受欢迎的链接。工具就在那儿——确保一定要利用起来。

企业是否应该有个 YouTube 频道

如果你还没有加入到 YouTube 中来，应该朝那个方向努力一下。尽管你还没有自己的视频要分享，这也不失为一个分享他人内容的好地方。

Pinterest

自从写本书第一版以来，Pinterest 已经取得了长足的进步。最新数据显示，全球用户已达 7000 万，80% 是女性。Pinterest 的供分享可视化内容的网上布告栏格式真的很受企业欢迎，如零售商、旅行企业、时尚企业、与饮食有关的一切业务、居家与园艺、摄影、婚礼策划等。

你应该使用 Pinterest 吗

当然！如果你是一家可视化企业或者属于以上提到的诸类行业。对专业化服务性企业、技术型企业来说不是必不可少的。（除非你很喜欢，无论哪种情况，全身心地投入吧！）

SlideShare

SlideShare 是全球最大的幻灯片分享社区网站，每月拥有 6000 万的来访者及 13000 万的图片，也是全球访问量最大的 200 强网站之一。除了幻灯片外，SlideShare 还支持文档、PDF 文件、视频及博文的分享。在这里分享内容方便，浏览内容的方式更令人新奇，它绝对可以帮助你的内容获得更多的观众。

你应该使用 SlideShare 吗

当然值得一看。它的名气、影响力大增，尤其对于具有领导思维潜质型的内容开始棒极了！

Instagram

Instagram 其实是智能手机平台的一款应用程序，允许用户为他们的图片添加各种滤镜，并在网络社区中进行分享。杰米·奥利弗（Jamie Oliver，他制作了许多美食照片，很多是受邀拍摄）和红牛（Red Bull，专门分享与世界大事有关的图片，拥有 220 万名粉丝）就是早期入驻 Instagram 的用户，同时入驻的还有一些小型企业。对可视化应用来说表现相当出色——设计师、插图师、摄影师、艺术家、度假企业、建筑师——对于许多其他部门来说，它的潜力也令人深刻。

Instagram 对于沙滩度假酒店的影响真的使我大为惊讶。我们已经把 Instagram 的信息流分为家庭和运动两部分访问者——上个月活跃信息点击量超过 5000。对我来说它真的已经变成了一项爱好——我喜欢拍照——但我已经变得爱不释手。推特的表现也不错，但是 Instagram 的表现更出众。

——约翰·贝克利

目前，Instagram 给人的感觉非常真实、自然。人们都在分享他们的图片，因为他们自己也停不下来。通过 Instagram，你能享受到在任何其他社交平台上感觉不到的快乐和真挚，但是当我们都注册了个人账户时，我们不会把它作为有价值内容来直接使用。此刻我们是它的狂热粉丝，甚至假期旅游目的地的选择都是基于人们在我们的在线网络中分享的 Instagram 图片。（如果我们有一家度假企业，我们会大力关注这方面！）

我应该在 Instagram 上开个账户吗

当然，如果你的企业做的都是一些美好的事物或提供带人们去美丽有趣的地方业务的话。

哪种社交平台最适合用来分享内容

内容营销协会发布的 2014 年 B2B 内容营销报告对于使用社交平台分享内容的比例进行了简单的总结，并饶有兴趣地与两年前的数字变化做一比较。推特高居榜首，但所有渠道的社交平台的使用率都有所增加，尤其是 Google+、Instagram 和 Pinterest 的使用率有大幅度的飞跃。

2014 年，英国营销者使用各种社交媒体平台发布内容的比例分布如下。

◎ 推特 89%（74%）

◎ LinkedIn 85%（71%）

◎ 脸谱 75%（70%）

◎ YouTube 65%（60%）

◎ SlideShare 33%（20%）

◎ Google+ 55%（13%）

◎ Pinterest 42%

◎ Instagram 20%

（括号内数字表示 2012 年数字）

相比之下推特、LinkedIn 和脸谱的业务量都比较高。具体选择哪个平台要视你的业务及客户类型而定。

根据我们的分析，推特的效果最好。以在网络上传播价值内容的能力而论，我们认为推特是无与伦比的。通过推特我们结交了许多有趣的新朋友，也获得了不少新的工作机会，它对创建我们的企业极有帮助。对我们的企业来说推特是最适合的，但我们最喜欢的还是 Instagram。每个人的情况都各有所异，你应找出自己的最佳结合点。

你如何决定加入哪个社交平台？重要的是不要做任何假设。我曾经工作过的一家大型企业以前在推特上投入了大量时间，很确信地说这只是年轻客户经常逗留聚集之地，而且一些研究结果只是发现他们在推特上根本不进行互动。

所以选择去你的客户经常访问的平台，而且是你喜欢的——在那儿你才能感觉自然舒适。

下面是对威尔士的 Fforest 户外用品（Fforest Camp）企业奏效的经营策略。营地经营者锡恩·塔克（Sian Tucker）在 Instagram 上分享了漂亮的图片。但是她并未选择 Instagram 来推销营地。她说："我拍照分享它们因为我停不下来。"她的热情和对这种媒体的热爱闪耀其间，使她成为我们一向喜爱的 Instagram 人之一。她拍摄的威尔士景观图片令人感到惊叹。你可以嗅到海边的空气，听到海浪声。这些图片鼓励人们来参观 Fforest，购买他们销售的漂亮产品，并以营地的名义把消息传播出去。

像锡恩一样，你也许也会爱上某个频道，但是多种社交平台相互结合、相互交流你分享的内容会受益匪浅，这也很不错（在推特上晒出 Instagram 的图片，在 Google+ 上分享 YouTube 的视频，在 LinkedIn 上围绕你最新的 SlideShare 展示开启对话）。下面是多种平台结合如何对野心勃勃的创业者起作用的故事。

内容故事：Wriggle 如何赢得社交媒体营销混搭权

Wriggle 是一个提供布里斯托和伦敦地区周围独立餐厅即时餐饮和活动打折的移动 APP。丹尼尔·沃勒解释了社交媒体是如何帮助他们启动和发展的。

> 没有社交媒体就不会有 Wriggle。作为一个创业者投资大笔的钱去进行营销活动，甚至使产生业务的实际人数接近下载我们 APP 的人数，这是不可能的。
>
> 推特曾是我们最好的平台，它确实帮助我们促成了成千上万的下载量。Pinterest 和 Instagram 也极其有用。
>
> 我们的使命是"钟爱地方特色"。除了高档连锁店，人生有更精彩的内容，所以我们尽力推广我们认为有趣和独特的具有地方特色的独立餐厅。我们没有利用推特来招揽业务——我们想要展示的是我们在城市里有一定的发言权，我们关心的是我们在 APP 上推广的地方。我们想向人们展示正在上演的一切和怎样才是美味博主。
>
> 我们的社交频道并不仅仅推广 Wriggle 上的地方——因为我们想用我们的信息流通过使他们互动起来、使他们更具洞察力来创建额外的价值。在推特上我们每天发 3 条自己的推文和 18 条分享不同事物的推文。推文的内容从我们拜访的咖啡店或酒吧到我们喜欢的促销食品博客，或者其他我们知道客户会喜欢的内容——如音乐或者展览。
>
> 你可以在推特上进行精彩的对话，这比起想在脸谱上获得这样的人类烟火气要容易得多。我们发现我们可以直接对人们说出在布

里斯托和伦敦哪种才是直击人心最出色的方式，他们这些人欣赏我们工作的地方及我们支持的事业。

对我们来说，脸谱从未是真正的最佳交流工具。我们尽量使用不同的方式，但是发现并未取得最理想的结果，尤其在社交覆盖面方面。我们仍旧通过脸谱推进高质量的帖子：如我们撰写的文章和博文，但是这些帖子在推特上发表后引发极大的互动。我们经常使用脸谱做付费广告，因为针对具体的Wriggle交易锁定目标人群是不错的做法。

Pinterest是一个不错的方式，它能为提供Wriggle与可视化客户进行互动。我们通过创建文件夹、转发从不同公告板上搜集的图片与来自布里斯托的人士和喜爱饮食的人打交道。近来我们发现使用Instagram是一次令人不可思议的积极体验，特别是利用主题标签与志同道合的人就热门活动进行互动。

我们选择社交媒体都会涉及这样一个因素：反复试验和改正错误。为Wriggle找到适合它的基调就花了我们几个月的时间。现在整个团队能自然地谈起"Wriggle"，所以当我们发推文时听起来会是那么地真实，尤其是从比较新的伦敦推特账户发出的推文。你必须致力于此，不断地试验和实验。很快，这一切会变得非常自然。

推特上或者说是在任何其他社交网络上关键要牢记的是要人性化。人们并不想感觉是和一家企业在沟通——他们想要的是一次独特的、交互式的、互动的社交体验。

适用于所有社交网络的价值内容指南

选择社交媒体的关键在于所分享内容的价值。

——查尔斯·H·格林

现在已经有许多社交媒体网站可供选择，将来还会有更多。如果你想利用社交媒体这个平台发展商务，有些持久的原则始终应该遵循。有以下有价值的社交网络指南可供你在选择网络平台时参考。

适用于所有价值社交网络平台的指南

◎要有人气。多参与对话——展示出爱交际、好沟通的特性——定期露面。

◎要有价值。分享的内容要有帮助性、娱乐性及教育性——成为客户的价值信息来源。

◎要够慷慨。分享的内容，以及对他人的态度都要够慷慨。如果发现其他人的内容可能会对你的客户有所帮助也要主动分享，帮助客户找到这些信息。对于一个经常为大家雪中送炭、提供服务的人，大家自然也会给予丰厚的回报。

◎要有趣味性。可以走混搭风——把各种不同类型的内容组织起来，会表达出别样的意思。

◎要有既定策略。围绕你的专业展开讨论。但你的信息中要有主线，让支持你的人了解你的观点和立场。

◎要有礼貌。对于关注并帮助你分享信息的朋友，要说声谢谢。要记得"永远归功于大家"（在此向查尔斯·H·格林致谢！）。

◎要做你自己。让你的人格魅力闪耀其间。个人接触远比走企业路线更有说服力。

◎不要让内容枯燥乏味。除了反复强调你自己的内容，不要推销任何东西，这样才不会走下坡路。

克里斯·布罗根作为社会商务咨询公司总裁和社交媒体专家，建议每自己发1条推文就发10条关于其他人的推文。这个主意听起来不错，如果10∶1你感觉不能达到，那么就把目标定为5∶1。

在社交媒体上取得成功的人无不遵守价值内容的原则。他们不会硬推一些销售信息，而是选择与人们或同行交流、切磋。社交媒体不是广告板，把商品大减价的信息贴上去就已大功告成，而是大家聚会、聊天、分享信息的地方。社交媒体并不直接为企业提供服务，它只是提供了一个场所，让人们相信这个平台上的话语是真实的——无论对小型企业还是大型企业来说都是完美的平台。

最重要的是你本人要记得，除了作为一个自然人之外，你还有商人的身份，要把社交媒体的作用发挥到最大。这是一个发布及推广的工具，但也是一个极为人性化的场所。因此如果有人在网上跟你谈论一些私人话题，比如他的狗死了，你应采取人性化的态度予以回应。再比如你了解水冷却机的信息，如果有人问起这方面的信息时，你不能直接把宣传手册上的内容塞给人家，然后掉头就走，而要循循善诱。记得千万要说"打扰了"。在推特或 LinkedIn 上也是一样的。这些话听起来很平常，也很沉闷，但是你会吃惊地发现，很多人就是因为一句小小的安抚话语而感动不已。

拥有真正有价值的值得分享的内容会给你在社交媒体上一个有利的开端，但并不是给你一张使用社交媒体渠道来纯粹推广你自己的内容的免费通行证。因为我们生活在一个信息超负荷的世界，任何过分推广的内容都会令人感觉厌烦。我们看见分享伟大内容的优秀企业，但不总是他们自己的内容。其实除非你分享别人的内容，而且是真正吸引人的内容，否则你就没有充分利用好社交媒体给我们提供的机会。如果能像 Fforest、Wriggle 和沙滩度假酒店这类企业一样遵循有价值的原则，你一定会看到你的企业蓬勃兴旺。

我们会再用一个将社交媒体意识付诸行动的故事来结束本章。这里有一家在社交媒体上找到自己发言权的企业，并得到了丰厚的回报。

内容故事：Novatech 的"Stig"如何成为社交媒体英雄

Novatech 为英国的学校、企业和个人组装个人电脑和笔记本电脑。下面是他们如何利用社交媒体产生巨大影响的故事。

我们非常幸运，因为我们IT团队中有一位极具智慧的成员，他已经完成了在推特上开展业务的论文。他以匿名的方式发表在脸谱和推特上作为我们社交媒体的Stig，他成功了。我很少需要给他具体的指导但是关于我们的方法大体上谈了不少，简而言之就是要另类思维，并且与其他企业截然不同。

我们固执地认为社交媒体不是营销工具而是一个客户联系频道，所以我们尽量避免明显的推销而支持评论和表达才智的内容。诚实点说，我们一路走来也做了大量的讨好的工作，这意味着对客户的问题和发表的帖子要作出反应——或者解决这个问题，或者把它拖成一个诙谐有趣、调侃逗乐的笑话。一般来说，如果我们喜欢并发现它很有趣，这就会是一个好的机会，其他人也会这么认为，所有这一切反映了我们的品牌格言——正是人们使得我们的技术成为现实。

作为一家英国技术公司我有必要提醒我们的客户，我们的硬件背后是一群聪明的人。在脸谱上你可以让你的关注者推进故事的发展，但是在推特上更为重要的是维护你人格的魅力。我们的Stig利用我们的关注者，就像喜剧演员利用前排观众一样——为了逗乐，想和客户取得实时联系。用Stig的话说是："我宁愿有人没有关注我们是因为我们不是他们的菜，而不是因为我们枯燥乏味。"

我看了一下上脸谱的人员构成统计资料（80%为男性，35岁以下），决定我们应该这样来看待脸谱上的每个人，他们都很聪明，并且有可能会成为未来的IT经理。

互动和品牌意识相当难以衡量，但是我们有许多关于客户的轶闻趣事，这些忠实的客户曾经都是脸谱或推特上不敬的调侃逗乐者。我们也能够稳坐在那里把他们看作是我们社区的成员，在我们回答技术性问题之前由他们来做,甚至我们也建议他们升级和改进。

——蒂姆·勒罗伊

社交网络的未来

没有人知道我们会拥有什么样的未来,但是作为社交媒体的大型用户,我们注意到了以下几件事。

◎社交媒体这个地方变得越来越拥挤。按照价值规则的玩法会有助于你脱颖而出,会被发现被关注,会被倾听等。

◎免费平台变得越来越受广告的驱使。再营销、赞助内容、本土广告——无论何地何时你上网都会被追踪,每时每刻都有人在付费寻求向你推销的机会。采用这种方法的粉丝们会说直接发送给客户的是经过调整和进行内容定位的广告;其他人会说广告就是广告,无论你如何粉饰,客户们都会被区别对待。

社交媒体的问题就讲到这里了。社交平台起起落落,无论采用哪种方式都要坚守有价值的原则。尊重每一个新的平台——每一个都是不同的——以最适合他们的方式来交流,对你来说是正确的。

具体的实施方法

◎如果你还没有开通 LinkedIn,那么请马上开通,并更新你的个人简历。

◎如果你还没有开通推特,那么请马上开通,我们很愿意向你展示如何使用社交媒体。

◎如果你还没有开通 Google+,那么请马上提交份个人简历,同时创建一份企业简历。

◎对于脸谱是否适合你的企业做出决策。

◎无论你选择哪家网络媒体,一定秉承有价值的原则。

第六章
电邮期刊

注意保持联络。许多商家一味地追逐新客户,却忽视了现有客户的巨大价值。

——迈克·迪金森

本章内容介绍

◎保持联络的重要性。

◎电子期刊是有价值的联络方式。

◎电邮营销技术——你的选择。

◎建立社区。

◎如何定制电邮通信录。

◎关于发布期刊的提示。

◎自动回复电邮。

◎社交媒体能帮助你

社交媒体有助于你长时间停留在公众视野中,但是社交媒体是分享的平台,是租用的地方。你需要一种完全属于你的交流方式。在你营销皇冠上的那颗宝石就是电子邮件营销列表。这才是你拥有的东西。

在社交媒体上付出的所有努力,你的博客和其他有价值的内容都应为建立和培育这个列表而设计。重要的是你的列表是基于一定的许可——人们选择订阅。这个列表里的人愿意听你说，喜欢你说的内容，喜欢你推销的东西。客户、潜在的客户、引荐者和拥护者——这些人他们身价如金，所以一定要珍视他们的关注。

在数字化时代，纸质的期刊给我们带来愉悦和惊喜，但印制成本较高，费时费钱。相比之下，电子期刊的效率更高，保持联系的能力也更强。如果你已经开始了这项工作，那么恭喜你选对了。本章将介绍如何制定电邮通信录，并以有价值内容的电子期刊与通信录中的成员保持联系，以此赢得更多的商机。

让电子期刊订阅成为你的目标。

保持联络的重要性

并不是每个人都准备在第一次联络时就进行购买。研究显示，只有2%的交易是第一次接触就成交的，而其他98%的交易则是在建立起一定的信任度后才进行的。联系人虽然不一定能直接转变成客户，但毕竟有极大的机会。如果你的企业只在过节的时候才会发送圣诞贺卡来联络感情，那么毫无疑问你已经错失了许多商机。

> 许多商家都把营销等同于产生"leads"。换句话说，营销就是要找出那些经过接触并沟通后可以转化为客户的陌生人。
>
> ——索尼娅·西蒙娜

当一个性价比高、回报丰厚的营销方法出现后，许多专业的商家都会投入所有时间，并计算自己可以承受的投入预算。许多商家能够投入全部精力去追寻下一个大单客户，找出每一个可能会产生影响的因素，希望在重要关头能够留下深刻印象（这些都是正确的）；但是一旦未能赢得业务，他们就会全部放弃，或者立刻结束现有业务且不再回头。其实此时不能绝尘而去，而是要运用你的知识和有创造力的活力，建立彼此的信任关系。一定要有耐心。如果你能用喜闻乐见的方式定期与人们联络，并找到能够帮助他们的途径，就能得到丰厚的回报。

电子期刊是有价值的联络方式

电子邮件始终是一个极有效的沟通方法，无论是当前的客户还是未来的客户都可以通过邮件进行联络。但是我们的收件箱一直爆满。进入我们收件箱的邮件大约75%会被删除，且这些邮件我们根本未打开过。如果电子期刊包含的内容一贯地对读者有足够的价值，事实上客户并不是读你的"消息"，而是寻找那些你提供给他们的有用的点子。如果想使你的电邮交流有价值的话，把联系人转变为客户，然后再激起客户的购买欲。

具体的操作流程如下。

◎通过邀请人们加入你的邮件列表创建一份基于征得许可的数据库。

◎激励人们通过社交媒体甚至是你的电邮页脚注册你的网站、博客。

◎利用电子营销工具创建电子期刊。

◎定期向资料库中的联系人发送邮件。

◎信件内通常是一些吸引人的文章及能够连接到你的网站或其他网页的链接。

◎按周或按月发送电子期刊。

◎确保包含大量有价值的内容。

不能奏效的操作流程如下。

◎购买一列基于人们工作头衔的清单。

◎不经任何的介绍和许可给他们发邮件。

◎只给他们发送最近出的期刊。

◎只给他们发送最新消息。

◎告诉他们你的业务拓展计划。

◎全都是关于你的消息。没有给他们提供任何有用的信息。

很多人认为，"嘿嘿，我与1万人进行对话"这样的开场白很吸引人。其实如果你是未征得许可群发邮件的话，我能相当肯定地说，这话意味着将近1万人已经将你删除，将你报告为垃圾邮件或者就是发现你有点烦人。

慢慢的与想要从你这了解业务的人创建你的订阅名单要好得多。来自你博文的注册，上网时遇到的联系人，社交媒体上你点击过的人——这是一个更好地开始的地方。邀请这个群体加入你的订阅名单，而不是未征得许可就一通群发。

> 人们一向倾心于有"针对目标"的名单，而我的目标是要建立一个有温情的社区，我们每天还需要阅读一些其他的内容。好吧，这不是最佳的销售方式，但我写的也不是销售电邮啊。我写邮件的目的是保持联络和提供帮助。如果我在邮件中销售某样东西，那也是因为我认为这样做是有益于大家的。
>
> ——克里斯·布罗根

电子邮件营销工具——你有选择权

期刊奏效的有价值方法取决于你选择何种系统或电子邮件平台。

你可以尽量选取一个更加基础的系统，如 Mailchimp 或者 AWeber，它会给你提供许多你需要的功能（期刊和自动回复电邮，注册表格，统计和订阅信息），费用不等，达到一定数量的订阅者可以完全免费，或是每月只需要一笔经济实惠的费用。这些选择不仅深受起步者的好评，而且为有着成千上万订阅用户的大型企业提供了一个有效的平台。更多的集成系统（如 Infusionsoft 或者 Ontraport）与其他的网上工具（如登录页面设置、网站表单、电子商务、会员网站、报表和网页活动监控）一起为你提供电邮营销功能。或者选择一个更为全面的营销自动化系统（如 ActOn、Hubspot、Marketo 和 Eloqua）来获取更高级的自动化，融入到更具成本的 CRM 平台（它有更高级的功能）。更多信息可以参阅本书第十二章中的"营销自动化"。

我们环顾四周多看看并测试一些主要系统来分析什么对你来说是合适的。

创建社区

> 客户和社区的唯一区别在于，你如何面对这把交椅？
>
> ——克里斯·布罗根

把你的邮件列表就看作是一个社区，或者是你的重要人物的一个特殊俱乐部，好好款待里面的人。这些都是你最喜欢的联系人、你的潜在的最大客户、你的拥护者、你的推荐者、你的最铁的粉丝。

照顾好这个团队，使他们感到宾至如归，多问问题，仔细倾听，发现更多你力所能及能帮助他们的方法，更好地为他们服务。这些人都是需要去培育的，而不仅仅是"营销对象"的列表。

你如何来做呢？可以通过和他们分享你的最有价值的内容。不要只是持续不断地发出一些销售信息——创建真正能帮助到他们面对挑战的内容。记住，你所撰写的东西都会直接进入到他们的收件箱，甚至直接发送到他们手中。这些人选择给予你时间——在我们繁忙世界中给予的一份特权——所以对待他们一定要充满敬意。充分利用这次机会与你的社区直接进行互动，这样你的社区也会不断的壮大成长。

内容故事：Project One 在期刊发行两个月来产生了一个伟大的 leads

企业变革咨询公司 Project One 的新的"真正变革俱乐部（Real Change Club）"电子期刊提供了早期的结果。内容总监杰夫·梅森（Geoff Mason）解释了他们的方法。

> 我们想要获得一种保持联系的方式。我们最初的打算，只是让

员工发送给我们多年来搜集到的 4000 个名字。我们很快意识到这种地毯式的轰炸方法并不奏效。我们决定，围绕这件事创建些特别的东西并创建社区。"真正变革俱乐部"就此诞生。

我们将来关注的是在每月发送相关的、有帮助的、让人微笑的邮件内容。我们认为我们与众不同，我们想用一种方式来解释我们的变革方法，但是重要的是，我们推销的是关于真正变革的不同思维方式，我们不是在推销公司和业务。

我们小心翼翼地缓慢发行。我们想要确定是否已经拥有了顺利推进的技术来填充我们已经开始运作的社区。所以我们的发行只关注一小部分具体的客户，然后一旦情况适宜，我们首先鼓励管理团队、整个咨询团队亲自邀请他们的联系人。一些管理团队和顾问成功地做到了这点，他们正忙于告知并鼓励人们来加入他们——其他人还并未做到。这没有关系——当我们不断成长时他们也会来支持，即使他们不支持，我们也知道我们的订阅列表会不断增长。

两个月后"真正变革俱乐部"的会员达到接近 300 人。这仅仅是冰山一角。因为有更多的内部拥护者，在第一年年末，我们的人数可以达到 2000。我对这些数字很满意，但是这并不重要。我们只是想与人们进行互动。现在在我们的订阅列表上有几个 CEO、CIO 和 COO——就是我们将与之开展业务的人，但是这并不仅仅是资历的事儿。我们想与那些愿意倾听的人安静地交谈。

我们正以面对面对话的方式推销这个俱乐部。第二个月我们已经收到了来自期刊的第一批集客的 leads——相当不错的一条来自独立建立俱乐部的某个人；还有来自一家我们以前从未开展过业务的大型企业。内容足以建立起了她的信任，接触下来她感到很舒服。

更重要的是，当前客户发现我们的邮件很有用，我感到很高兴。我们联系人之一的一家大型零售店给他变革团队的其余人发送了这样一条短信。"大家好！'真正变革俱乐部'上个月的项目已启动。这里的内容制作精良，可利用的资源精彩无限，可进行自由注册，如有想讨论的话题可以联系 Geoff。"这才是你真正的拥趸。

我们现在需要用未来发行的每一期期刊来不负此重任。

——杰夫·梅森

如何激励更多的人注册

◎邀请现有客户和联系人注册。现有客户对你已经有了一定的了解，他们是第一批订阅者的最佳人选。

◎通向期刊的多种渠道。通过社交媒体把你的网站链接到博客上，会源源不断地收获到对你感兴趣的读者。同时"转发键"也能帮助他们和你的追随者分享有价值的内容，使你的期刊注册一清二楚。

◎提供真正方便的注册流程。注册表格清晰明了，易于理解，让客户方便地加入你的期刊列表。

◎给他们做一个预览。展示一下他们会获得什么，那样他们才会知道其价值。

◎以情动人。你可以使用价值内容作为期刊注册的引子。可免费下载关键主题相关文件的承诺会让很多人动心，他们希望能从你这里得到更多的信息（请确保你的网站上确实有一些免费的价值内容可供观看）。

◎努力推广你的订阅范围。无论是在网络还是现实世界，当你遇到未在订阅列表中的新联络人时都要努力推广你的邮件。

◎交互推广。鼓励读者通过你的脸谱账户、Google+ 主页和 Tweets 进行注册。标题写得动人些，最好能有些小故事，吸引人们注册并阅读更多内容。

第二部分·
什么是有价值的内容

有价值的提示

简单的创建列表过程真的很有帮助。每个月我们邀请每一位新的联系人自愿选择加入我们的电子期刊列表。从某种程度上说，在本书"有价值的内容"这部分这个过程是自动的。在我们的联系人数据库中，我们都会标记每一位新联系人以确保他们收到我们发送的邀请。60%～70%的人会注册到我们的邮件列表中。

弹出框——要还是不要

可以说我们守旧过时，但我们也并不是一登陆网站就出现在我们面前的弹出框的狂热粉丝，这样的弹出框阻碍了我们的观察，反正什么都让我们注册。看到弹出框你会怎么想？感觉就像一个我们刚进商店就跳到面前的喋喋不休的销售助理，使我们马上想转身溜之大吉。

这里可以采取更聪明、更微妙的方法使其发挥作用。你的客户可能会喜欢能给人直观感觉的注册框。如果一个弹出框呈现出包含他要寻找的下一内容，那确实有很大的帮助作用。小心创建此类措辞巧妙的"现在订阅"框能增加注册人数。

剪裁弹出框使之在网站上特殊位置呈现是完全可能的——既不能突兀也不能满屏都是，而是在相关区域。例如，把它们链接到你最受欢迎的内容或者"关于我们"的页面，人们会更有可能在此注册收看更多来自于你的期刊。

电子期刊的内容

电子期刊的内容终归还是你和你的企业的事儿。然而，有一些原则可以有助于你塑造内容和设定正确的基调。

电子期刊的五要素：

◎要有清晰的目标。

◎要确保真实性。

◎要有一定的意见。

◎要有相关性。

◎要有简洁高效的设计。

"提供帮助，而不是推销"这一理念仍旧有效，而且效力比以往更强。每一次在每份电子期刊上艰难地发出一则销售信息，会在霎那间让你在博客上所作的所有努力和社交媒体上的所有努力化为乌有。注册了你的邮件列表，并不是许可你去一味地推销——只是允许你不断地说下去。

这里，因为有你的博客和其他内容，你要注意让它们对自己有用。你知道来自面对客户的挑战，你迎头解决这个问题的机会来了。使你的内容尽可能有价值。与这个特殊人群来分享你最有用的技巧——被邀请加入他们的收件箱是一种特权，所以一定要考虑周到。

四种不同类型的价值内容期刊：

◎博文合集：把你在近一个月内写的博文组织起来形成合集。这是一种最简单的电子期刊制作方式。

◎围绕某个主题的刊物：从你自身或身边选择一个主题，然后把最好的信息传播出去。

◎深度聚焦式刊物：每月选择一个题目，然后进行深入探讨。这种期刊每月都只针对一个主题传递一些严谨而又有价值的内容。

◎私人信函：像给朋友写信一样，围绕某个主题来分享你的想法，内容与业务之外的生活有关。

哪种类型适合你和你的客户？

为什么要改变我们的期刊风格

在撰写本书第一版之时我们制作了一个看起来像网上杂志页面的月刊。

设计非常精美，带有图片，选取了栏目中的故事，许多地方链接到我们撰写的和一些来自其他地方的内容。我们对此颇感自豪。

如果你打开我们的期刊邮件，你会发现它看起来和许多其他公司的期刊一样，尽管里面包括了成堆的有用内容，也有清晰的品牌特色，瞥一眼就能看出像是来自"价值内容（Valuable Content）"的消息。麻烦的就是如果你很忙的话很容易忽略我们的消息，即使你不忙的话，它也不是你所要做事情列表上首要解决的事。

我们做过这样的实验，去除其所有设计特点。没有那么多的图片，没有品牌特色，没有那么多的栏目，而是用普通的文本来制作电子期刊，就像你发送给一位朋友的一封电子邮件。

我们的写作方式也不同。期刊风格变得更加私人化。我们想使人更感觉到的是一对一，而不是一对多的对话。语气会有一定的改变。开场白变得像聊家常似的。

然后我们进入到期刊的内页，会更加关注客户面临的挑战。我们这样来写"你感觉怎么样"，而不是写"这对于内容营销/业务/世界有什么重要意义"。基本上我们把"你"这个因素抬高了十倍，从而使得期刊更加吸引人，更加难以忽略。

这个变化在人们参与期刊互动方面产生了巨大的影响。人们开始给我回信，引发数次的对话，随之产生 leads，我们的订阅名单自然有所增加。我们希望人们由此收益良多——他们非常喜欢我们所创建的社区。

我们的期刊列表会以我们无法预测的方式给我们以极大帮助，尤其在撰写这本书时对我们提出的问题做出的回应具有巨大价值。我们珍惜拥有这样一个愿意和我们分享他们观点的社区。

你是否曾在你的期刊里直接进行推销

你的期刊有一定的业务目的，它是你的 leads 和销售额的重要来源。如果你

95

对待你的期刊是一种价值营销的心态，你已经在思考如何能最好地服务于客户社区。你会分享有用的内容，而且内容很有可能会包括你销售的东西。利用你的期刊空白处，给人们指出你所知道的在销售之旅中会给他们提供帮助的东西。

在所有这些营销决策中，你需要谨慎行事。如果人们已经注册参与"免费有用提示"，但在免费提示淹没于不菲标价内容的情况下，他们很可能会止步不前。这是一个关于平衡的问题，你需要找到自己的路。作为经验之谈，让每一起商业宣传或特别优惠的内容小于邮件内容的10%。

文案总监安迪·马斯林（Andy Malslen）谈到内容营销和信托银行，当想起你的电邮内容策略时这种类比真的很有用。

> 每当你提供了被人们发现很有价值的东西时，你的账户就被贷记，你的信任余额增加。而每次你让他们做"你"发现有价值的东西时，你的账户是借记状态，你的余额减少。这就是最基本的内容营销等式，我们如果忽略这个无情的数学等式将会付出惨痛代价。

> 如果你对所提供的有帮助的内容真正做到慷慨无私，你的粉丝会不断增加，也会有越来越多的人愿意成为你的客户。

有价值的提示

将你网站上旧有的期刊存档，这样才能被潜在客户发现，也可能在谷歌上被查找到。

什么叫垃圾邮件，怎样确保你发送的不是垃圾邮件

垃圾邮件是未经别人申请或同意而发送的邮件，经常会被人们丢入垃圾箱。邮件的内容通常是一些人们不需要的产品或服务信息，有时还会来自一些闻所未闻的国外企业。如果你遵循以下给出的几个原则，那么就永远不会发送

垃圾邮件。

◎ 发送前要征得对方同意。

◎ 为订阅者提供简易的退订选项。

◎ 只发送人们认为有价值的信息。

征得订阅者同意，并只发送可信的消息通常可以确保你的营销邮件顺利发挥作用，但若写作方式不正确，仍有成为垃圾邮件的危险。如果写的时候不用心，没有站在客户的角度去考虑问题，同样无法打动对方。通篇都是销售信息会让客户误以为这是一份药店广告。如果你的邮件是有帮助的，人们自然会记住你，机会到来就会主动与你联系。如果没有服务的目标，那么也就没有了发送邮件的必要。

自动回复电邮——邮件策略的价值补充

自动回复电邮是一系列自动生成电邮的营销信息，它按照你所设定的顺序和频次发送到订阅者手中。如果你想把更多的联系人转化为 leads，这是一种十分方便掌握的方法。对于商业用户来说，自动邮件本身还是一个未充分利用的产生 leads 的工具，如果应用得宜将会成为邮件工具箱中的有力补充。

下面介绍的是 Duct Tape 的 John Jantch 如何利用自动回复电邮获得营销声誉的做法。

一旦有人订阅我就会使用自动回复邮件。我经常会发送一些免费的邮件，让读者体验一下其中的价值内容。如果读者订阅了我的邮件，我会在几天后再发送一封致谢邮件，以感谢他们。这是一封极为简洁的邮件，只是告诉对方我很高兴他肯定我的邮件。我一直坚持回复邮件，读者或许会了解其中蕴含的人情味儿，并且喜欢上这种感觉。我建议你也能采用这种方法。

自动回复邮件是一个让潜在客户发现信息中的价值、自发地将兴趣转变为购物欲的好方法。如约翰·简奇所述,它会成为电邮活动的一部分,或者可以利用它将不同类型的客户区分开来。

如果你关注的利基市场不止一个,自动回复邮件还可以帮助你区分不同领域的客户。他们对期刊人性化的喜欢程度要高于期刊本身,还可以指导客户找到喜欢的内容。良好的电邮自动回复既能保证信息的安全,又能把你的信息发送到正确的位置。

商务培训师李·邓肯(Lee Duncan)是《事半功倍》一书的作者,他就利用自动回复邮件取得了成功。

> 我的每一封邮件都有极强的针对性,可以帮助我的客户提高其商务表现。我的目的是提供一些具有可操作性的、有价值的方法来教育和鼓励他们。例如,如何通过信贷控制来改善企业的现金流;为什么给雇员股份却无法激发他们的斗志;为什么经营者休假后企业的业务发展就会陷入困境。六个月后,我第一次把接受培训的客户加入了自动回复列表中,很快列表的长度就翻了一番!

发行你的期刊

在内容营销之旅上,发行你的电子期刊列表是关键的一环,而且会成为你日后多年内容营销之旅能否持续的重要部分。

选择一种你的客户会欣赏的并且你会持续使用的格式(你的期刊是每月发行,所以那种载歌载舞的格式很快会让你不堪重负)。

记住最好先创建一个小的社区而不是大面积撒网,让尽可能多的人来注册,然后再逐步把它发展成一个能进行互动有热情的社区。开始时可以邀请你现有的客户和联系人加入到列表中。

你的期刊要有价值，这样才能在人们的收件箱中受宠多年。

具体的实施方法

◎考虑一下你所订阅的期刊。哪些期刊你读得如饥似渴？哪些期刊你完全是视若无睹？

◎你的客户是不是喜欢每个月集中看一下你的博客，或者是仅关注沟通类型的"某个关键信息"？

◎把现有客户名单整理后合成新的期刊订阅通信录。

◎在你的网站上创建一个登陆页面来激励人们注册订阅你的电子期刊。

第七章
优化搜索引擎

有价值的内容 + 网络设计最佳实践 = 好的 SEO。

——乔恩·佩恩

本章内容介绍

◎为什么优化搜索引擎是件聪明的事。

◎人们如何利用搜索引擎。

◎搜索引擎的目的是什么。

◎可视化访问内容的五步骤。

有价值内容是所有有效搜索引擎最优化（SEO）的基础。如果你遵照本书的建议，不断在网上发布和分享高质量的有价值内容，搜索引擎将会给予你回报，并对你在网上搜索的内容指明方向。

如果想让浏览者找到你的内容，一定遵循有价值内容营销原则。一直坚定不移地为真正需要的人撰写内容，撰写读者找寻的主题的相关内容。为你的客户创建完全适合的内容，这样才有长足发展。

但是你可以使用几个简单的技巧，这甚至会使你发展得更深远、更快；几

SEO：近年来较为流行的网络营销方式。主要目的是增加关键字的曝光率以增加网站的能见度，进而增加销售的机会。网站的 SEO，所指的是针对搜索引擎进行的优化，使网站内容较容易被搜索引擎捕捉到，搜索引擎在收到该网站的资料后进行比对及运算后，将 PR 值（Page Rank）较高的网站放在网络上其他使用者在搜索时会优先看到的位置，从而方便搜索者得到正确且有帮助的资讯。

个搜索引擎基本原理可以帮助浏览者找到你的内容。这是我们本章要涉及到的内容。把这些原则应用到解决你的内容问题的实践中，你的网站的访问量也会增加。

> 没有搜索引擎流量的网站是不成功的。为了保护你的企业、网上营销投资和得到最大的收益，你必须掌握一些要领。要掌握人们如何利用搜索引擎和在你的网站上如何得到满足。然后稳坐钓鱼台，其余的由你的有价值内容来完成。
>
> ——乔恩·佩恩

为什么优化搜索引擎是件聪明的事

成功的网站把超过 50% 的访问量归功于搜索引擎。如果你的内容足够有价值，当这些访问者登陆你的网站时，就会建立起对你的信任、产生 leads，并最终赢得他们的业务。

SEO 就是一个能够帮助你与搜索引擎建立良好联系的方法。当有人搜索你的企业或者产品和所提供的服务时，极有可能会使你高居排行榜的榜首。

正如我们上面所讨论的，吸引人们浏览你的网页有很多方法：可以直接告诉他们；可以给他们一个 URL 的链接；可以在社交媒体上发表一些有用的文章，然后把链接嵌入到这些文章中；可以在电子邮件期刊中加入链接，引导读者进入你的网站；写一篇具有价值内容的博文，让人们心甘情愿地链接到他们的博客上。这些只是冰山一角。但是无论你在 B2C 企业或是 B2B 企业，从事电子商务或者专业服务这都不重要：SEO 就是一个能够帮助你与搜索引擎建立良好联系的方法。

SEO 让 Hinge 市场营销的 leads 有了巨大的飞跃

在 Hinge 我们始终坚持为客户创建有价值的教育内容，而这也不断地带给我们良好的回报。几年前我们开始认真对待搜索引擎优化问题，现在我们的 leads 已经有了极大的提升。其中约 10% 的 leads 来自于我们网站上的新内容。我们关注于关键词上，从而使收益提升了 70%。

——肖恩·麦克维

成功的关键在于一直要有这样的意识：考虑搜索引擎时，无论何时你都要创建价值内容。因为如果你帮助了谷歌，那么谷歌也会帮助你。

人们如何使用搜索引擎

像谷歌这样的搜索引擎在获知如何预知我们将要搜索的内容方面表现越来越出色（当你搜索"饭店"时尽管你并未添加你所在地的名字，谷歌地图也会呈现），而且一直在发行新的装置，所以人们搜索方式不断变化。例如：很公道地说在撰写本书时一半的智能手机在运行谷歌 APP。谷歌 APP 报道说 30 多倍的搜索由声音激活而不是通过打字。这意味着在将来谷歌会倾听我们并与我们对话，而不是仅仅列出一串够帮到我们的网站名单。

如果这一切就发生在不久的将来，你如何才能赢得现在和未来的岁月？

通常，搜索引擎的流量通过两种途径中的一种获得。

品牌搜索：有人搜索你的企业

对大多数网站来说来自搜索引擎最大部分的访问量是通过"品牌搜索"来实现的。比如说你从事法律业务经营一家名为"火腿和奶酪律师事务所"，并为经营者提供名为"奶酪人力资源（HR）支持"的成品订阅服务。如果你的权利得到优化，当人们搜索"火腿和奶酪律师事务所"或"奶酪 HR 支持"时，网站就会得到通过品牌搜索的访问量。

当有人搜索你时 SEO 与你的价值内容（和社交媒体策略）并肩战斗使你能够控制搜索引擎结果页面（缩写为 SERPs）。如果你的网站能够占据页面的榜首位置就不会有任何令人生厌的竞争者。你的"Google+"页面覆盖的是右手边，你在其他社交频道上分享的价值内容（包括你的和其他人的内容）占据页面的其余部分。

"吵闹的小猴子（Noisy Little Monkey）"在品牌搜索页面的排名

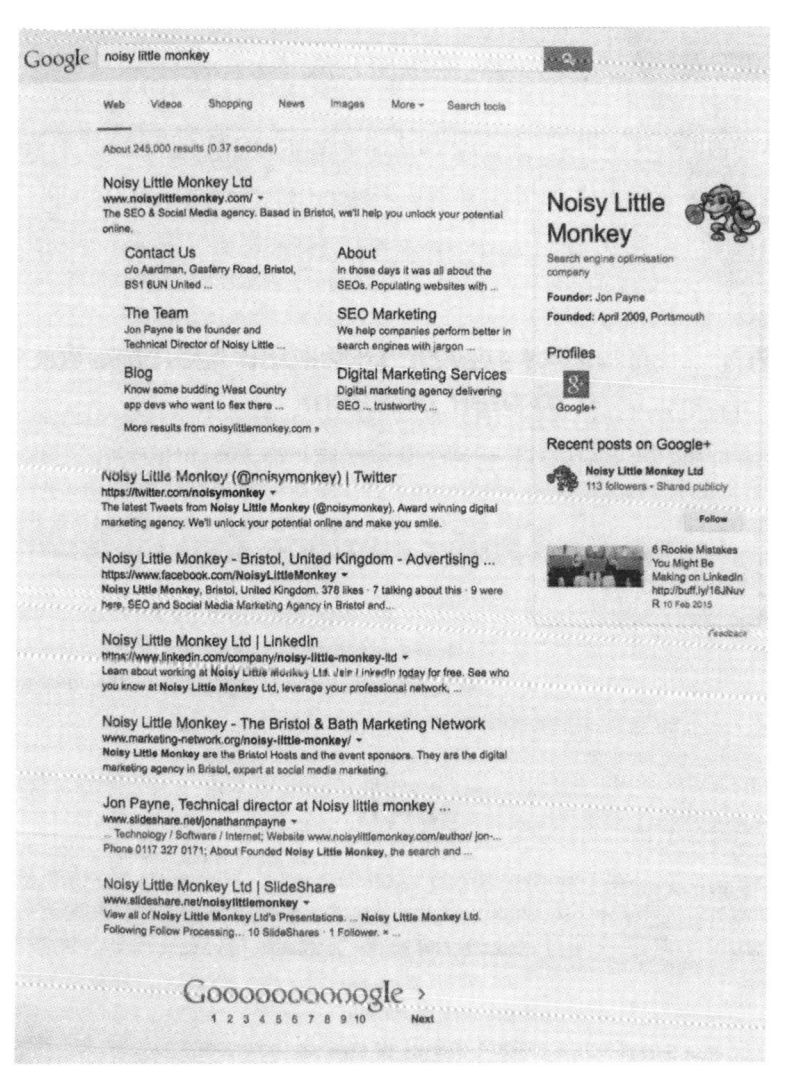

有价值的提示

充分利用你所在企业的 Google+ 页面，并让网络开发人员加入你的网站验证码。你的"Google+"页面，还有你进来发布的内容会显示在谷歌搜索结果的右手边。你发布的内容越多，你在谷歌的影响力就越强。

非品牌搜索：有人搜索问题的解决方法

我们仍旧继续采用"火腿和奶酪法律事务所"的例子，也许奶酪 HR 支持产品给企业经营者提供 24 小时热线服务帮助他们解决棘手的 HR 问题。搜索引擎用户可以搜索像"员工纪律 HR 管理"这样的内容，这才是你价值内容一显身手的地方。

假设你已经获取了一些与这次搜索意图相匹配的有关"奶酪 HR 支持"页面的有用的相关内容，或者是有帮助的 HR 支持指南——那么你在搜索页面的排名很有可能靠前。如果排名进入前三名的话，那么你的状态相当不错。

使用关键词搜索

需要明白的最重要的一件事是你的潜在客户在查询框内键入的是哪种词和短语。当你的客户描述你的组织可以解决那种问题时，他们也许并不会使用你和你的其余竞争对手采用的确切的相同语言（和术语）。最确切吻合搜索中使用的关键词的内容可以获得极好的排名靠前的机会，所以确保使用与你的客户网上采用的相同措辞来撰写价值内容。

花几个小时登录网页，反复斟酌这些关键词，尝试一下搜索你能获取的信息种类。

一旦你习惯于分析你所在行业的搜索趋势和搜索量，每次撰写博文时就应该在你的内容规划里加上"目标搜索短语",你知道你的博文需要什么样的短语来进行排名,那么你就可以通篇使用这个短语和它的同义词。

但是并不总是有关搜索的事

说了这么多,我们并不想让关注搜索的这个问题困扰着你。有时搜索引擎的排名并不是那么重要。你也许想创建一个你知道可以在社交媒体上进行广泛分享的具有煽动性的标题,但是结果并未受到搜索最优化;或是撰写一篇在头脑中认为具有特定前景的博文,这都是不错的想法。SEO固然重要,但并不是人们发现你的内容的唯一方式。要在你的图书馆里创建一些兼顾不同目的的内容。只要你一直记着创建内容的原因,脑中时刻想着搜索引擎,就可以做得很好。

搜索引擎想要从你这得到的内容

从搜索引擎的角度来思考一下。想要给客户(搜索信息的人)提供一个前景光明的结果,让他们不去使用竞争对手的搜索引擎,需要以下的要点来帮助实现。

我们此后会从技术角度谈到你如何来进行展示,但是你需要首先了解一下基本上所有搜索引擎想要从你这得到的内容要有相关性、诚实性、新鲜度和清晰度。他们试图确定是否你的网站比起你的竞争对手来说具有更令人信任的资源。

下面是如何帮助搜索引擎来完成工作和让它们更好地指向你。

信任信号

搜索引擎测量的信任信号包括(但绝不仅限于此):

◎多少可信任网站链接到你的内容上(因为它们推荐你的价值内容)

105

◎在传媒报道中你被提及的频率（当地的或者全国的）。

◎你的内容的新鲜度（每周或者每月更新博文是必不可少的）。

◎你的内容在社交媒体上被分享多少次以及分享的速度。

◎你有多少内容是来自于其他网站（希望一点都没有！）的。

如果你关心 PR 值，那么思考一下如何你才能操控它达到 SEO 值最大化（请注意：不仅仅是传媒报道覆盖率，是关于链接到"你的"网站上的进一步的资源）。此外，考虑一下你的日常管理，有没有一种你认识的，对你的目标市场有一定影响力的人"播种"你的内容的方式？

页上信号

谷歌喜欢填鸭式的输入内容。这意味着它操作起来像一个优秀的图书管理员，只有设置正确的内容搜索引擎理解起来才更容易。

页上信号包括：

◎页标题。在页标题上使用搜索短语。页标题在谷歌搜索页上表现为蓝色。为了便于观看，页标题要尽可能简短——最多不超过 72 个字符。它可以证明搜索目标与你的网页之间的相关性。它就是你的"标题签"，在做搜索引擎优化时起着十分重要的作用。

◎页描述。页描述对 SEO 清晰度至关重要，但这些对你的页面排名没有影响——由关键搜索字／词构成的 150～160 个字符的页面简介或短文。这是谷歌搜索到网页后显示在结果页上的内容。它需要包含一定量的信息、相关性和趣味性以及简洁明快的风格。这是"广告的黄金地段"，搜索者点击你的网页还是竞争对手的网页就看它的表现了。因此，这里也应该包括你的目标关键字／词。

◎主标题。对于正在浏览文章或网页的读者来说，主标题非常重要，对于谷歌来说它也同样重要。设计者通过主标题向读者展示网页的主要内容。关注 H1，H2 或 H3 标签，这里需要包括适合内容的最佳搜索短语。

◎图片。谷歌无法直接阅读图片，因此你需要为使用的每张图片添加标签。图片的标签称为 Alt Tag。这里也需要包括锁定的短语。

请注意——在所有这些区域使用自然语言。不要倾向于重复堆砌搜索短语，比起你的读者谷歌不再喜欢这样的模式。

索引内容

如果想让你的内容最有可能被搜索到，大部分内容应该以 HTML 文本格式呈现。图片和其他非文本内容不容易被搜索引擎爬行器解析，所以一定确保在网站上嵌入视频时，视频下面要加入文本记录。为了保证想要获得排名的词和短语可见，一定确保它们在 HTML 文本中而不是嵌入到图片中。

有价值的提示

例如像 MozBar 之类的工具给你展示的是你内容中的什么元素是可见的和可以索引到你的引擎中的。

每页锁定一个短语

为了打赢搜索排名的长期战斗，你需要考虑一下网站的目的，然后是每页的目的和每页应该排名的搜索短语（见以上内容）。围绕哪个短语和它的同义词撰写内容，保持关注。

网站设计要便于搜索

并不是所有的网站搜索引擎搜索起来都很容易。网络设计/开发的技术层面对搜索引擎和页面访问者有帮助作用。和你的网站设计者和开发者谈一谈，确保他们遵循以下最佳实践指南建设网站。

SEO 体系结构

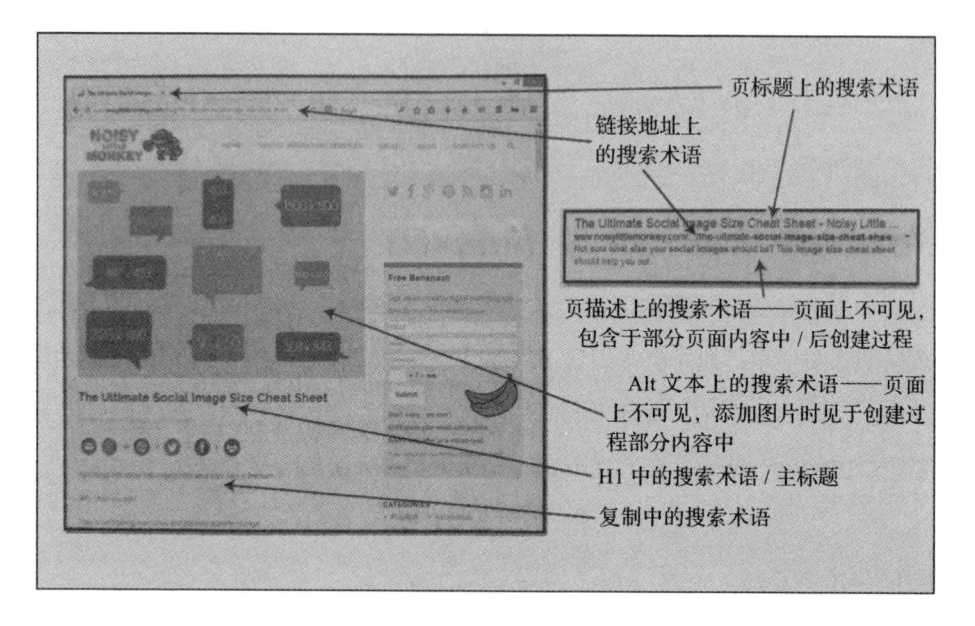

页标题上的搜索术语

链接地址上的搜索术语

页描述上的搜索术语——页面上不可见，包含于部分页面内容中 / 后创建过程

Alt 文本上的搜索术语——页面上不可见，添加图片时见于创建过程部分内容中

H1 中的搜索术语 / 主标题

复制中的搜索术语

创建便于搜索网站的五步骤

1. 网站速度要快

搜索引擎和访问者都需要速度快、可信赖的网站。告诉你的主机供应公司，你要在测试中达到"A"，这样他们才会对此关注。

2. 优化每页的体系结构

如果你时间有限，那么撰写过程中可以仅仅优化一下具有新鲜度的新内容。这是一个很好的举措，但是如果想得到一个最佳化排名你必须优化网站上每页的内容、每个分类、每样产品。想得到回报的话，必须花点时间。

你需要优化如下每页体系结构。

◎链接（URL）。

◎页标题。

◎ Alt 文本。

◎复制。

◎ 页描述。

◎ 主标题。

优化这些体系结构成分时要确保本页目标搜索短语在这些区域中的每一区域至少出现一次。

3. 鼓励人们分享你的价值内容

你的内容很棒而且有帮助，对不对？所以，鼓励读者分享它们吧！就在主要社会频道的旁边添加分享键。提醒读者注意分享键，并和他们说些像"发现这个信息有帮助吗？请把它分享出去帮助他人"之类的话。

4. 做出回应

如果你的网站没有改变布局和大小，在智能手机和平板电脑上看起来效果不好，那么会失去人数巨大而且人数持续增长的客户。当你使用手机用谷歌搜索东西时，你经常会看到搜索结果后出现这样的字眼"适用移动设备"。如果谷歌认为这很重要，那么你应该也是这样想的。修改这样的页面花费并不昂贵，花很少的费用，一位优秀的网站设计师就可以通过一个免费回应的博客程序模板提供你做这项工作所需要的一切。

5 衡量有效性

谷歌分析是一件无价的工具，它会让你了解你的网站上哪些内容可以获取访问量，哪些内容可以变成 leads 销售。10 万以下的页面是免费的，它简直就是营销人员的神器。让你的网络开发人员在你的网站每一页面都装入代码，你就可以得到谷歌分析的图表了！

利用 SEO 得到正确的帮助

有一些了不起的企业，他们可以为你的网站和内容提供正确的帮助，这样人们可以在网上快速搜索到你。也有一些企业试图说服他们的客户，把 SEO 说得很神奇，因此这样的企业最好避免使用。

寻求 SEO 支持你需要注意下面六种标识。

SEO 警钟（或者说是，如何区分行家里手和江湖骗子）

◎ 建议创建隔离链接，不要影响如何帮助你获取你需要的重要内容。

◎ 页关键词——谷歌不再在意这些（自从 2001 年就已不关注）。

◎ 所推荐的关键词堆砌（不自然，不需要）。关键词密度不在现代排名算法里。

◎ 关注最新的谷歌更新——如果你分享的是足够有价值的内容，像 Pandas 和 Penguins 通常并不是那么重要。

◎ 好的 SEO 除了能创建好的内容，使你的网站设计正确外不会那么复杂。

永远不要选择可令人操控的 SEO 技术。这类游戏式的系统短期内可能见效，但是它经常导致像谷歌类的搜索引擎对你的网站施以极其难以逆转的惩罚。

搜索引擎的新变化

如果你的企业是人们可以拜访的地点（如办公室、餐馆、音乐厅）那么谷歌会让你用 Schema 来架构你的网站，使之能显示更多相关搜索结果。对于地方性企业来说，使用 Schema 添加上你的名字、地址、电话号码、开放时间和社交媒体资料是至关重要的。这也是你需要你的网络开发人员来为你做的——所以自我学习一下这方面的基本原则非常重要，这样你才能对他们一目了然。

搜索引擎规则会不断地变化发展。我们能确定的一件事就是，要想使你的内容可以被搜索引擎抓取，你能做到的最好的事就是，撰写出客户要寻找的内容。这是永不会变的。

谷歌青睐什么样的内容呢？谷歌青睐于能够就人们提出的问题给出答案的内容。所以关注一下提供此类内容的内容很重要。

具体的实施方法

◎使用谷歌 Adword 关键字搜索工具调查客户在查询类似服务时经常使用的关键词。

◎当考虑新内容时,把"目标搜索短语"添加到你的规划标准中。

◎回头翻着以前的博文。有没有包括富含关键词的主标题?如果没有,现在就把它们添加上。

第八章
更有深度的内容：电子书、白皮书、幻灯片和出版物

> 有的地方适合发布浅显的内容，有的地方则适合深度资料。推特适合浅显的，博客适合深度的。文章和书籍也属于有深度的资料。
>
> ——查尔斯·H·格林

本章内容介绍

◎存量和流量——内容走深的价值。
◎所有最有价值内容都要下一番苦功。
◎可供选择的、有深度的书面内容。
◎关键性内容条目下撰写的内容。
◎有深度的内容需要伟大的设计。
◎登录页的重要性。
◎是否应该让人们填写表格去下载你的内容
◎内容重新利用和整合内容活动的价值。

存量和流量：内容走深的价值

我们为你的内容引入一个极为重要的概念。那就是来自经济学的存量与流量的概念，它与内容的产生有莫大的关联。

第二部分·
什么是有价值的内容

> 流量就是正在使用的内容，可以是帖子也可以是推特。它们是每日和每时更新的内容，可以提醒大家你的存在。存量就是已经存在的内容。它们虽然是你制作的内容，但要确保在两个月内（或两年内）都像新资料一样能吸引大家的兴趣……最神奇的事情还是把这些资料组合起来的结果。要保持你的流量在一个可控的范围内浮动，要维持一个开放的通道，同时还要准备一些有应用价值的存量内容，然后以混合策略进行操作。
>
> ——罗宾·斯隆

当谈到内容时，这是你头脑中应该记住的一幅有用图片。当今有效营销一桩业务，我们必须要致力于在存量和流量内容之间找到正确的平衡点。

到目前为止我们只关注了流量内容。博客、短小文章和社交媒体的更新就是容易为人们所接受的优质内容。有时你还需要提供一些保鲜期长的内容——也就是说我们说的优秀的存量内容，它们通常具有更高的营养价值和生存周期。这些是你的关键性营销条目——你需要杀手锏式的内容来开辟新的窗口，激励优秀的推荐意见和赢得业务。

道格·凯斯勒称这种内容为"全垒打内容"——这类内容是比你的日常内容更能走得深远的内容，能燃爆你的思路打出全垒打的内容，能达到极高水平的内容。Copyblogger称它为"奠基石内容"——支持你做的一切别的事情的关键内容。无论你称它为什么，我们指的都是能真正提高知名度，使你脱颖而出的那类内容；能够激励人们使你被高度重视的内容；使人们很难移开视线的内容；具有使人从刚刚有意识转变到绝对感兴趣的有力量的内容。销售的是可延展的内容。

在主题方面，我们讨论的是严肃的能生成leads的材料。十大重要提示都很好、很满意，但是总有这样的时候，你的客户想要的是更实用的东西，能直面他们正在面临的主要挑战和问题（你能帮助解决的）的内容。

113

在格式方面，你想要的是具有更能令人大吃一惊的因素的东西——华丽的指南、上乘的幻灯片、棒极了的动画、娱乐性的电子书、严谨的研究性文件和才华横溢的商务书都属于这些范畴。它们需要花费更多的时间和思考来制作，但是想到为你的企业产生长期的丰厚回报，这一切努力都是值得的。这就是你的企业的最重要的内容机遇点。

投资深度存量内容的十个理由

◎获取关注——它增加你的竞争力。

◎塑造权威地位——它显示了你在本领域内解决问题的强大能力。

◎无价的销售工具——它是你能力体现的有力证据。

◎完美的推荐工具——它代你完成你不在场时回答重要问题的任务。

◎超级可分享性——人们喜欢分享有才气的东西，所以你的内容要更具才华。

◎更多的互动性——把更多的人吸引到你的企业，为你所写的东西博得更多的眼球。

◎值钱——更高的制作成本，但是经久不衰，为更多的博客、推文、视频添薪加柴。

◎展示你的专业水平——深度内容是真正的"事实胜于雄辩"。

◎打开门户——像书籍一样的真正可靠的存量内容，可带你走向更高级别。

◎结束业务竞争——没有比赛。

本章将探讨如何制作深度内容，我们真的想鼓舞你创建一些这样的内容。是的，这是最耗时，但也是最有影响力和最有趣的内容。

制作深度内容可以把你逼到极限，那是一件好事。很显然撰写此书要投入大量的时间，但是它也会让你兴奋紧张不已。

你认为自己已经到了"我不可能再那么说，或者公司绝不会再让我做那个了"的坎儿时,那么这个想法至少值得探索一下——真正地、好好地思考一下,为什么不能再继续推进一下?

你必须有回答问题清晰准确的精工细作态度,一定要有那样的根底,但是一些人就止步于此了,如果他们能再投入几小时的话,我认为他们的项目可以做得更好。把你的志向和目标定到一个合适的高度上。

——道格·凯斯勒

刺激你、鼓励你的内容都是真正值得探索的。当然,创造性需要大剂量的常识来穿透。道格和我都不会建议你在你的品牌上开小差,但是目标高远的同时也要有一些乐趣。

所有最有价值内容都要下一番苦功

对你的企业真正有价值的内容通常需要你投入大量的精力。它的成功给我们带来惊喜(它绝不会是"哦!那件事情我花了五分钟然后就传开了"或者"我把它扔给一家便宜的内容工厂然后就产生了")。真正的价值内容需要下一番苦功夫进行思考。所以如果你想为你的企业创建真正有深度、严肃的价值内容,你必须去做这项工作。

最有价值的内容总是一成不变地占领高地——新的规则、对你的行业的未来预测、首选的研究、一列领导者名单——这是大胆自信的内容,它采取坚定的立场、陈述某个观点、把你定为你所在的领域的领导者。这种深度内容是你的激情和专业水准的绝对证明。自吹自擂地说自己是一位有激情的倡导者和专家并不会建立信任。这种类型的内容会不言自说——要远远比自吹自擂更加可信得多。

这些深度内容当然是关乎你的客户,但是它们也是关乎于你和你的企业。

你在你的内容上所做的努力使你明确作为企业的一个真实的你。真正有价值的内容会抓住这点——明确地与你所代表的外部世界进行沟通，也对它们的至关重要性进行着交流。

关于写作有一条可爱的引言，它来自普利策奖获奖新闻记者兼作家戴维·麦卡洛（David McCullough）：

> 写作就是思考。想要写好就要思考清晰。这就是为什么写作这么难的原因。

这种深度存量内容就为你的思考列出了清单：这是你的最佳思路之地。

因为深度内容需要更长时间的制作，需要更多的思考和规划，创建深度内容是不能以一人之力完成的工作。它不像你的博客和推文，几乎可以肯定地说你需要一些帮助。帮助做研究、帮助设计、帮助编辑——你在规划深度内容时提出的要求更多，团队就能努力带你的内容走向更高级别。

可供选择的、有深度的书面内容

◎研究和调查报告。
◎电子书和指南。
◎幻灯片。
◎白皮书。
◎出版的书籍。

研究和调查报告

在你的领域中承担一些能回答客户提出的具体问题的研究是对你的时间的极好利用，它也是一些有影响力的以研究为基础的深度内容的基础。这种研究对你的企业非常有用——我们发现人们喜欢被提问，所以这是一个好的对话开场白。由此而创建的内容必定是有用的推销工具。依靠你的专业知识、原创内容也许是获取一些有价值的公共关系的最有效的方式之一。

全球营销执行机构 Freedman International，对他们的客户提出这样一个问题："当想到全球营销时，你们面临的最大挑战是什么？"这个问题产生的反应形成了研究报告的基础，他们把它做成可以从网上免费下载的可获取内容。研究报告把客户定位在全球营销社区的核心地位，显示出的不仅仅是对客户的同情（开展工作的艰难），而且也是能提供给客户的帮助。庞大的价值内容为 Freedman International 带来了业务。

研究对大型企业来说也是一种尝试和测试内容的方法。理查德·弗莱是汇丰银行海外数字营销和社交媒体经理，他曾这样谈到他们曾经创建的最有价值内容。

> 我们最有价值的一条内容是我们进行的海外探索调查——世界上最大的海外调查之一——它向我们的目标客户询问，什么会使他们移居和工作在海外。这给我们提供了大量的数据和洞察了解，这些我们可以在我们的内容里无限制地再次利用。洞察见解已经被用于创建全球新闻报道、互动数据可视化内容、视频、信息图、策展论坛和国家指南，为我们的社交媒体注入信息流和培训我们的员工。
>
> 利用调查数据，我们能够把我们的客户群和目标群体的声音注入到我们的内容。这既极大地增加了我们所创建的内容的广度，也增加了它的深度和真实性。我们的内容使在200个国家的超过50万的用户进行比较，哪些国家是最佳宜居之地，通过查找食宿之地来获取建议，以此来适应一种新的文化。这种来自客户和社交媒体社区的反馈真的是太令人难以置信了，海外部广泛分享了我们的内容，告诉我们这是他们在别的地方得不到的内容——它改变了他们认为我们只是一个机构的思维方式。

理查德和在汇丰银行海外部的智能团队意识到众源内容的益处。除了他们的年度调查，他们定期与他们的客户和社交媒体社区进行合作，探讨"去国外住会怎样？"这样一个问题，在提出这个问题的背后，他们已经创建了得到广泛分享的难以抗拒的内容——众源技巧和要点、最近的一次视频和系列海外生活具体国家指南。"众源内容"在内部使用（作为一种对新员工的培训）起来和在外面用于营销一样有用。

有价值的提示

与你的客户和联系人进行合作。像汇丰银行海外部一样，让他们提供创建有吸引力的众源内容的原材料。

白皮书，有时也称讨论文件

白皮书是定位在杂志文章与学术论文间的一种文体，方便把你的内容转化成先进的思想。它们是权威的、有教育意义的报告或指南，能向读者证明你将如何解决他们的问题。

白皮书是深度内容家族中令人讨厌的大兄弟。白皮书虽没有视频和信息图直观，但它仍在购买决定中扮演有影响力的角色，尤其在技术和咨询领域中用处颇多。真正有价值的白皮书会受到广泛阅读并在人与人之间进行流传，这也非常值得投资。

在过去一年里，由特许管理公会（CMI）和营销教授们开展的研究表明，白皮书的使用量增长了 8%。从 2012 年到 2014 年，来自 Radix Communication 的文案代理在客户对白皮书的需求中有了 229% 的增长。

电子书和指南

电子书的发表呈爆发式增长。电子书是一个极好的载体，可以让你的思想广泛传播。它们有足够的篇幅来描述细节，只要不会让读者感觉零碎，基本上想写多少都行。如果你在其中嵌入视频，那么它们能更出色。指南是完美的电子书形式。电子书的优点很多，可以通过电子邮件发送；即使不打印也可以继续分享；几近于无任何发布成本；只要写完就可以立即发送给相关人士。

经营者一直在关注寻找帮助人们更好地学游泳的方式。Create Fit 分享了简洁的视频教程，进行详细指导以此来帮助人们提高他们在泳池中的游泳技能。Create Fit 频道图书馆拥有的视频剪辑量超过 110 多个，现在平均每日频道点击量超过 7500 字节。它们的成功激励了马克首次发行了世界上第一本互动游泳训练电子书，它可以在任何智能设备的所有平台上获取。电子书的格式用于这方面表现极为出色——书面技巧配有详细视频剪辑的支持——这为他们赢取了许多业务。

如何创建电子书

一旦你已经开始撰写内容，你就已经有好几个选择。或者让一名设计师把它转换成可以从你的网站下载的 PDF 文件，或者去电子书出版商那里发表。这里有很多选择可选，包括亚马逊自己的直接出版平台提供的出版服务、Smashwords 和众多其他选择。

电子书可以将你带向何方

《公共关系电子书的新规则》（超过100万次的下载）直接为 Wiley 带来了《营销和公共关系的新规则》一书的交易，我的国际畅销书现在已经出版第四版，拥有英语版超过30万册的销售量，并且有从保加利亚语到越南语超过25种语言的各语言版本。

——戴维·米尔曼·斯科特

SlideShare

SlideShare 已经成为最有影响力的深度内容形式之一，受到了逐个访问。它的特点是视觉化与易于阅读，但是内容并不肤浅。一部好的幻灯片在传播重大思想上表现极为卓越。

在 2012 年 SlideShare 被 LinkedIn 收购，它已从原本有点逗趣的内容分享网站转变为一种传播优秀内容的商务工具。在 2013 年末，SlideShare 独居榜首，根据记录，一个月访客量达到 6000 万，页面浏览量达到 2.15 亿次。已经注册的上传量是 1500 万，每月还以 40 万的速度增加。SlideShare 现已是因特网上排名前 120 的网站。

SlideShare 会给勇敢、大胆的人以回报。真正能一飞冲天的内容文笔精良、富于想象力，具有娱乐性、激动人心的视觉性。它使用起来较为容易，你阅读它们的方式和它的内容呈现节奏会给你愉悦的阅读体验。它的呈现风格让你更看重它的文字，给你思考的空间，比起其他书面格式，你可以用它来交流更具影响力的观点。

使用 SlideShare 赢取业务

小型律师事务所克劳顿·考克斯成为这种格式的狂热粉丝。经营者保罗·哈杰克解释道：

> 优秀的内容并不是一维的。我们已经把我们浏览量最多的博文"圣坛维修责任的奥秘"首先转换成信息图，然后是 SlideShare，这与我在"全英打假队"上出场作为法律专家讨论的话题不谋而合。
>
> 在 SlideShare 上，我们只是新手，但是我们能看到它创建优秀法律内容的巨大潜力，它使我们在能接受的范围呈指数增长。
>
> ——保罗·哈杰克

发行的商务书籍

如果说博客是价值内容之王，那么商务书籍就是宇宙的主宰。并不是所有进行营销的人都要出版商务书，它也不是价值内容工具箱中的必备，但对那些喜欢挑战的高端人士来说，商务书籍的价值是无可比拟的。从事顾问咨询行业的人绝对可以从撰写并出版书籍上受益。出版商务著作可以为你的商务活动提供助力；可以证明你的思路是可行的；可以帮你提升搜索查询的效果。

不管你是出版专著还是合著，都会让你的思想具有一定的权威性，人们会因此把你定位为该领域的专家。

> 装订一本书的机械过程并不复杂，但是能在书上署名，所带来的荣誉确是难以估量的，考虑一下是否要有一本署名的著作。如果你把价值5美元的纸张和硬纸壳装订成一本书然后送给别人，他们一定会惊喜地说："我的天啊！你送给了我一本书！谢谢你！"并向你表示他的敬意。
>
> ——查尔斯·H·格林

内容故事：《金钱的七个秘密》在提升作者形象的同时也赢得了客户

几年前四个投资顾问聚到一起成立了一个研究小组。他们很快发现了一个共同纽带，他们决定就他们共享的方案合作撰写一本书。在2011年西蒙·布朗、本·舍伍德、理查德和布鲁斯·威尔逊自助出版了《金钱的七个秘密：个人投资成功的内部指南》。他们想讲述他们看到的投资的真相。他们也把这本书看作是一个营销工具——一种提升他们形象的方式。

> 我们想让这本书作为企业名片中的一块大肥肉、一种公共关系策略。我们做的第一件事经常是在网络活动上遇见了某人后发给他们这本书的一个复本。这非常有影响力。人们看你的方式都不同了——他们认为那个小伙子一定知道他在说什么啊！这本书确实给了我们一份庄严，使我们更加让人可信。
>
> ——西蒙·布朗

毫无疑问它给了我们一种真正的优势。这本书立刻提升了人们的看法，使他们和你在一起时感到更加惬意。在获取新业务方面也

打开了门户,我们没有它不行。

——理查德·斯托特

它给我们提供了一种竞争性的优势。我们相对地竞争过了所有小型企业,我们正在和大型私营银行进行竞争——所以我们需要给别人留下印象。能够给人们展示的是这本书留下了非常好的第一印象。我们可以从书中直接提取链接来增加我们的业务。这本书很值得一读。

——本·舍伍德

西蒙·布朗说:"这本书给了我们阐明我们自己想法的机会。帮助我们从本质上了解到我们想要做什么和我们信奉什么。"

理查德·斯托特说:"它也使我在挪威发行量最大的个人财富杂志上得到了一个定期专栏的位置。"

本·舍伍德说:"这本书已经帮助我们赢得了客户——它使我们受到了更加热情的接待。它也帮助我们留住了我们的客户——我们从未失去过一位曾阅读过我们这本书的客户。由于这本书,客户们也更倾向于参考我们的意见。"

来自撰写《金钱的七个秘密》这本书作者的有价值的提示

◎写作时的心态是好像你在写给一位对你的企业知之甚少的人。

◎让非业内人士审查这本书。

◎让客户来审查初稿,给出坦率反馈。

◎去掉专业术语。

◎留出足够的时间来写书。

◎获取专业的编辑帮助。

在人们的固定思维中,出书只有一个办法,就是找一家传统的出版社帮你出版,但是现在情况已经不同了。对许多作者来说,自己出版也是一个可行的选择,不是为了"虚名"而出版,而是为了把一些真正的价值内容做成一本高质量的出版物。近些年出现的第三种方式是，有时就是我们所知道的"辅助自助出版"——这些合作出版商被称为合作作者，针对某一个项目就某一共同目标进行合作，它是传统的和自助出版方式的最佳结合。

无论你选择哪条出版路径，写书都会给你带来许多的业务优势。像任何一位作家都会告诉你的那样，它绝不再是一种简单的选择，而是会给你带来巨大利益的投资——对你和你的企业。现在是你该写下所有内容的时候吗？

如何根据时机选择深度内容

哪种文体最适合你？这要视你的内容、企业和客户的性质而定。

上面提到的部分内容与顾问、咨询、软件等特殊商品或服务有关，在购买时需有所考虑，白皮书适合它们。卖汉堡或其他便捷日用品的显然不会需要白皮书。有时你会感觉无法为自己传播的内容提升价值，但又找不到原因。秘籍、日历、交互式游戏等方式都可以发挥作用，但要看你的创意。如果你对自己的客户有足够的了解，那么传递的就是真正有价值的内容，他们自会视之如珍宝。

◎如果你想在技术领域开展竞争，那么要写一份白皮书。白皮书对从事顾问行业的人尤其有用，因为它能直接送达企业高层，对于高学历客户产生影响。

◎如果你所从事的领域比较广泛，以演讲的口吻写一份电子书。电子书特别适合在社交媒体上分享。

◎如果你是某个领域的专家，找一个自己钟爱的话题写一本书，记住书中的内容要与营销内容有明显的界线。如果你想给自己打上权威的标记，那么写书适合你。

关键性内容条目下撰写的内容

深度内容条目能解决你的客户（和顾客）面临的真正重要问题和挑战。创建深度内容应从某个点切入，用一种互动的方式确保正面回答客户的关键问题。

思考这个问题一个比较好的方式就是推荐意见方面。你会真正喜欢一位潜在新客户起初会从你这里获得什么？不可能是一条销售式的文字作品——你知道过早进行推销的危险。所以什么才是你能给他们的最有用的东西？什么会产生最重大的影响？什么才能真正地使他们进行思考"这些就是能帮助我的人吗"？

在能真正回答重要问题的内容上投入时间和资源会使你的内容工具箱强大起来。

关于你的内容最有效点的更多详细信息请参见第十一章，你会了解应该写些什么内容。

有深度的内容需要伟大的设计

作为一个从事文字工作的人，你可能希望我们讨论一下你写的内容有多么伟大。但是随着我们对价值内容的了解越来越深刻，越发感觉到内容与设计之间的联系是不可分割的。如果你的设计一塌糊涂，就算写出了世界上最伟大的语言也无法吸引读者。当然如果你言之无物，那么就算是世界上最伟大的设计也弥补不了内容上的硬伤。

当谈到创建你的深度内容时，要承诺质量。如果你的内容不是以专业角度呈现，人们也不会认真看待你的思路。如果你的设计也是许下空洞的承诺，他们同样也会失望。如果你已经投入资本制作有深度的内容，不要忘记再往设计方面投入一些。聘用一位专业的设计师，使用高质量的照片或插图不仅不会分散读者的注意力，还能增强文字的效果。最理想的是能做到图文并茂。

不要忘记打印内容

打印资料没有终结，也绝不可能终结。在我们数字化时代，一份设计精美的、有用的或是鼓舞人心的打印资料就是一份礼物——一次有别于网上泛滥了的、令人欣然接受的变革。创建深度内容的打印文案——你的文件、指南、幻灯片或者书籍——如果你想获得认可，把它们发送给你的联系人。

登录页的重要性

如果你用社交媒体启动运行，你会用推文发布你的深度内容，吸引人们访问你的网站，试着说服他们进入下一步与你建立关系。为了鼓励人们下载和阅读你制作的深度内容，需要为每一条有深度的内容设计一个能吸引浏览者注意力的网页，或者称"登陆页"，这有助于把你的思路转化成行动。

登陆页至关重要——你用几秒的时间就能把"嗯嗯嗯，也许"转换成"现在把它给我"。那么如何做到这点呢？

最佳登陆页面是清晰的、目标明确的、简洁的。出色的销售文案撰写是关键。你需要把一条信息写明白，要清晰和简洁。

> 每页去掉一半的字数，然后再把剩下的字数去掉一半。
>
> — 史蒂夫·克鲁格

关键要记住的是使用登录页面文案提示要关注的深度内容会给你的客户带来的利益。你不是在提供一份免费的"10页报告"，你是在提供"在会计费上省钱的30个方法"。没有人对你的免费报告感兴趣（无论你在它上面花费了多少心血）；他们现在想要的就是能够帮助他们的东西。

可遵照以下三个简单的步骤来规划登陆页面文案。

◎创建益处列表。如果你在定义益处方面有困难，首先列出它的特点，然后问你自己，那又怎么样？为什么我的读者要去关心？

◎创建采取需要行动的反对意见列表。注册进行你的免费试验，或者购买你的产品，什么可能阻止人们下载你的报告？

◎按照重要性列出益处和反对意见；首先提最重要的信息。

所以有明确利益驱动的页面会取得成功。针对登录页面文案还有什么需要避开的问题吗？

登陆页应避免以下五点。

◎沉闷的标题。标题一定要有趣，但是如果网站的内容不能和标题吻合，那么这点兴趣很快就会消失殆尽。

◎内容太过庞杂。博客的布告栏和生动活泼的侧边栏会分散浏览者的注意力。因此不要滥用，只要给出需要的信息即可。

◎过多的选择。你希望浏览者做的事只有一件——注册，因此要除去一切无关的内容。

◎糟糕的设计。不要偷懒上传一些虽然色彩绚烂、新奇精美，但却毫不切题的图片应付了事。请保持登录页的整洁与专业。

◎高估浏览者的兴趣。人们是懒惰的，非常地懒惰，哪怕只是向下轻轻滚动鼠标也不肯去做，因此要记得把你的信息放在页面的上半部。

是否应该让人们填写表格去下载你的内容

深度内容需要耗费很多的心血和制作成本。那么你是否应该设置一道"门槛"——让人们注册才能得到下载你的内容的特权——确保这会给你的投资带来好的收益吗？

人们下载你制作的具有深度价值的内容前是否需要先填写一份完整的注册表，这是一个在全球网络营销领域都争论不休的问题。许多人认为，让读者公开他们的电邮地址来交换你的深度内容是一项公平的交易，你也可以为你的内容加上一道"门槛"。你提供的内容不仅具有价值，还是你辛勤工作的成果。很明显他们对你探讨的主题感兴趣，因此你可以继续与他们交流。从你的角度说，收集来的电邮地址可以扩充你的邮件通信录，之后继续向他们发送有用的目标邮件，慢慢把 leads 培养成销售行为，这也算是你的价值内容产生的回报吧。

第二部分
什么是有价值的内容

反方观点认为，你不应该对产品的传播设置任何障碍。如果有人对你的内容感兴趣就应该让他们免费获得，自由使用。若你的内容真有价值，在需要购买的时候他们自然会返回到你这里购买。最重要的是在他们心中建立起品牌的良好专业形象。

> 为了让你的思想得到传播……你必须要有所放弃。让你的信息在网络上完全免费地自由传播。任何人都可以轻而易举地获得，没有任何附加条件：没有电子锁、不需要注册、不用验证电邮地址。
>
> ——戴维·米尔曼·斯科特

现在网络上的大多数内容都是免费的。例如，视频可能是制作成本最贵的内容，但是通过YouTube你可以观看大量的免费视频，既然如此，为什么还要对其他内容作出限制呢？

对你的内容一定要小心设置要求。在价值内容网站，大部分的内容任何人都可以免费下载、讨论和分享。我们坚信慷慨地免费分享是建立信誉和商誉的最好方法。只要你的内容有足够的价值，必定会得到丰厚的回报。我们的做法是鼓励大家注册我们的邮件订阅服务，但绝不强迫他们。

你要视本企业的具体情况来衡量得失。如果为内容设置获取条件，可能会勾起一部分人对资料的兴趣，主动加入你的邮件通信录；但另外一部分潜在客户也可能会因为遇到电子障碍而放弃资料，给你造成损失。

如果你决定为内容设置获取条件，那么请先确认这些资料，真的具有与众不同的价值，比如是在其他网络无法找到的详细的调查报告，独一无二的研究结果，实质性的研究，网络研讨会或者是在网络上找不到的真正有应用价值的指南。一定确保所设置注册要求的东西要比你能进行公平交换的免费内容有更多的价值。在这个邮箱经常被挤爆的时代，要想获得询问邮箱地址的机会必须确保你的内容物有所值。

如果你想为内容设置注册要求，请尽可能地简化需要填写的项目。设置的项目越少，越有可能使你的要求得到回应，越有可能人们会填写内容。一份需要填写20项的申请表基本上可以把最坚定的申请者拒之门外。

如果你向人们索要信息，一定要非常清楚地告诉他们你将会用他们给你提供的信息做什么和决不会用来做什么。研究美国专业服务营销机构的Rattleback的经营者杰森·米利基（Jason Miliki）列出了一套有价值的方法：

> 如果他们请求你这么做的话，你可以把这个人加入到你的邮件列表数据库。如果他们并未注册你的通讯列表，你可以给他们发送一封电邮邀请他们注册。但是，你只能做一次。如果他们没有作出回应，不能再尝试。在他们下载了内容五分钟后，假定他们已经准备好了聘用你公司，你也不要给他们打电话。你可以在将来的某个时间给他们打电话，使你的企业成为他们获取资源的地方。但是你不要把这种来自你的潜在客户的小小的信任感诠释成一种马上可以开始进行仓促销售的对话机会。
>
> ——杰森·米利基

内容重新利用和整合内容活动的价值

深度内容是价值营销活动的基石。深度内容不像博文，博文主要驻守在你的网站上，深度内容可以横跨多个渠道。它是一种思路，可用多种格式相结合的方式进行交流。

关于这点一个极出色的例子是来自万能胶制造商滑稽可笑的"修补的快乐"的活动。深度内容有多种存在方式，可以制作成视频、海报、文档、图片、提示等——广泛分享，社交媒体平台的客户对此也笑容可掬。这个重要思路的优势意味着，它可以轻松地延伸跨越多种不同的媒体。

在你发起像这样的多渠道活动前,测试一下深度内容背后的思路是否足够强大。真正优秀的深度内容可以给自己催生出多种内容形式——一部幻灯片,一个视频,一篇博文,一条宣言和一本指南。这种大思路是没有什么可以束缚住它们的。

内容故事:年金和福利咨询公司的海曼斯·罗伯森(Hymans Robertson)利用指导性成果活动比以往赢取更多业务

海曼斯·罗伯森想要用一种新的方法——"指导性成果"重组退休年金市场——这会给员工和老板均带来益处。他们有了一个宏伟的思路、可震撼人心的故事,但是需要绝妙的内容作为解释它的方式。营销策略总监特丽·卢卡斯想要建立一次大胆和富有创意性的活动,把这种新的理念真正地带入生活,并在一种非常人性化的标准上与它的客户和潜在客户建立联系。

> 在这个市场上,我们面临的是更加强劲的对手,所以我们知道,我们必须做些与众不同的事情,做出充满想象力和创造性的东西。这是一条努力能实现的可行之路,因为作为一家脚踏实地的独立企业,尽管我们没有这种开展大型业务的预算,但我们具有实现这种勇敢和大胆行为的充分自由,单刀直入式的文字展示无法充分展示这一切了。感觉良好先生就此诞生。
>
> 除了把它打造进我们主要的企业网站,我们也开发了一个独立的微型网站作为基地,来发送指导性成果信息。网站内容焕发生机的很大的一部分原因是通过动画和我们开发的四个有趣的感觉良好先生的小视频。除了这些,我们定期制作精巧内容,对市场进行教育引导,并加上一部传统的影片来讲述故事,在这里我们接触到了一些同行的联系人和潜在客户,他们讨论对于指导性成果他们有多么地兴奋。我们想要一些客户感言和公开的认可,所以我们把这些录制在了视频里。

公共关系对于做这个案例和建立企业形象和意识非常重要。我们让这个活动进行全国报道（广播报道和行业报道）——这个故事上了《星期日泰晤士报》《每日邮报》《金融时报》《每日电讯报》、BBC radio5 频道和很多行业的报纸。年金部长史提夫·韦伯发现了这一发人深省的新想法，我们知道现在他已关注此事，把它作为他考虑的退休金改革的另一解决方案。

我们也围绕话题主持了一系列的企业内部活动。我们在行业内报纸加入广告。广告、公共关系和社交媒体，在提高意识和熟悉度上表现出色。我们发现直接营销在前景展望和取得见面方面要表现得更好一些。

我们的销售和营销团队真的是紧密结合在一起。我们努力工作以确保我们的营销信息和销售的推销宣传保持一致，形成合力。这一切都需要环环相扣和业务开发团队及时做总结。

在海曼斯·罗伯森这儿，我们并未羞于使用直接营销的方式，只要它具有创造性、真正地有帮助，我们就会使用这种方法。我们使用平板电脑精心巧妙地设计了一次具有创意性的广告传单活动。平板电脑发送至我们精心挑选的潜在客户手中，这个平板电脑预先加载了链接到微型网站内容的展示（当然是感觉良好先生明星），我们新的业务人员也可以继续完成此事。

社交媒体也起到了很大的作用。这有助于我们传出消息，把消息推广到我们的网络里。我们通过推特与记者进行对话，通过这样的方式我们也获得了一些媒体的报道。

这是一种真正能带来回报的有价值的多渠道的方法。从活动开始的五个月以来，特丽说："我们接到 315 个电话，迄今为止，得到 78 次有把握的会面。我们取得 52 次销售管道的机会，我们已经赢取来自新客户的 5 次邀约。"

为求效率重新利用内容

谈到销售收益问题整合内容，活动非常值得投资。这也是关于效率的问题。你把时间和资源投入到更长条的内容中，你可以利用他们做非常多的事。

重新利用你的深度内容，从中挤出最大的价值。

一本电子书，可以整合成为：

◎ 10 篇博文。

◎推特上的 50 篇短提示。

◎一套简短的系列指南。

◎一套幻灯片。

◎可以在 Pinterest 上分享的图片。

◎一次有明确目标的电邮营销活动。

◎网络研讨会的基础信息。

◎一套播客节目。

◎一份视频。

目标致力于效率，充分利用你所有的辛勤劳动成果。你为你的深度书面内容所做的思考和写作，可以从多方面多角度进行拉伸调整，以适应不同客户和不同的社交媒体渠道风格的需求。非常值得对此进行投资。

具体的实施方法

◎妥善安排一些深度内容的创建，如接下来的内容我们打算创建指南/电子书/白皮书。计划推广一下。

◎在决定创建什么内容时，考虑一下你可以和客户分享的最有价值的思想是什么？

◎思考一下你想让这种深度内容为你的企业做什么。

◎考虑一下客户的喜好决定采用哪种格式作为内容载体传播效果最好。

第九章
视频、音频、信息图表等多种媒体手段

> 人类是令人难以置信的视觉党。移动图片帮助我们发现意义和理解我们周围的世界。视频帮助我们融入世界中进行思考。
>
> ——丹·帕特森

本章内容介绍

◎用不同的形式与更多人建立联系。视频内容的强势崛起。

◎视频制作的切入点。

◎ DIY VS. 与视频企业合作。

◎有趣的网上研讨会。

◎信息图表的作用。

◎商务播客。

◎让在线游戏成为销售工具。

◎移动应用程序。

准确的文字可以让你的信息广泛传播，但是可以用来建立联系的内容的确不仅限于文字。请认真思考一下，优秀的信息图可以用简单的方法来表述问题；视频可以迅速捕捉一个人的情感，而相同的时间可能连50个字都写不出来；播客的内容可以在乘坐交通工具的时候收听。建设一个真正有价值的网站就意味着你必须学会用多种方式来进行沟通。它意味着你把自己的

信息转化成不同形式的内容去鼓励、引导和教育网站用户，这样人们才能够轻松找到你为他们提供的价值内容，无论什么样的浏览者，总有适合他们的内容。

现在我们已经习惯接受各种各样的内容，我们有无数的选择——层出不穷的新技术为我们提供了更多的途径与客户互动。本章中我们将介绍视频、网络研讨会、播客、动画片制作、信息图集、在线游戏和应用程序等多种形式，当然现实中还有更多的传播形式，将来还会有更多意想不到的形式涌现出来。把它们搭配起来或许平添一些趣味，看看我们能创造出什么样的内容。

用不同的形式与更多人建立联系

无论你的文章写得多么动人，总是不能尽如人意。有些人觉得图片（视频）会直观一些；另外一些人则习惯于用收听的方式来了解信息。并不是每个人都肯读你的白皮书，有的人甚至连博客也不愿意看。不同的人有不同的接受习惯，你的商务信息应该以最容易为人们接受的方式发布出来。

尝试用多种形式进行联络是一种极好的方法。用不同的形式，反复使用你的内容，可以充分利用它们的每一分价值。交叉引用案例分析及博文，从指南中摘取可以下载的资料，从研究中引用信息图表，从信息图表中生成海报，从活动中截取视频，把研究成果作成播客——不断深度挖掘你的主题，然后使之以最具创造力的形式呈现。

视频、音频、网络研讨会都是强有力的工具，能够让我们的工作发挥出最大的功效。如果你正在制作语言类的资料，拍摄或录音等技术手段将为你提供专业的帮助。在一个屋子里至多有 50 人能听到你的声音，而把这段内容放到网络上就可以有无限的人收听。想象一下：你正惬意地躺在某海滩上，而你的潜在客户正在认真地聆听你的演说内容！

当然，应用在这些形式上的价值内容仍然要遵循价值内容的原则——以质量取胜。

视频的强势崛起

YouTube 左右着网页的使用，是一种奇妙的商务工具。YouTube 现在是世界上第二大搜索引擎——所以在视频这件事上变得聪明点是你的重要议程。

为什么视频是如此重要的营销工具？过去几年中在线视频已经成为满足人们信息和娱乐需求的主要方式。视频是在线讲述故事的一种神奇方式。视频内容为你的网站添加了另一种丰满、可靠、易于为浏览者所接受的特色。当我们在网上冲浪时，观看和倾听要比阅读更容易。许多小型企业已经从他们的视频内容中取得了很好的收益，很容易就能明白个中原因。

一系列数据表明视频才是我们要走的正途。尼尔森（Nielsen）断言在不久的将来，64% 的营销者期待视频来主宰他们的策略。能排列到搜索引擎结果页面第一页位置的网站 98% 具有视频。福布斯洞察发现，如果文字与视频处于同一页面，59% 的高层管理者喜欢观看视频而不是阅读文字。超过 96% 的案例显示电子营销邮件中的视频可以增加点击率。

根据思科（Cisco）的统计，到 2017 年视频将会占到所有消费者网络流量的 69%。单单是流量视频的需求就几乎会增加三倍。

视频是给想要建立他们的品牌、与更多人建立联系和加深他们的信誉度的内容营销者精心准备的一份礼物。

视频选择

视频包括许多基础类型，但是只有以下几种类型对小型企业内容营销者最有用处。

◎案例研究和证明能力的视频——包括与客户谈话的特写。

◎创意性的品牌故事——可以是摄制的或制成动画。

◎第一次会面视频——模拟与客户第一次会面时的情景，是一个不错的开始。你在演讲，就像你要参加首次客户会议。顺利破冰，建立关系。

◎"百事问"视频——搜索一些问题，并予以解答。完美呈现不需要解说的材料。

◎演示视频——为客户进行现场演示。

◎采访式风格视频——发言者头部特写。

◎视频博客——以视频为基础的博客。

与制作其他类型的内容一样，选取有助于你把意思表达得最清楚的形式很重要。是否一个三分钟的"如何做 X"的视频对你的客户是最有用的，或者他们是否能从视频案例研究中获取更多内容？人们看到你的脸、听到你的声音对你的企业来说是否重要？或者是否用动画来讲述你在做什么更有效？

记住，人们想在达成销售这条路上走的越远，他们就会给你更多的时间。如果他们处在购买欲的萌芽阶段，也许你只能获得他们一分钟或更少时间的关注。那么认真评估的时间呢？他们会给你更长的时间——可达三分钟。如果他们真的想要了解点什么——那就顺其自然了！

一些视频格式完全可以由热情的 DIY 人士来搞定，其他最好留给专业人士来解决。这里有充分利用这两种方法的小技巧。但是首先我们来看，为什么视频如此强大到要添加到你的内容工具箱？

为什么视频对内容营销者作用好

视频帮助人们发现你

一段精彩的视频可以吸引更多人浏览你的网站。Aimclear 进行的一项研究显示，人们更愿意浏览那些搜索显示可提供视频的网站。

> 在通用搜索结果中有视频的网站与纯平面网站相比，点击率高出41%。
>
> ——Aimclear

Aimclear的研究表明，视频让人们心甘情愿地在网络上驻留更长的时间（可平均延长两分钟）。长时间的驻留不仅让浏览者有更多的机会对你和你的企业产生兴趣，还会带来额外的SEO活力值。浏览时长是谷歌排名考虑的因素之一，因此，任何鼓励人们在你的网站花费更长时间的做法都会提升你在谷歌的排名。

"信息类"视频在谷歌上很容易取得靠前的排名。记住，谷歌青睐那些能回答人们所提出的问题的视频，所以处理视频内容用与文本内容相同的方式：制作的内容要有一定的意义，要同时满足客户与搜索引擎的要求。

视频帮助人们了解你

视频可以捕捉到你的每一个步骤，让人们了解一个真实的你。如果你的个性是企业成功的绝对关键点，尤其是在你的潜在客户需要了解如何与你合作的情况下——如离婚律师、汽车驾驶教练员或者牙医——视频会成为一个帮助你展示自我的最佳媒体，可以帮助人们选择以何种方式与你建立联系。

视频有助于建立快速的情感联络

对于第一次浏览网站的人来说，你的首要任务是与对方进行一次情感联络。你的内容不仅要真实准确，还要带来正确的感觉。

Woolley&Co是一家提供家庭事务法律服务的法律事务所，他们采用视频这种极好的方式来消除客户和律师之间的障碍。特蕾莎·哈里斯（Teresa Harris）解释了他们为什么要为网站创建一系列以离婚为主题的视频。

我们的网站有极高的访问量，同时也有丰富的内容。我们擅长写博客，也擅长制作书面材料。我们建立了一个巨大的文献资料库，但仍认为有时仅凭文字是无法吸引关注的，并不是每个人都喜欢以这种方式接收信息。我们需要一个能把信息融入生活的方式，于是我们把视频作为向潜在客户传递消息的另一个重要手段。离婚案是我们最擅长的领域，在这个高敏感、高压力的领域中，围绕客户经常会遇到的一些问题创建视频是一项极有意义的工作。

我们与一家专业的视频制作公司合作，一期之中拍了七部短片，你可以从我们的网站或我们在 YouTube 的频道上观看这些片子。它们的内容很简单，只是我们的律师与客户第一次会面时讨论的一些问题，包括离婚与孩子和财产的一些常见问题的问答。"怎样办理离婚""如何办理离婚最省钱"等。

视频的效果非常棒，客户对此极为赞赏。人们往往一见到律师就会紧张，而离婚又是一个沉重的话题，视频则显示了我们人性化的一面。它会让你了解即将与你合作的是个什么样子的人，聆听他说话的方式。之后再会面就轻松多了。

视频是我们营销组合中的重要组成部分。对我们来说，博客与视频是完全不同的两种媒体。博客可以让更多人看到我们的简介，提升我们在搜索引擎的排名，塑造我们的专业形象，让人们了解我们对目前某些问题的看法。博客服务的对象是同行及媒体，视频则全力聚焦客户想了解的内容。不同的人接收信息的方式会有区别，要想得到理想的结果就要提供全方位、立体化的信息。

——特蕾莎·哈里斯

制作娱乐性的视频

能使人们微笑的内容总是受欢迎的。我们并不建议你把网站主页换成猫掉落的图片或是哈巴狗穿着芭蕾舞裙的图片，而是想表明创建感觉正确、具有娱乐性的内容会更好地为你服务。

即使是满面笑容，笑得合不拢嘴，你也不能超越"一美元剃须刀俱乐部（Dollar Shave Club）"。是的，在你的脸上展现的是非常滑稽的、推销似的笑容。而它的视频特点个性十足、满是自嘲式的幽默、极具娱乐性，并且取得了极大的商业成功。

制作讲述故事的视频

能讲述故事，并分享大创意的视频是很难超越的。我们怀疑如果 TED 发布的只是一些白皮书的话，TED 演讲是否还能够展翅高飞。视频可以让客户快速地深入主题。格式也不必那么复杂——越简单越好。

视频制作的切入点

视频可以包含巨大的信息量，还有一定的威慑力。越来越多的企业开始制作高价值的影片。另外，一些业余爱好者和企业也开始制作视频，他们为视频制作者带来了收入。大型企业开始在视频内容方面投入大量资本，你要怎样做才能在竞争中取得胜利？从哪里着手？

要做的第一个决策就是决定你想制作何种类型的视频，这个视频你是否能够独立拍摄。再看一遍文章开头的内容列表。如果你期望能够表达的内容也可以通过视频博客或者非常简单的展示进行沟通，那么可以考虑自己来创建。

DIY 视频制作

有时你想弄明白的信息无须高质量的视频制作。小额预算制作精彩视频内容是完全有可能的。

我一直在拍摄可以制作视频进行分享的精彩画面和瞬间——运

动员训练场景、游泳者跳入泳池水面的场景、自行车运动员的环岛骑行——然后快速地将它们制作成精彩的视频内容从而集成视觉盛宴。我可以在网上进行即时分享。视频真正有助于我推广沙滩度假酒店。

——约翰·贝克利

有必要说一说技术低劣的视频，它对小型企业来说也可以发挥作用。

应该记住的就是简短原则。两分钟的视频（或者甚至更短）有更多的播放机会，比起冗长的视频更有可能被一直播放到结束。

与视频制作企业合作

因为有许多类型的视频，获得一些专业企业的技术支持是很有必要的。案例研究、品牌故事、客户感言、更复杂的展示或者采访——这些都是一些大部头项目，不是一人团队可以解决的。幸运的是，周围有许多这样优秀的企业，它们除了愿意帮助你完成视频制作的技术层面外，也会提供一些创意性内容。

对于一家小型企业来说，过去常使用于博客和其他类型书面内容创作相关的相对低成本的制作方式，而引进制作视频的专业技术来制作视频成本感觉相对高些。

为了创建高质量的视频内容，你必须要花钱。满足视频制作所有方面的合适设备是必不可少的，但是最重要的是，聘请一直正确的团队。

除了成本，最重要的在于，你一定要先搞清楚对客户有帮助的视频究竟应该是什么样的。把所有的营销预算都投资到一个大型的虚假广告中是毫无意义的。记住，所有人都有可能忽略掉你的广告。如果你希望潜在的广告客户观看视频，就一定要制作一些能引起他们兴趣的内容，并且能够回答他们的问题。向导演说明白你想要达到什么样的效果——这不是一部"关于我们的影片",而是一部"关于我们的客户的影片"。

如何让视频企业发挥最大的作用

◎内容清晰——明确你想要被人理解的主要信息,并且把它们编纂成一个故事。

◎给他们尽可能多的背景资料——告诉他们你的客户、企业,以及你能提供的独一无二的帮助。

◎要做一些研究工作——告诉他们你喜欢哪方面的内容及其原因。

◎要有开放的态度——制作视频是为自己提供一次尝试新事物的机会,其中会有许多不可思议的事,要做好准备进入一个未知的领域。

◎在家使用网络摄像机进行练习——让自己习惯于大声说话,沐浴的时候大声唱歌,大声跟孩子们聊天!

◎要预留出足够的时间——不要想着在一天内匆匆结束,按照制作人的要求安排时间。

面对镜头时如何放松

安·玛利亚·麦考马克(Ann-Marie McCormack)是AmmAFilms的影片导演,经常为企业拍摄网站上使用的视频,他经常会遇到一些人在得知需要面对镜头后产生紧张感。下面是他给出的一些放松自己的小提示。

◎做你自己就好。穿能让你感到自信的服装,不用刻意表演,顺其自然就好。

◎反复确认影片是否需要直播。其实录制的内容只有不到90%可以播出,不用担心,如果自己说错了什么会被剪掉,一切都在掌握中。

◎把注意力放在与采访者讨论的问题上,尽量忽略镜头。

◎记住,所有拍摄人员及采访者的目的都是为了帮助你更上镜,因此放松一些，尽量配合他们。

◎如果你觉得自己忘词了，那就不停地说，一遍遍地说。

很棒的动画制作

当你展示出人性化的一面，录制成视频并取得一定益处时，也出现了一种可以探索观点和更具有创意性地讲述故事的动画的争论。动画视频也是开展业务的一个卓越工具，它可以帮助企业处理沟通的棘手问题和完成作出重大变革的使命。

一些企业斥资大笔预算投入到创作动画内容上。令人惊艳的动画片《稻草人》是由墨西哥烤肉（Mexican Grill）品牌连锁店 Chipotle 出品和赢得学院奖的月亮机器人工作室进行创作的。这个品牌故事讲述了对把真正的食物带回给人们的追求，该故事制作精美、漂亮、时常使人萦绕于心头。《稻草人》影片取得了 YouTube 上 1160 万的收视量，1.2 万多的脸谱贴文的发布量和来自超过 2.6 万单一用户的 3.1 万多的推文发布量。

动画可以使用简单吸引人的方式讲述你的企业故事。动画像信息图一样，它是用极具冲击力的复杂数据进行交流的一种非常有效的方式，它交流起来简单易懂，是可以用来讲述你的故事的一种可供选择的方法。甚至谷歌也青睐视频动画，内容强大、丰富、原创的视频很可能在谷歌的排名靠前。

有许多类型的动画可供探索，许多也可以用来作为你的内容营销的部分内容——你可以把企业故事制作成动画，使用这种格式制作讲解员视频和教学视频、产品示范视频、白板插图视频或者解释清楚某个大思路的视频。

你没有必要为你的企业做好莱坞式的预算。聘请一位当地专业的动画设计师，或者浏览一下网上的众多工具，从而来帮助你创建价廉物美的动画——Powtoons、Wideo、Go! Animate 和 VideoScribe 等。动画制作是你内容工具箱里值得骄傲的地方，现在的动画制作越来越容易。

神奇的网络研讨会

网络研讨会是另一个不需要书写的内容载体，企业可以利用它与客户联系，全方位地解释自己的价值服务。一次成功的网络研讨会可以产生 leads，提升你的声望，还是极佳的价值内容素材来源！

网络研讨会就是在网络上进行的研讨会。这是一个与大范围人群建立联系并传播知识的很好的机会。它不需要花费昂贵的成本来租用场地，甚至连桌椅都不用准备，但却能联通整个世界。

网络研讨会赋予你与线下活动一些相同的益处——在同一时间与不同地点的很多人一起开展讨论的感觉（虽然更低调）。网络研讨会还有这样的优势，它可以事后被记录和打包成内容。它对你的内容图书馆是一次很好的补充。

有许多网络研讨会和网络会议平台和服务可供选择，它们有一系列的功能，网络平台包括 Go ToWebinars、AnyMeeting、Fuze 和 Adobe Connect。在选择其中一种之前你要仔细考虑一下你的长期目标。有多少活动？多少参加者？在客户化和品牌定制方面你需要多大的灵活性？是你们自己的人发言还是邀请嘉宾？你的观众期待何时以何种方式收到内容？建立一份问题列表，帮助你选择正确的平台一帆风顺地主持你的网络会议。

关于网络研讨会的有价值的提示

◎认真准备。在正式开始前要认真准备资料，确保所有要点全部包含在内同时还要对会议应用的软件进行测试。

◎进行测试。请家人或朋友帮忙对整个流程进行测试，让你熟悉过程中的每一个步骤。

◎进行必要的提醒。提前发布包括日期在内的一切信息。很多人会直到最后一刻才进行注册，还可能丢失注册的详细信息，这种差错是很容易出现的，要做好准备。

◎请提前到场。至少提前 15 分钟到达现场，以便于测试音响和致欢迎词。开始后再正式播放幻灯。

◎ 不要忘记打招呼！对人友好，做自我介绍，说明一下为什么你有资格谈论这个话题。

◎ 安定观众。不要直接进入你的第一要点，先让观众感到舒服自在。

◎ 录制内容。充分利用网络研讨会，将其录制下来供网站或博客使用。你的努力一定会获得回报！

◎ 牢记价值。提供高价值信息，不要过度推销（如果你正在销售某物）。

◎ 总结。网络研讨会是一种极好的与人们建立新关系的方式。

信息图的作用

把信息绘制成图而不是单纯的文字或数字，可以在有限的空间内传递更多的信息。视觉信息总比口头的说明更吸引人，相信会有更多人关注你的信息图。

如果你需要让人们理解一个非常复杂的理念，会用到许多图形或步骤，那么最好不要依赖单纯的文字和数字，还是跟专业的美术设计师谈谈，必要时可委托他们制作一些出色的视觉作品。写给设计师的简介中应该包括，"请把它做得通俗易懂……我希望人们马上就能明白我们在做什么……我想让网站看上去很时髦，并为它增添一点价值。"

信息图已经成为最流行的在线内容，许多社交媒体网站都在分享此类信息。你可以使用不同风格的信息图来阐述你的观点——从传统的资料库驱动的信息图到简单有趣的信息图，像我们的内容之蛇和梯子（见253页）。

商务播客

我是一个超级播客粉丝。毫不夸张地说，比起我听音乐和看电视来说，我花了更多的时间来听播客。如果我在跑步，或是在健身

房锻炼，或者开车，我也许同时也在听播客。

——克里斯·巴特勒

令人厌烦的通勤时间、长时间的火车旅行、沉闷的用餐时间都是人们使用智能手机进行娱乐、研究及沟通的好时机。习惯用耳朵来学习的人喜欢收听内容，因此你的播客节目可能会大受欢迎，当然前提是它们真的有价值。好的播客有助于潜在客户知道你所知、所想——进而他们很容易做出想要聘请你的决定。

务必要删除销售信息，视频或音频节目对于这方面的要求尤其严格。如果你正在制作希望让人们的空闲时间更有价值的内容，那么一定要做得既有意义又兼顾美观和娱乐。那种直白的销售信息如果不删除，人们会直接换台。

用户不需要下载文档或者阅读冗长的文字就可以获得准确的信息，从这一点上说播客是非常了不起的。播客的制作也很简单，只需要一台电脑、一只麦克风、能连接上网就可以了。

客户只要有MP3，或一台有音频功能的电脑就能听到你的播客，因此你今天制作的内容明天就可以在世界范围内发布。

三种基础播客风格：

◎采访。倾听真实的对话而不是阅读记录的文字可以让你的思想变得更鲜活。与客户或同事讨论一个你认为营销对象可能会感兴趣的话题，录制下来就是一个很好的播客。如果你是采访者，请把谈话控制在一定范围内。你要挑听众喜欢的问题去问，把谈话内容逐步引导到选定的主题上。

◎小技巧。并不是所有的博客思路都可以制作成播客。价值内容网站坚信有五种方法可以制作播客，有十种方法可以把博客转化为播客。作为网页媒体它们有相同的作用原理——传播迅速、对接收者有益、能满足人们对信息的需求，同时还拓宽了你的传播范围，除了阅读之外人们还可以用听来学习。

◎入门指导。传播人们确实想了解的内容就是极有价值的。怎样跟孩子谈离婚的事情；怎样通过计划申请；怎样准备你的第一次马拉松。无论你从事的是哪个行业，总会有一些有益的资料可以录制下来与听众分享。

让在线游戏成为销售工具

娱乐是人们使用网页的重要原因之一，因此聪明的企业都会创建一些带有品牌烙印的娱乐内容以保持企业名称在大众面前出现的频率。那些为个人提供技术产品的企业在这方面尤为擅长。惠普（Hewlett Packard）就是其中的典范之一。为惠普设计制作在线游戏的戴维·纳特利（David Nutley）解释了其中的原因。

> 对于企业来说，比起那些狂轰滥炸的销售信息，游戏很好地展现了企业人性化的一面。我们制作了一个既有趣味又有高度竞争性的游戏——排行榜的出现极大地激发了人们的兴趣——为了获得优秀的成绩，他们会主动邀请目标人物加入其中。此刻，人们真正感到享受。他们每天登陆，更新自己的成绩，打游戏以获得额外的积分。对于部分客户来说，在线游戏的效果要远远好于直白的广告。对于平面广告而言，你不会知道是否有人阅读了你的广告。但是在线游戏不一样，你知道X先生上周登录了6次游戏，绝对可以把他当作你的目标。

——戴维·纳特利

移动应用程序

现在人们对手机的喜爱急剧上升，移动应用程序也如雨后春笋般应运而生。你想了解天气情况吗？你想找巴塞罗那周边的道路吗？想把你的电子邮件翻译成波兰语吗？现在就有一个程序能够满足你的要求，而且还提供50余万条其他信息、娱乐节目及有用的内容。商家正在加紧开发程序，创建应用程序将它们的品牌直接送到客户眼前。你的企业也有移动应用程序吗？

卡尔维厄姆（Calvium），是App Furnace的制作者，他强调，成功的应用程序应遵循下列特点。

◎只为一个中心主题服务。这点与网站不同，人们喜欢不断浏览网站，探索其中的奥妙，而应用程序的用户只想在尽可能少的步骤内达成他们的目标。

◎只提供一些线性的导航，从上到下，就像书页一样。

◎融合各种技术，如GPS、摄像、QR代码等，这些让应用程序具有更强的互动性。

◎属于触摸式操作。人们可以用长按、拍击、划击、放置、振摇等方式来操作。最优秀的操作界面可以提升人们使用时的感觉，让他们更容易上手。

◎专门针对手指（或拇指）的特征而设计，更容易使用。

一个好的程序应该兼具多种特性：能真正满足一种需求、设计良好、容易上手、有较高的应用价值。

用移动应用程序帮助你的客户是价值内容的另一种体验形式。现在越来越多的人开始使用手机享受以前只有笔记本电脑才能提供的服务，就你要发布的内容提供一种专为手机服务的版本势在必行。这是在合适的时机、恰当的地方出现的为你的客户服务的一种方式。

多种方式相结合

谈起深度内容，在格式上没有一成不变的规则。不要把自己限制在书面文字中。让自己的创意驰骋，思路自会随之而来。除了本章提到的建议你可以把海报、卡通片或者小测验结合到一起，或者把宣言、地图或者杂志也结合进来。

除了我们在这里强调的，还有无限多的方式可以成为你要传递价值内容的载体。借鉴一下能给予你灵感的东西——书籍、影片、音乐——利用它们点燃你的激情来制作价值内容，你的观众一定会喜爱这样的内容。

具体的实施方法

◎ 研究一下你所在领域很受欢迎的视频、播客、网络研讨会和信息图。思考哪种方式最适合你的客户。

◎ 使用你的网络鉴别哪一家视频制作企业最值得合作。

◎ 用你的观众试水——他们最欣赏那种形式的内容？

第十章
扩大传播范围的方法：公共关系、访问博客、参加活动和付费广告

> 内容就像香槟，如果使用正确，你的公共关系会像刚打开的香槟一样一飞冲天。
>
> ——Hubspot

本章内容介绍

◎价值内容如何赢得公关机会。

◎让你的内容在业内领先的媒体上发布。

◎访问其他博客的规矩。

◎充分利用活动和发言的机会。

◎选择付费广告——有价值的方法。

如果你遵循了前几章给出的建议，那么就已经为你的营销事业打下了坚实的基础。所有的价值内容都可以证明你的专业能力，你分享的价值内容都是人们所渴求的，它们将为你带来更多的 leads。现在是时候真正拓展你的传播范围，把你的思路展现在新的和更大范围的读者面前，同时在选定的利基领域中一举奠定自己的权威地位。

本章将介绍如何使用公共关系、访问其他博客、参加活动和选择付费广告来充实你的内容以取得更大的成功。考虑一下，把它看作内容的巡游。

让你的内容在业内领先的媒体上发布的意义

如果你已经在自己的网站和博客上建立起了一个有相当容量的价值内容资料库，那么就有必要把它分享给更多的人。另外，要主动到其他声誉良好的网站、博客、期刊、出版物或讨论平台上寻找机遇，撰写和发布文章。主要的影响者和权威网站会有更大的影响力和比你多得多的粉丝。他们可以帮助你散播你的思路，把你推荐给从未听说过你的人。

搜索引擎也会给你带来一定的回报。把你的网站反向链接到流量大、有影响力的网站上可以建立起你在谷歌上的权威，并有助于你的排名。

> 集客式链接是从外部网站页面反向链接到你的网站上的一种链接。当这种链接作为一种编辑的选择，以价值为基础反向链接的，这也就成为关于你的网站的重要性对谷歌释放的积极信号之一。相关的、有质量的集客式链接可以影响你的网页排名（是排名计算程序中的因素之一）。有了有吸引力的内容或者能提供独特的服务，链接就会自然而然地出现在网站上。
>
> —— 麦丽·欧耶

大多数的发布和媒体——网页或是打印——都渴望获得优秀的内容。如果你的内容有相关性、质量足够好，你的文章很有可能会被他们发表。

在社交媒体上和经由博客（在你联系之前如果他们有博客的话）建立与发布团队或者记者的关系。

甚至当你为其他网站撰写内容时，所有价值规则都适用。撰写有帮助性的和鼓舞性的文章，不能以自我为中心。回答你了解的、在你的领域人们也会问的问题。如果你写一些毫不加掩饰的推销商品的言辞，你的这个定期的聚点也会稍纵即逝！

我们是质量胜于数量的坚定信奉者。向1000个文章目录中低级链接工厂不断地推送相同文章是一种推广网站的可操控技术，好在这些已失去了影响，这都得益于近来搜索引擎计算程序的改进。

> 诚实点说，我并不是一个文章营销的拥簇。通常只是重复发表，这些文章的网站类型并不是高质量的网站。

——马特·卡茨

价值内容赢得公关机会

定期以各种形式分享价值内容能吸引一定的关注。这不仅有助于你的企业实现愿景，还能让你在自己的领域中有一定的影响力。由此建立的关系将为你打开一扇新的大门，有更广阔的营销空间。

利基网页开发企业 Newfangled 就因为在网页上分享了很多价值内容而成为业内的大热门，经常受邀就行业领域内的问题在广泛的范围内发表演说或撰写文章：

> 网站上的内容是我们工作经验的真实记录，它们不仅能吸引多方的关注，还会帮助我们跟行业内有影响力的重要人物培养关系。这些关系为我们推开了一扇新的大门，开始从事更广泛的现场营销活动。比如，在重要的业内聚会上发言，发行专业期刊，通过业内的权威出版机构出版书籍，所有这些机会的出现都离不开网站和内容的推动。

——马克·奥布莱恩

Ascentor 一直致力于通过提供价值内容来提升声望，这让他们成为行业内的专家，最近又为他们带来了登录 BBC 的机会。

> 我们的新网站内容丰富，上线后仅仅几个月就得到了业内领先企业的认可，他们在自己的网站上张贴我们的文章。这对我们来说

是极大的成功。我们的支持者名单在不断壮大，每天都会有数千名读者。这为我们带来更高的曝光率，提升了我们的商誉，拓宽了我们的传播范围。几个月后，很幸运我们的一篇关于信息安全的文章被 BBC 的网站转载了。这些机遇完全来源于我们分享的价值内容的权威性，结果自然是业务上门了。

——戴夫·詹姆斯

无论这个机会来自于网络、文字、电视还是收音机，这种免费的宣传都是无价的。这是一种极为廉价的方式，但却可以让你的信息传播得更远、更广，远胜于你个人的力量。这也能帮助公众了解、尊重你的工作，同时对你的产品或服务产生兴趣。

有价值的提示

被人惦记是开心的事情，每个新机会都是在检验你是否找对了平台。撰写内容花费的精力要看你如何利用时间。这个机遇是否满足你的企业目标？是否到了你想吸引的人的手里？明智而审慎地利用你的时间，也要评估一下结果。

客座博客的礼节

客座博客是一个经常被忽略的令人不可思议的机遇。当然，你不应该完全放弃在自己博客上定期集中制作价值内容。如果你把客座博客（也称博主联盟）作为你营销策略的一部分，那么就可以扩大你的接触范围、树立你的网站的搜索引擎权威、提升你和你的品牌的整体意识。

把你的文章发布在另一个相关的博客可以建立信任，表明你得到了同行的尊敬——没有人会去和一个自己不喜欢的人分享他的博客空间。如果你经由社交网络分享一流的内容和建立起关系，你不妨让其他的博主发现你，请求你为他们的读者撰写客座博文。

客座博客帮助不相关的广告文字撰稿人亨内克·杜斯特马特建立起她的企业。

我开始客座博客时是想为我自己的博客创建一份邮件列表。但是我很快发现客座博客也是一种产生业务咨询的极好方式。

如何使客座博客成功：

◎ 考虑一下谁是你的目标观众——他们在读哪些博客？

◎ 研究博客上受欢迎的博文，阅读评论去更好地了解观众。

◎ 在你发送推销邮件前，在社交媒体上或者在评论区与编辑进行交流。

◎ 在你推销之前花点时间想出吸引人的标题，因为这也会激起编辑的好奇心。

◎ 在你发出的推销邮件中要包括一个原因，为什么你的博文会受到读者的欢迎？你可以指出一篇可堪比的，有相当数量推文或者评论的博文。编辑们喜欢知晓你已经做了功课。

◎ 发布博文之后要跟踪关注——帮助分享你的客座博文，对评论做出回复，看看是否你会和编辑一样赞同另一篇博文。

一些人们认为客座博客仅仅就是为你的搜索引擎优化建立链接的一种方法。但是客座博客的意义不仅限于此。它是一种把你的博客和业务营销到更广泛的观众中的一种方式，它是与你的读者、博主和编辑建立关系的一次机遇。对我来说，发博客、客座博客和电邮营销已经成为了我的网上营销的基础。

如何向有影响力的人献殷勤

我们得到了上百个向价值内容博客提供客座博文的搭讪方法，但我们一个都没有接受。我们的网站确实以客座博文为特色，但是博文都来自那些与我们建立了稳固关系的人，我们认同他们的观点，我们知道我们的读者会喜欢那些能让他们学到东西的博文。

所以如果你考虑接近一个有影响力的网站、记者或者博主，要知道你必须去做那份工作。这里有礼节需要遵守，有赢取大人物关注的正确方式和错误方法。真的与任何关系别无二致。

在你强行挤入和推销前，首先要缓慢地致力于建立关系。甚至在考虑探讨前要在社交网站上进行联系、分享你的内容、在它们的内容上留下聪明的评论。主动提出为他们做些有价值的事情，例如在你的网站上回顾一下他们写的书和最新的研究。这种献殷勤的方式可以使你前途无量。或者让他们就某一话题做专家性的评论，在你的网站上进行特写，反向链接到他们的博客上。

理想情况下，你可以让你们的关系和尊重牢固到让他们求你在他们的网站上担当主角。如果你想更先行一步，那么顾及下面一些禁忌很必要。

◎不要向多个网站地毯式轰炸同一信息。

◎不要强行推销或乞求推销。

◎不要在你撰写的文章里推广自己的服务。

◎当你进行探讨时不要拼错或糟糕地漏掉他们的名字！

如何找到合适的网站和博客

要知道找到你的网站要用什么样的关键词和词语，就得搜索和查看网上哪些网站和博客出现频率高。那些是你想接触到的那类有影响力者。更深一步的挖掘可通过询问你的客户或者读者：他们喜欢访问哪些网站和博客？是否认同和重视这些网站上的观点和内容？如果这个网站有一定影响力并受到你的客广的尊敬，那么这标志着这是一个客座的好去处。

作为内容营销的活动

内容营销是通过分享有价值的观点来启发和鼓舞观众的一种方式,所以我们就某一活动做演讲时会做强有力的推销,把这作为一种内容营销的方式。演讲是一种让别人理解你的故事的方法,而且是非常有力的方法。

演讲可以给你提供把你的观点展现给可接受的观众的机会。在舞台上进行展示是极少数你可以获得全神贯注关注的地方之一。当今能全神贯注关注一件事是非常奢侈的一件事(手机分散了好多注意力),因此,演讲既能给演讲者也能给观众一个真正建立联系的机会。

在近来的一次资深企业的调查中,Hinge 营销发现,面对面活动在能感知到的营销有效性方面居于图表榜首(85% 认为他们是有效的),但是只有不到 2/3 的资深公司采用,这个差距展示出了一个真正的业务机会。

一次好的演讲会可以证明你的信誉度,发起新的联系和关系,更快地产生 leads。它必定会以这种方式为你发挥作用。

充分利用演讲的机会

广泛传播你的价值内容,提升你在你的领域作为专家的形象可以自然得到演讲的机会,或者如果你想积极追求演讲的参与度,把它作为一种拓展你的网络的一种方式,它会给你信用。

我们记得很清楚,当我们第一次被请求就某一活动进行演讲时,我们担心得在演讲前甚至连午餐都不敢碰。你的第一次演讲者机会可能令你感到恐惧,但是真的没有必要惊慌。你不必是一位能作出价值演讲的资深演讲者。在友好的观众前从小处开始,然后从那里努力一步步地上升。了解了这一点,在你曾经梦寐以求的会议上进行演讲你就会自信满满。

完美展现的技巧

◎ 记住，不是让你讲述自己的一切，而是要了解你的听众，讨论一下如何解决他们所面临的挑战。

◎ 明确演说的目的，围绕该目的有明确的核心信息。

◎ 如果你的演讲充满激情、内容引人入胜，听众也会着迷，可以就该主题进行深入讨论。

◎ 如果你想互动就多讲讲故事。除非正在录制 Dragon's Den，否则请不要推广自己的服务。

◎ 挖掘一下带有序列项目的幻灯片。幻灯片在分享图片、图表，也许是援引方面表现出色，但是绝不要宣读你的幻灯片。

◎ 用一种具有创意性的、丰富多彩的、有趣的方式阐述你的要点。一个简短的视频经常会效果不错。

◎ 考虑把它作为与你的听众进行的一次对话，而不是讲座。

◎ 做好充分的准备，不要应付，要练习、练习、再练习。录制或拍摄你的排练过程。

◎ 请专业人士为你录制演讲视频然后放到网站上。这是真正的价值内容。分享你的笔记和讲演提纲。

复习一下第三章提到的价值原则，看看有多少要点与本章相呼应。无论是讲演、撰文、远程，还是面对面的交流，真正有价值的沟通能够深深地打动对方。

选择付费广告

谈到发布你的内容和把流量带回你的网站时，现在比以往有更多付费数字广告的选择。这些包括谷歌关键字广告平台、点击付费和社交媒体上的赞助广告选择、联盟营销、再营销、原生广告——这样的例子有很多。许多企业利用这些选择，不是发布他们的产品和服务，而是推广他们制作的价值内容。付费广告也是一种扩大你的内容传播范围的方式。

内容故事：LinkedIn 广告宣传给 Conscious Solutions 带来销售收益

Conscious Solutions 业务开发团队用 LinkedIn 的点击付费广告刊登了它的价值指南。大卫（David）仔细追踪了每项活动的结果来监控投资上的收益，从而获知什么最能发挥作用。Conscious 开展了持续三个月的 LinkedIn 广告活动，目标人群是 LinkedIn 资料上显示的就职于法律部门的人员。总花费是 3636 英镑。基于其他营销活动，Conscious 这次花费的目标投资回报率是 2.88 万英镑。这次活动推广了他们其中一本价值内容提示手册——1214 次点击产生了 104 次下载；50 次有效谈话产生了 12 次销售机会，带来的收益是 3.505 万英镑。无论以何种标准衡量这都是一次成功的活动。当然价值内容在其中起了关键作用。

这种付费途径必然能延伸你的触及范围，但是忽略了客户体验。你知道这类广告总是骚扰你，你的客户也会有相同的感觉。尊敬你的客户吧——他们和你一样忙、愤世嫉俗和被过度推销。正确的广告应该是——娱乐性的、有用的或有情感表现的——向全新的客户开放你的内容。错误的广告方式长期来看会弄巧成拙，丧失人们对你的企业的信任。

例如，原生广告宣传面临着强烈抵制。对企业来说，它们被看作是对传统广告不予理睬的人们面前获取信息的一种方式，你付了一定的宣传费在他们的网站或者线下发布你的内容。原生内容设置在网站上所有其他内容的信息流中，看起来感觉不易从其他内容中察觉。经常只是含沙射影地提到这是一则广告的事实。许多读者不知道这是付费广告宣传，更别提会是在广告宣传中赢得一席之地的价值内容。

原生广告宣传迷们争论说，如果质量足够好，提供了读者所需的信息，那么这就是公平游戏。人们想要的是信息，他们根本不关心这条信息来自哪里。问题出在哪儿呢？然而，这就是需要梳理的原生广告宣传的欺骗性质量。如果你把你的广告伪装成独立撰写的社评诱骗人们阅读，他们是不会感谢你的。诚实才是上策。

出现了一些非常有趣的新的付费广告选择，像 Vidlinkr——一个非常聪明的视频广告宣传方法，它带头做了一种新型的具有相关性、有用性和独立的广告宣传工具。广告可以是有用的。如果一条内容提示你想要购买东西，直接指出你能够买的地方这才是有帮助的。价值广告宣传——这就是广告的未来。

具体的实施方法

◎ 研究你喜欢发表客座博客的网站。注册订阅源，然后链接到推特。

◎ 哪个博主会给你的客户提供价值？请他们为你做客座文章。

◎ 如果你在钻研有强有力信息的深度内容，睁大眼睛寻找你能传出消息的演讲机会。

◎ 注册报名参加一些演讲，观察演讲者者如何吸引（失去）你的注意力。真正吸引观众的是什么？从这些优秀选手那获取演讲才华的灵感。观看一些TED 演讲。

◎ 考虑一下付费广告选择，但要小心谨慎地扩大你的客户接触范围。

第三部分

如何用价值内容提升你的业务

谈到用价值内容营销为你的企业发挥作用时你可以选择方法。一种选择是采纳我们在第二部分列出范围内的内容创建和发布工具和技巧等。开始创建博客、在社交媒体上进行互动、创建每月电邮通讯期刊、优化搜索引擎、撰写有深度的存量内容、多样化不同格式和使用智能公共关系拓宽你的内容。这些是当今每个企业营销他们的业务时必须落实的基础条件。

本书第三部分写给那些做好准备认真对待他们内容的人——想利用价值内容方法为他们的企业驱动产生真正的竞争优势的人。如果你下定决心让你的企业与众不同，请详细阅读此部分。

最后部分会给你展示，对于你正在创建的内容和你需要落实到位使其发挥作用并继续进行下去的程序和技能，如何进行策略性思考。如果你是内容营销的新手，那么这种研究引导的方法会把你快速定位为这个领域的思路领导者。如果你的企业已经采用内容营销，但是想得到更好的收益，那么这个策略方法也是一次认真思考、弄清如何使其更好发挥作用的机会。

你可以用价值内容营销方法提升你的业务，本书最后部分会给你展示如何去做。在这个越来越多企业参加到内容行动的世界中，你需要掌握的这个部分可以帮助你真正地脱颖而出。这个部分的建议会有助于你不断创建和分享真正有价值的内容——人们青睐的营销类型。

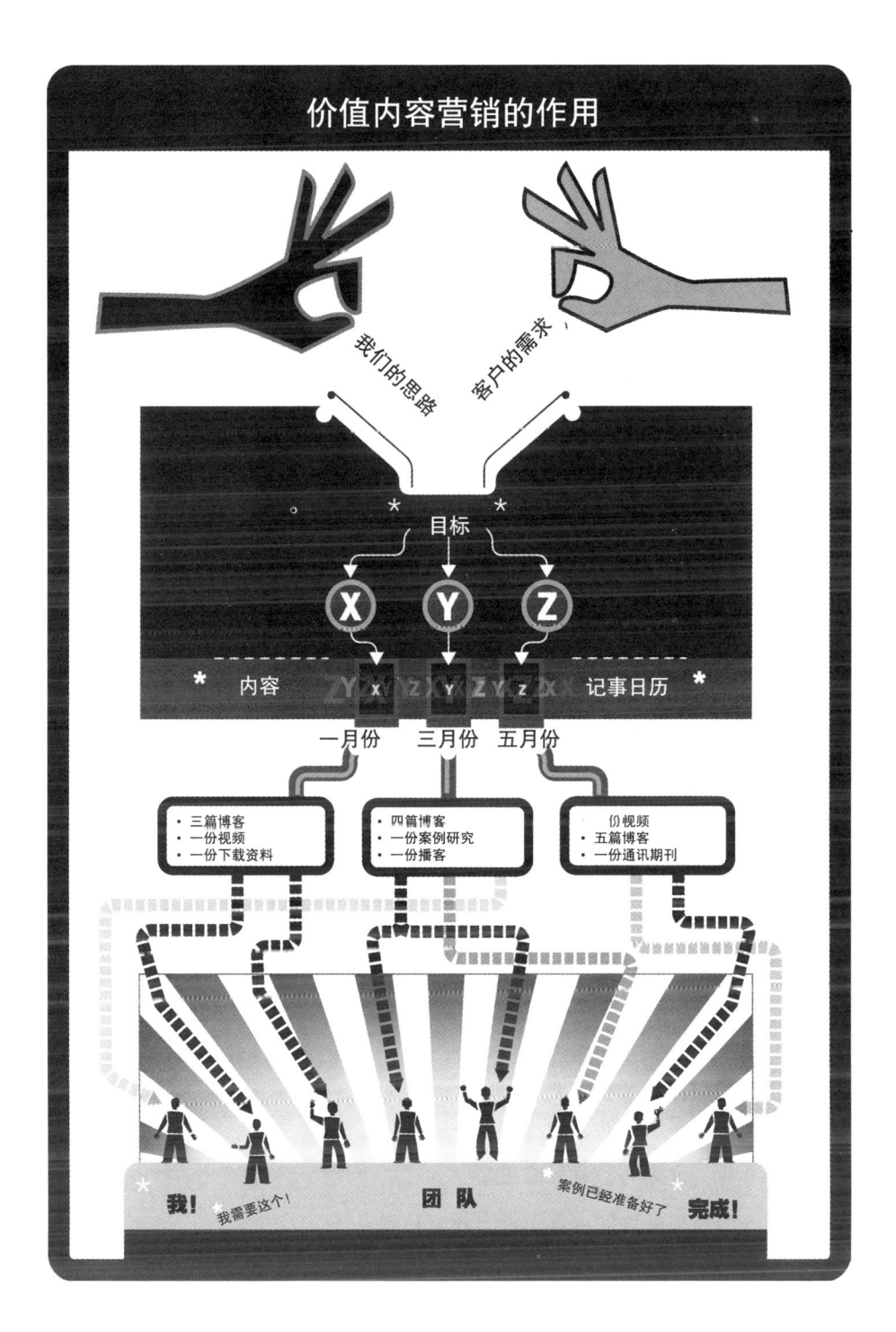

第三部分·
如何用价值内容提升你的业务

价值内容营销的作用

我们的思路　客户的需求

目标

X　Y　Z

* 内容　ZY x YZ Y ZYz XX　记事日历 *

一月份　三月份　五月份

- 三篇博客
- 一份视频
- 一份下载资料

- 四篇博客
- 一份案例研究
- 一份播客

- 份视频
- 五篇博客
- 一份通讯期刊

* 我！我需要这个！　　团队　　* 案例已经准备好了　完成！

第十一章
价值内容策略

> 一盎司的策略远胜于一磅的战术。
>
> ——安迪·克莱斯特蒂娜

对于那些开始使用价值方法的人来说，本章是制定周密内容策略的一个指南；对于那些为了取得更大成功对它们的内容努力提出更高要求的人而言，是一剂策略性的醒神补品。

当谈到内容营销时，这个过程有助于你抓住最重要的问题——什么是合适的为你和你的客户创建的价值内容？这个可供参考的10步骤方法有助于你把一切弄清楚。

本章内容介绍

创建价值内容策略的十个具体步骤。

◎第1步：明确你的目标。

◎第2步：了解你的企业。

◎第3步：了解你的客户。

◎第4步：发现内容背后的故事。

◎第5步：抓取你的内容中最有效点和观点。

◎第 6 步：设定你的内容承诺和规划。

◎第 7 步：选择平台和工具。

◎第 8 步：组织内容使其发挥作用。

◎第 9 步：为了成功而评估。

◎第 10 步：弄清你的位置并做出改变计划。

你的价值内容策略经过长期地不断发展和提炼，会成为与你同呼吸共命运的文件。我们会引领你走过你需要考虑的所有因素——但是这个过程不必是从 A 到 B 的直接路径。重返一下你需要经过的每一步骤，在前进中不断精炼。先期明确一切——然后开始着手。当你开始撰写和创建内容时你会更加明确清晰地掌控全局。

创建和记载你的价值内容策略

没有策略，内容就只是一堆文字，这个世界有太多的文字。

——阿荣·巴苏

什么是内容策略？内容策略就是一种方法，通过这种方法你可以使你的网站和内容为你的企业发挥作用。它迫使你对所有重大问题作出决策——为什么、什么、何时、何地和怎么做。它有助于你集中你所有的内容活动围绕明确的目标展开。

简言之，它是一种以研究为基础的思维过程，确保你的内容既对你有价值（发布在你的企业目标上），也对你的读者有价值（回答他们的问题），即双赢。

一个有效的内容策略以目的开始，以结果结束——在你的网站上和其他别的地方利用内容实现从 A 到 B 的过程和规划。

策略方法的益处

◎你会很清楚地了解要获得什么。这会有助于你在工作时有很多人在背后支持你。

◎在你的内容中总是有讨论的东西。

◎你会为你接下来几个月需要创建的博客、视频、指南创建一个规划，并为谁来负责创建它们做一个规划。

◎你会理解你的客户，明确与他们进行互动的最佳地方，你的同事会知道他们应该在推特、Google+ 或者 Instagram 上做什么，使社交媒体发布成为一个有目的性的、可管理的活动。

◎当你规划内容时会有一个基本的推荐点，你会知道同意哪些观点和拒绝哪些观点。

写下来的重要性

研究显示，标记你的策略会产生重大的影响。2014 年底，由内容营销机构做的一项研究发现，35% 的 B2B 营销者有合适的记载过的内容策略。这一数据意味着绝大多数的营销者进行的是没有指南针的航行。他们也发现，那些花时间详细记载他们内容营销策略的人比那些没有做这项工作的人要更加有效。

在那些有记载策略的人中，60% 认为他们的机构是有效的。相比较而言，只有 32% 的有口头策略的人说他们的机构有效，7% 的人根本没有策略。更进一步说，62% 的有效营销者说他们非常密切地关注策略。

教训很明确——如果你想在内容营销上更加有效，花些时间记载你的策略并密切关注。

在你开始落笔之前，要认识到你的内容策略不能以话题开始——开始时要进行思考和研究。实际上就像你会看到的，为内容想出思路仅仅是内容策略当中很小的一部分。

花点时间做些功课。当你完成本章价值内容营销策略的 10 个步骤时，可在网上找到价值内容策略工作簿指南记载你的决策。

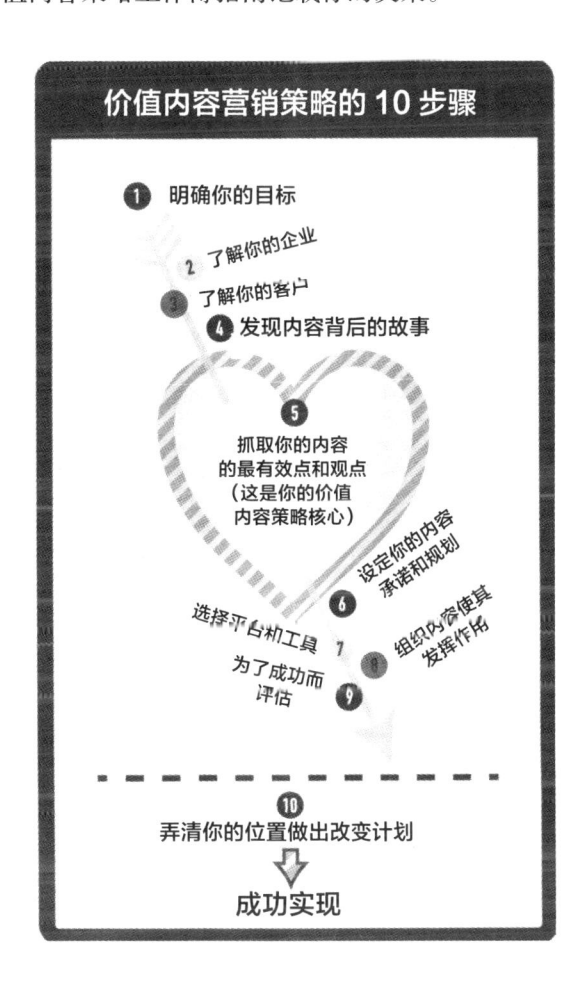

价值内容营销策略的 10 步骤

1. 明确你的目标
2. 了解你的企业
3. 了解你的客户
4. 发现内容背后的故事
5. 抓取你的内容的最有效点和观点（这是你的价值内容策略核心）
6. 设定你的内容承诺和规划
7. 选择平台和工具
8. 组织内容使其发挥作用
9. 为了成功而评估
10. 弄清你的位置做出改变计划

成功实现

第 1 步：明确你的目标

需要考虑的问题：

◎你的志向是什么？接下来 1～3 年你的企业目标是什么？

◎为什么价值内容可以营销？驱动力是什么？想要改变的压力是什么？用这种方法你想尽力获取的是什么？

◎如果你什么都不做会怎么样？

◎作为一个企业，与其他你正在做的事情相比这个有多重要？

◎为你的内容营销设定的目标和目的是什么？

随着发生的一些变化，第一步是要知道你在尽力获取什么和为什么。简·诺斯科特，《开启变革》一书的作者，这样评论道："变化使事情变得不同。一定是一个'从'和一个'到'。"那么营销价值内容的方式会对你的企业造成什么影响？

对于许多人来说，转变到用这种方式营销是他们的业务的一次大变革。如果你想开启这次变革，前期花些时间弄清楚你的目标是极其重要的。

明确你想要产生重大影响的业务领域。是否它：

◎要建立更伟大的企业愿景——所以更多的人找到你。

◎去驱使产生更多的兴趣和进行互动——所以更多的人与你建立联系。

◎把兴趣转变为行动——所以更多的人联系你。

◎提高销售 leads 的质量——更多正确的人联系你。

◎加速销售循环——更多的销售额，销售的速度更快。

◎使现在的客户满意——为争取更快乐，更忠实的客户。

◎驱动产生更多的推荐意见——更多暖人心的 leads 和更容易的销售。

◎使招募过程更容易——更多合适的员工。

◎降低每一个 leads 的成本——增加营销效率。

◎建立更好的企业——为了更快乐、更充实的生活。

你的关注点越明确，你的内容营销努力会更具有目标性，会更容易彻底地追踪和进一步评估你的成功。

设定"智能"目标（具体的、可测量的、可获得的、现实的、及时的）。例如，如果你的整体目标是增长40%，为了达到这个目标你要萌生出更多的集客式 leads，然后设定一个目标对象，如：每年再多吸引五个价值收益（英镑计）均达6位数的客户。在第9步我们会看一些简单的、有效的评估方法和工具，帮助你统计出朝这些目标努力的过程。

有价值的提示

这就是内容策略和业务策略的汇聚之处。如果作为一个企业不能明确你的目标和目的，我们会建议你找一位优秀的业务顾问或咨询师讨论一下处理这个问题。

第2步：了解你的企业

考虑的问题和实施方法：
◎ 你想要关注销售什么？
◎ 向谁销售？你的利基市场在哪儿？谁是你的理想客户？
◎ 为什么他们从你这购买？什么使你的企业与众不同？
◎ 你想用什么来扬名？
◎ 你在什么地域进行服务？
◎ 你的竞争对手们在做什么？他们创建了什么内容？

从一开始了解得越清楚，作为一个企业，你是谁，你销售什么，你想用什么来扬名，你创建的价值内容越会更好地为你发挥作用。

价值内容可以在你的客户需求和企业专门技术的交集中窥见一斑。你的策略中最大一部分就是要发现这个内容的最有效点。

什么是价值内容？

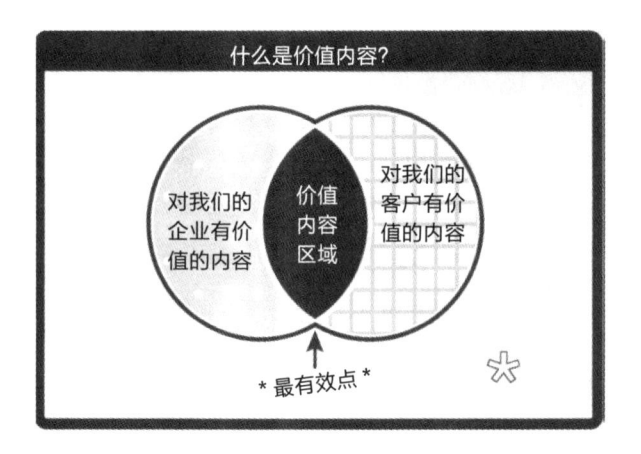

对我们的企业有价值的内容 / 价值内容区域 / 对我们的客户有价值的内容

最有效点

如果你错失"了解你的企业"这个步骤，就会有这样的危险，你是创建了满足你的客户需求的内容，但是永远不会为你赢取任何业务。你的内容不应该是储存万事万物的图书馆。它必须明确地关注你能解决的困难。

所以在你钻研客户需求之前，花点时间密切关注你的企业内部，这有助于你在你的专业知识领域牢牢定位你的内容。写下答案。

第3步：了解你的客户

考虑的问题和实施方法：

◎ 谁是你的理想客户？

◎ 他们纠结的问题是什么？为什么他们需要你？关于你的产品或者服务他们看重的是什么？他们想要知道什么？

◎ 你的客户在他们购物进程中每一步问了什么样的问题？

◎ 每一步骤回答他们的问题和解决他们的困难时你能提供什么内容？

了解我们客户越多，我们越能写出他们可能读或有回应的内容。

——克里斯·巴特勒

你已经了解了你的企业内部，现在是时候向外看看了。决定用你的内容来谈论什么，要先了解你在和谁谈话，他们关心什么，他们看中的是什么。当然，你会了解关于客户的信息，但是创建真正能合他们口味的内容需要进一步的深入了解。

下面是我们在这一过程中强调的两个阶段——真正的研究和创意性的档案练习。

做些真正的研究

走出办公室直接问你的客户；打电话给他们；花点时间采访他们，发现他们的真正需求。他们的回答总会惊到你。

> 站在客户的角度好好考虑一下，帮助他们决定他们会在什么种类上的内容发现价值。不要只是一味地编造。要问他们，他们喜欢什么样的信息？
>
> ——希瑟·汤森德

你从工具中，例如：一次网上调查，得来的数据非常有用，但它只能帮你这么多。你需要真正了解的东西还有很多。

研究过程：

◎挑选一个理想客户样本——你的最佳客户或者联系人；你最喜欢与之合作的人，再次向他进行推销或者由他进行引荐。

◎确保客户愿意帮助你做这项研究（大部分人喜欢被提问——这显示了你看重他们和他们的意见。）

◎设计一列能帮助你更好理解他们的问题，尽可能深入了解更多的细节（一系列问题可参见资源区）。

◎给他们打电话，预订会议。

◎问开放性问题，然后让你的被采访者来说。仔细聆听，尽可能详细地记录他们的答案。

◎倾听他们描述他们世界的词语，他们的困难、他们的希望和他们的恐惧。逐字记录他们的答案：这是真正重要的——因为这些词语和短语你应该反映到你的内容中。

◎记住，也要对他们表示感谢。

研究问题的更多创意动力可参见本书 283 页上的价值资源区中的"了解你的客户的问卷调查"。

有价值的提示

尝试使用独立的第三方来进行这次研究——某个不是直接参与这个项目，但是理解你的企业的人或机构。一位有经验的研究者可以经常从采访中获得更多的内容，因为客户感觉到更愿意向第三方敞开心扉。

创建客户档案

谈起你的内容时你会做到的一个最有用的练习是，创建一个详细的、你想让你的内容为他服务的典型客户图片。在内容世界中，这些经常被称为"档案"——这是我们在这里会使用到的术语——但是你可以把他们认为是钢笔画、资料、头像，反正是你真正喜欢的。

档案就是你的理想客户的资料——这幅丰富的图片中包括他们的目标、困难、志向和需求。档案有助于你精确定位目标内容，以便你制作的内容正合客户的口味。还能在将来写作和创建内容时给你和你的团队提供关于对你的客户了解了多少的快速参考。

创建档案会怎样来提供帮助？

◎你会知道你在用你的内容和谁谈话？

◎你会更好地了解他们的困难和需求。

◎你会创建更好的内容——更加令人感同身受和与客户需求相一致的内容。

识别出你的目标市场上分享共同需求、利益和关注的几个有利的群组，在每一个群组里创建一个理想客户资料。毫无疑问，你会有不止一个档案，但是也不要创建太多。如果你想让这种练习可以充分发挥作用的话，4～5个已经足够多了。

不要害怕把一些人排除在这个方法之外。一定要有信心，你的真正的客户会喜欢你说的话。最好的内容是一个过滤器，而不是一块磁石。

> 对于我的数字化世界，我做出的最大改变是我停止了尽量去取悦每一个人，我开始服务于我乐于服务的非常具体的社区。
>
> ——克里斯·布罗根

为你的理想客户开发一个内容详尽的图片会有助于你为你的利基社区开发合适的内容。一个好的档案可捕捉到该客户的完整信息，不仅仅是这个人一天的7.5小时的信息。全面的个人档案会有助于你进行更直接的谈话，使人更深入地参与进来，所以要再三考虑。他们想要什么和需要什么？他们的焦虑和动机是什么？为什么他们选择你？他们需要知道什么？当选择你的企业或者产品时他们会有什么感觉？

> 基于购物者档案开展你的工作，可以防止你安稳地坐在舒适的办公室杜撰一些内容，这也是大多数营销无效的原因。
>
> ——戴维·米尔曼·斯科特

创意档案练习

创意档案是要把实地考察和创意结合在一起。和你的理想客户讨论一下是至关重要的，但是也要有创意授权的因素。

这就是那些获益于大型纸张、彩笔和大批便利贴的那些练习中的一个。它在满是有着良好心境的热心人士的屋内发挥效果最佳。如果你比一个个人乐队还要好看，一定要确保既要有导演也要有面对客户的人围坐在桌旁。腾出点地方来，买点饼干，制造点乐趣。

当创建每一个档案时脑中牢记一个真实的人——也许是一位你真正喜欢合作的客户，并想再次和他合作——回答下面的问题。

◎背景信息。他们是谁？男性或是女性？在哪一家企业？在哪个部门工作？他们的角色是什么？关于他们的受教育程度、教育背景你有什么了解？他们出生在哪儿？现在住在哪儿？

◎为什么他们是你的理想客户？他们想从你这儿购买什么？你想让他们采取什么行动？

◎他们的世界。影响他们行为的世界都发生了什么？如果他们为一家企业工作，那么重要的企业目标是什么？他们设定了什么样的目标？影响他们工作方式的部门发生了什么？关于这些压力他们感觉怎么样？

◎他们的内心。个人目标和志向真的很重要。他们想用生命获取什么？他们对未来的真正愿望是什么？是否他们想要得到提拔或者改变世界？思考短期和长期目标。

◎沟通喜好。他们去哪儿消遣？他们去哪儿搜索他们问题的答案？他们喜欢怎么交流——他们是否是数字土著或别的什么？

◎他们脑中的五大首要问题。你能帮助解决的他们费力应对的最大困难是什么？

档案的用途

利用这个新获取的知识，思考一下帮助你准确定位你的故事、你的内容最有效点和观点（参见第 4 步和第 5 步）。

当你规划、撰写或创建任何其他内容形式时，一定在你的手边保留一份手写档案资料的记录，这样你才能知道是否切中要害。

一些企业比这做得更进一步。像一些厚脸皮的电邮营销巨头 Mailchimp 创建了他们的档案海报，确保团队成员确切知道他们为而谁写（或设计）。

如果你也这么做的话，也会有帮助。头脑中有清晰的目标对你的内容质量会有巨大的影响。

利用档案为你的内容萌生前期思路

你客户的问题 = 你的价值内容。那么他们问了什么问题？在这个过程中，你能给他们提供什么样的内容帮助他们？

你的内容目的就是建立和加强解决客户问题过程中每一步骤的关系，激发那些重要的销售。下表帮助你进行内容规划，弄清楚购物进程中你的档案群主有什么问题，在每一步骤他们会真正喜欢什么样的内容。

你的档案	研究时遇到的问题	评估时遇到的问题	成为客户时遇到的问题
档案 1			
档案 2			
档案 3			
档案 4			
每一步你可以为价值内容提供的思路			

关注一下你的客户在这里遇到的困难。利用一下你从事的研究问问你自己——什么是你客户真正渴求的答案。

有价值的提示

当你创建你的策略时，应保留一份你能想到的内容滚动列表。当你进行到详细内容规划阶段时会很有用。

第4步：发现内容背后的故事

考虑的问题和实施方法：

◎你的企业为什么存在？

◎你的使命是什么？

◎你能否用6个词或更少的字进行沟通？

◎你能否用主题标签进行沟通？

◎你相信什么？把这写在宣言里。

像我们在第三章中提到的，所有能交流一个强大故事的最有价值内容——不仅仅是你的企业在做什么或者怎么做到的这样的故事，而是为什么这个企业存在？它在世界上存在的目的是什么？

> 人们不一定会购买你做的，但是他们会购买为什么你做这一切的原因。
>
> ——西蒙·斯涅克

西蒙·斯涅克曾经清楚地描述了以"为什么"开始的重要性了。在他的"黄金圈法则"TED演讲中（被列为迄今为止第三大受欢迎的TED演讲），西蒙明智地解释道：

> 这个星球上的每家企业都知道他们做什么，即他们销售的产品或者他们提供的服务。
>
> 一些机构知道他们怎么做。这些是使他们特别的东西或者使他们区别于他们的竞争对手与众不同的东西。
>
> 只有为数不多的机构知道为什么他们要做的原因。这个为什么

不是关乎赚钱，它是关乎目的、事业或者信念——你的机构存在的原因，绝非仅仅是为了金钱目标。

——西蒙·斯涅克

如果你想真正用你的内容策略激起信任，那么你对企业的"为什么做"一定要与"做什么"和"怎么做"一样明确。故事解释了为什么。故事有助于人们快速地理解，速度是我们数字化世界的精髓。讲述为什么你做你所做的一切的故事，人们会记住你。这才是如何脱颖而出的方法。

有价值的提示

在大型企业里这就是内容策略和品牌策略重叠的地方。牢牢记住，内容关注有助于开展的品牌活动。

思考一下本书中所提到的内容英雄：

◎牛仔制造商惠特·单宁用"做好一件事"的广告词引领质量承诺。

◎ IBM 用"智能星球"这个鼓舞人心的远大目的来进行沟通。

◎冲浪用品企业芬尼斯特雷，用他们"冷水冲浪"概念标新立异。

◎在内容营销这里，我们的使命是帮助指导我们的内容决策——帮助像你们一样优秀的企业创建"人们青睐的营销"。

所有这些企业运用了能回答"为什么"的吸引人的广告词来引领企业。他们的内容就是把你的故事拿出来的载体。找出能支撑你的内容的信息和故事是你的策略中最关键的部分，这些是你营销核心王冠上的宝石，会给你提供内容真正的目的。

带有真实的和鼓舞人心的目的的沟通至关重要，它有助于你建立信任，赢得更多的业务，它会使你的公司与众不同，激发支持和分享——使每个人获取支持的故事。

像 IT 公司 Desynit 的营销经理艾米·格伦汉姆解释的那样，一旦大局把握正确，那么内容就会随之而来。

Desynit 是一家 IT 服务公司，他有与众不同的地方——我们不是谈论科技，我们讨论的是人类。这家企业得到了巨大的进展，18 个月前是我们替代过时网站和广告词的时候，我们没有采用传统的充满各种术语的方法，而是走了不同的路线。我们考虑的是我们的故事和核心信念方面的事。花时间研究了一下我们客户看重的事情和我们作为企业真正想要表达的东西，我们想到了"好的系统改变你的生活"作为我们的核心品牌广告词，它依托一系列客户为中心的价值，成为我们的好系统宣言。

无论我们在哪个平台上开展工作，故事和宣言一直会是真实的，并且所有的人都很明确。我们的内容驱动策略就是从这流动展开的。整个团队贡献出了博客、电子期刊、播客、信息图、社交媒体活动等。我们的好系统宣言简短有力的广告词在数字舞台之外也发挥了作用——在展览上、在 T 恤衫上、海报和更多舞台上。价值宣言一直支撑着这个方法。

结果真的是不可思议。自从 12 个月前发行电子期刊起，网站流量几乎翻了四倍，并且在一直增长。我们直接得到了来自网页上的越来越多的 leads。越来越多的人看到我们，认可我们，这对我们的销售结果产生了巨大的影响。推荐意见也带来了大量数量稳定的新客户的不断涌入。人们已经听说过我们，知道我们代表着什么。把我们的故事和人性价值放在我们营销的核心地位，已经成为把伟大的内容转换成了业务机遇点的一个持续管道。

——艾米·格伦汉姆

现在想彻底了解我们的故事显然不是一项简单的工作。在这个过程中多次再访问我们的网站是所有步骤中的一步。确实要冥思苦想一番，但是不要利用这样的困难作为虚度光阴的托辞。我们花了几年的时间做了几次尝试，才把价值内容故事完全弄明白。我们已经写出了我们的方法——思考、讨论、倾听——绕圈子、更加明确我们不喜欢的内容和我们业务中要做的事。这句广告词完全出自于我们在业务策略上所做的工作，与我们创建人们青睐的内容的使命密切相连。

有助于你发现你的故事的一些问题：

◎什么激励你建成了企业？它背后的理念是什么？你开始获取了什么？

◎你的企业代表什么？你支持什么？你反对什么？

◎关于你的行业，什么让你感到最烦心——你最大的挫折是什么？

◎你如何让这个世界对你的客户更好一些？

◎为什么每个人应该关心你的存在？

你在你的故事中寻找什么

你在寻找鼓舞你，使你感到自豪的东西。故事核心中的一条单个信息就可以连接所有的内容。你在寻找能够抓住与你的客户有联系的东西。这就是你的故事的愿景，如果你能发现它的话它也会给你的企业带来巨大的影响。

一个好的企业故事，需要注意以下内容。

◎是否是以客户为中心，而不是以企业为中心。

◎不是推销商品。像西蒙·斯涅克说的那样："它是关乎目的、事业或者信念——你的机构存在的原因，绝非仅仅是为了金钱目标。"

◎使你令人难忘。使你与你的竞争对手与众不同，帮助正确的人选择你。

◎目标不是吸引整个世界。你设定的目标是吸引你真正想要与之合作的人。

◎不是装模作样，而是更好地说出了你是一个什么样的企业。对于企业内部的人来说，这个故事应该令人感到自然和真诚。说出一个潜在的 leads，就像与你的邻居说话一样容易。简单而且明确。你的故事应该在客户的认同中给予你信心。

◎需要情感参与，让正确的人用寥寥数语就可以掌握你要说的故事的精髓。这就是你让你的客户产生的感觉。

◎以信仰开始——思考一下宣言或者坚定不移奋斗下去。

◎从此以后一直交流快乐——所以讨论一下成果。

◎是一个承诺——热爱到以此为生。

◎是勇敢和无畏。

◎是一个会延伸的理念——当你发现它时，你会知道它。

如何发现你的故事

你从哪里可以发现照亮创建所有内容的这条主线？抽点时间和需要的空间来开始寻找，并且对此做一些认真思考。

灵魂搜索是重要的，但是像许多优秀故事一样，你也许需要展开一段旅程来找出答案。在第 3 步中，当做你的档案研究时与客户讨论的想法在这里也会对你有帮助。回顾一下当问人们问题时他们给出答案时是如何描述的，你为他们做了什么？会使他们有什么样的感觉？你的企业带给他们的生活什么样的益处和价值？这是你的故事的核心。

揭开你的故事的提示。

◎从客户的角度而不是从你自己的角度来看你做了什么。站在他们的角度想问题（和他们讨论——真正的研究，问重要的问题），从他们的角度讲述故事。

◎像一本书的作者一样思考。如果你打算把你所有的知识提炼到一本书让你的客户以此为根据，会写些什么呢？标题是什么？你真正想对世界说什么？

◎在你提供的故事中掺杂一些感情因素。人们购物时他们的情感往往起主导作用而不是逻辑。作为企业，你为什么而奋斗？什么是你所坚持的？

◎取得一些外部帮助。自己来做的话真的、真的很困难，从外部获取一些意见，考虑向一些专家请教。

◎给自己时间的礼物。对此做一番尝试，然后长时间地精炼、改善。

开始思考、提问和讨论。删除无聊的内容，围绕你的中心来写，打磨润色内容中心这块宝石，会发现你的故事和你的内容都会熠熠生辉。

总有一天我会找到合适的说法，而且一定要言简意赅。

——杰克·凯鲁亚克

撰写故事

你知道何时你能沟通起来容易、简洁、有说服力。下面是一个有助于你打磨故事的练习：

◎什么是 6 字标语？

◎什么是主题，标签？如：# 智能星球，# 冷水冲浪。

◎写下你的宣言，用这样的词语开头"我相信……"

◎在你的网站写下两段"关于我们"的页面。

词语"为了"和"因为"是非常有用的起点——如 IBM 的"为了一个智能星球；Desynit"因为好的系统改变你的生活。用这种方式尝试撰写支持你的故事的信息。

你的故事固然重要，但是不要因为努力去抓住它而阻挡了整个进程。我们估计如果你能做到 65%～70%，那么就很好了。准备好回过头去再次地精炼。你的故事能够而且会有所进展。

第5步：抓取你的价值内容最有效点和观点

一些考虑的问题和实施方法：

◎哪是你的价值内容的最有效点？

◎在每个标题下你要讨论的重要话题是什么？

◎你的内容营销最鼓舞人心的观点是什么？

◎你的内容用什么特征来定义？

◎指导你的内容创建者的合适原则是什么？

现在我们进入你的价值内容策略过程的核心部分。你已经做了许多的研究和思考——你的目标、你的企业、你的客户需求和你的故事。抽出时间为你的内容营销把这些提炼成明确的决策和鼓舞人心的观点。

定义你的内容的最有效点

> 在内容营销中，你的最有效点是你的企业专业知识的确切领域。它是你会特别锁定讨论的事情。你的企业对此比世界上任何其他人（或者说至少是）都有更好的了解。
>
> ——道格·凯斯勒

你想让你的内容拥有什么样的对话？作为企业，比起其他人，你有何更好的帮助人们的准备？

如果你能直接获取背后的故事，那么你就八九不离十了。我们就是想让你在这儿再深入一点——最有效点是打算出色地完成任务。

在为什么和怎么做方面思考一下这个问题。你的故事是为什么——你的目的和信念；你的内容最有效点是怎么做——你为你的客户解决问题的独特方法。

拿我们自己的内容为例：

◎ "营销人们所青睐的"是我们的为什么，我们的目的。

◎ "价值内容营销"是我们怎么做——那是我们的最有效点。我们的内容（包括本书）展示给人们如何使这种方法。

这个问题不必那么复杂。指导汇丰银行的海外分部创建和分享出色内容的想法很简单："如果你移居海外，你会想了解什么？"

最有效点这个问题当你达到时你就会了解了。这条信息会正合你的客户的口味，然后内容思路随之而来。它不必是什么新的东西或者是最新流行时尚——只是比你每天做的要多一些，受益于多年经验的积累。

你的内容最有效点应该感觉就像家一样让人舒适。在单个的句子中捕捉它然后写下来。

什么是重要的话题

一旦你已经抓住了最有效点，思考一下你全年会主持的主要演讲话题。这些话题会指导你创建更长久的内容——电子书或者白皮书——会给你提供创建的诸条内容——为你的博客提供一个框架。这避免了如果你让你的团队就开始创建博客时出现的"我现在写些什么内容"和优先安排什么内容的问题。

拿我们自己的企业为例：我们的最有效点是"鼓舞好的企业创建和分享价值内容，做让人们喜爱的营销"。我们在执行这样一项任务——我们真正想要做的是鼓舞、教导、建立伟大的企业、改变世界！在这样的标题下我们全年讨论的话题包括：内容营销策略；网站规划；撰写价值内容；用价值内容进行推销等（本书所有部分内容！）。我们非常清楚我们要说明的信息和我们想要写的东西，这会使我们每月的内容规划写起来容易得多。

有助于你规划话题的问题：

◎ 当你做客户研究时看一看人们问的问题。是否能把这些问题分组为几个小标题？

◎考虑一下你的博客——你会建立什么样的分类？

◎如果你在写一本书，你会包括哪些部分和章节？

◎如果你在做展示，作为企业，你会讨论什么主要话题？

利用这些考虑写下你的主要话题。话题不超过6个或7个。

有价值的提示

一旦你已经选择了你的主题，考虑一下 SEO。使用关键词研究，看看人们网上搜索的术语。相应地精炼一下你的网站上的分类标题。

为你的内容营销设定观点

> 按照那样的顺序创建清晰的内容和设计速度。你需要自己设定观点，然后去实现它。
>
> ——杰夫·梅森

你已经定义了你的最有效点。现在你需要为你的价值内容拼凑起一个清晰、鼓舞人心的观点，那是一个你可以利用它让每个人参与进来的观点（如果你是一家多人企业）。

对于许多企业来说，价值内容营销方法的改变真的是很大的变化。无论你的操作标准是什么，使观点明确和征得预先同意是非常重要的。对大型企业来说，使每个人都能赞同那个观点是关键的，因为这是一个会触及到机构内部许多部门的一个改变。

回顾一下，作为企业，你要讲述的故事和你知道你的观众渴求的信息，设定出会使你的内容有价值的特征。结合这些内容，为你的价值内容营销精心打造你的观点。

以下是有助于交流你的内容营销观点的简单准则。

◎我们会成为首选资源对于……（你的理想客户）。

◎谁想要……（你可以帮助他们获取的最终结果或者价值）。

◎通过获知……（你的内容营销最有效点）。

◎使我们内容脱颖而出的是……（什么特征使你的内容尤其有价值？）

◎这会有助于我们……（在第1步中你已经定义的目标）。

第6步：设定你的内容承诺和规划

考虑的问题和实施方法：

◎你的日程安排是什么？对接下来12个月的价值内容你会做出什么承诺？

◎推广你内容的发布计划是什么？

◎开始你的发表规划——你的全年内容日历。

你的目标是争取获取发布贯穿全年的一堆高质量价值内容。现在你的最有效点已经明确，你的愿景已经清晰，是时候全力以赴展开行动了。

记住：稳定性和质总是比量要更重要。目标应是可达到的类型——是作为企业你可以坚持下去的类型。

准备内容日历

为了使你的内容策略可行，你需要创建一个详细的内容日历。何时，以何种方式，何地，我们打算发布什么内容？当你做这个事情的时候，像杂志编辑一样思考一下这个问题。规划下你的时间表和你整年要谈论的主题。当新的活动涌现，你可以变换这些内容——例如：对于热点行业新闻，内容需要做出快速回应。这些计划都是弹性的，但是它真的确实有助于启动个计划。

（关于月内容规划的详细信息，请参见第十五章。）

关于"价值内容（VC）"，我们为下个月做了一个详细规划，和一个可以向前推进 2～3 个月的规划。这方面的详细信息，请参见第十五章。

下面是我们的内容创建承诺。

◎每天发推文；

◎每周用新鲜内容更新我们的企业 LinkedIn 页面；

◎每周在 Google+ 上发表文章 3 篇；

◎每周发表四篇新的博文；

◎每月向我们的订阅基站发送一本电子期刊；

◎每个季度发表一条深度内容；

◎每个季度发表一个新鲜出炉的案例研究；

◎每两三年写一本书！

下表是一个类似我们服务过的某咨询企业的年度价值内容承诺年历。

季度	月份	活动						
		社交媒体	LinkedIn	博客	电子期刊	案例研究	讨论文件	电子书
1	1	每天	每周 1～2 次	●●				
	2			●●			●	
	3			●●		●		
2	4	每天	每周 1～2 次	●●●	●			
	5			●●●	●		●	
	6			●●●	●	●		
3	7	每天	每周 1～2 次	●●●	●			
	8			●●●	●		●	
	9			●●●	●	●		
4	10	每天	每周 1～2 次	●●●	●			
	11			●●●	●			
	12			●●●	●	●		●

注："●"指 1 次

"●●"指 2 次

"●●●"指 3 次

采用何种方式发布的内容会有大量的读者

进行到这里，你会知道创建价值内容只是万里长征才进行了一半。一旦创建了内容，艰难的发布和推广过程就开始了。没有认真的推广过程，你的内容会备受煎熬，长期滞留在你的网站生蛛结网、无人问津，就像图书馆一隅内堆满灰尘的古旧书籍一样，无人前来观看，也没有人喜欢阅读。

规划一下你会使用的渠道，妥善安排一下来推广你的内容，让它能送达至你的理想客户手中（或呈现在他们的屏幕上）。

第7步：准备平台和选择你的工具

考虑的问题和实施方法：

◎ 你会选择创建何种类型的内容？
◎ 你需要何种内容创建工具支持这个平台？
◎ 你会如何发布你的内容？你需要什么发布工具？
◎ 你的内容策略需要来自你的网站的何种功能？
◎ 支持你策略的其他营销工具。
◎ 你是否需要完全整合的营销自动化系统的支持？

已经定义了你的内容营销的愿景。你需要何种类型的平台支持你使其发挥作用？

你会选择创建何种类型的内容？你有数量庞大的内容创建、发布工具和格式的选择，可用博客、各式各样的社交媒体、电子期刊、SEO、视频、网络研讨会、播客、电子书、信息图、幻灯片、客座博客、传统的公共关系和付费媒体。记住：像你在第八章中学到的，你需要对存量内容和流量内容有个规划。

你会如何创建它？如何把它发布出去？你会创建什么样的内容和发布工具来相结合去支持你的策略？

一些主要发布工具选择的总结：

◎社交媒体——推特、LinkedIn、Google+、脸谱、Instagram、Pinterest 等。

◎搜索引擎——优化每条内容使之被发现。

◎直接联系人——如果内容相关的话把它发送到你的个人联系人、客户和网络——让整个团队做同样的事。

◎你的邮件列表订阅名单。

◎付费媒体——广告、网上广告、再营销。

◎公共关系——传统的媒体、线上作业网站、客坐博客。

◎亲临活动和演讲。

你的网站是你所有创建内容的枢纽。你需要来自网站的何种功能？更多信息请参见第十二章。

是否需要其他营销工具使你的策略做好起飞姿态？好的电邮营销平台、分析工具、客户关系/联系人管理系统是基础。市场上有越来越多的工具帮助你进行内容管理、创建、发布、分析和追踪、规划和管理。

你是否会选择单个工具的结合或者全部整合的营销自动化系统来支持你？

第8步：组织内容使其发挥作用

考虑的问题和实施方法：

◎谁会为你的内容负有全责？

◎谁是创建它的最佳人选？

◎谁来发布内容和推广内容？以何种方式？

◎你需要团队中的成员具备何种其他技能？

◎企业内部是否有这些内容？是否需要外援支持或者额外的技能？

◎你的团队需要培训吗？

◎你会如何管理和控制这一过程使其发挥作用？

为了使你的内容策略发挥作用你需要组建一个团队，作出一定的预算和开展有效的进程。但是参与人员都是谁？你需要什么合适的角色来推进进展？你如何来组织、合作、管理和控制你所做的？

如果你真的想取得成功，工作就要非常深入——颠覆旧有的体系，使更多的人参与进来，而不只是你的营销团队。任务艰巨，需要很大的勇气，尽管如此，却是一次非常激动人心的历程。

如何建构你的企业使它发挥作用

无论是你进行内部操作或是请求外援，你的企业里需要有人为内容负全面责任。对于大型企业来说，这个人需要获得董事会的支持。每家企业应该现在聘用一个能对你的内容新方案负有全面责任的人。

但是他们应该在组织内居何地位？谁来把持这个内容？如果你是一人企业，这件事很简单——价值内容营销方案的停止、启动都取决于你。这是你的营销，所以要妥善安排好各项事宜。

对于建立了营销部门的大型企业来说，内容营销的所有权在企业内部，就是一个经常具有争议性的问题。是否应该由营销、公共关系或是数字信息系统共同把持？

我们在这里要有一个坚定的立场。你组织的故事和信息是掌控一切的主线，销售营销公共关系数字信息系统——这些都是把内容释放出去的方式。如果对内容负有的首要责任取决于这些渠道中的一个，你的信息就会一片混乱迷失于网络中。然而，可以选出一位资深的、技术娴熟的、充满激情的人来负责内容，让他直接呈报给董事会。

如何围绕这个目的来组织人员当然完全取决于你。我发现的最合理的一种组织方式是有一位内容和沟通主管负责信息和媒体，一位营销操作主管执行严谨的营销过程和负责像网站这类的工具。这两个角色在一起紧密合作带给他们内容驱动的营销策略以活力，使其发挥作用。

记住，在当今的世界，你的客户拥有至高权力。内容采用内部关注，洞穿旧有的体系，迫使你从客户的角度以最为合理的方式组建你的企业。

谁是讲故事的最佳人选

创建内容的最有效人选是和你的客户最亲密的人——那些拥有经验，不是听取二手资料内容的营销者。如果在场的那些人就是讲述你的故事的人，这是一个多么令人难以置信的机遇，他们既有激情也会有一定的了解。你的工作就是使他们具备创建你的企业需要的内容的技能和信心。

内容故事：Indium 公司中从一个工程师到另一个工程师的故事

Indium 公司在价值内容创建方面是真正的领军者，业务扩展到 B2B 企业。Indium 公司开发和生产用于电子装配行业的材料。你可能认为它并不能给你提供写作素材或是提供丰富的脉络。然而 Indium 的工程师博客团队设法创造了无限的价值内容，这些内容吸引了人们的兴趣、创建了关系并绝对地推动了销售额的增长，带来丰厚的回报。

我们的客户是工程师。我们的技术员工是工程师。像其他工程师一样的工程师：他们理解他们，他们信任他们，他们说同样的话。Indium 公司开发实践了这一做法"从一个工程师到另一个工程师"，这时我意识到我们需要把公司和盘托出。我们需要淘汰"公司发言人"的角色（我），促进我们的客户与我们的工程人员直接进行对话——没有中间人，没有噪声。结果，我们分享的内容，正是工程师需要的优化程序的信息，解决了他们的问题，使他们取得了突破。程序推荐优化来自这个领域做一线工作的工程师，是由开发此产品的工程师所发现的一种新装配材料的性能特点。它包括丰富的文件和亲力亲为创建这个理念进行亲身测试的专业技术人士面对面的展示。这个策略创造出了世界级的内容，备受我们目标客户的追捧。

（资料来源：indium 公司）

你的内容营销精锐团队

对于许多企业来说，开展价值内容营销意味着要掌握一整套新的技能：客户研究、设计、SEO、社交媒体营销、网页开发及大部分内容的撰写。许多项目需要学习、实施。

未来的营销部门看起来与今天的出版部门非常相似，所以总编辑、讲故事的人和制片人是成功的关键。

——乔·普立兹

在小型企业中，一个人也许会扮演许多内容角色，身后有外援团队的支持，随叫随到。

索尼娅扮演的是内容策略师和内容管理者的角色，把内容发布到网站上，负责评估和处理活动。莎伦的角色是主笔，VC社交媒体的女士，负责公共关系和扩大服务范围，协调设计工作。共同承担的角色包括学科问题专家、编辑、写作、社区管理和内容发布。我们外援的角色是设计、网页、视频、电邮营销、SEO支持和分析。

在大型组织里你可以更加平均地平摊这些任务。无论企业大小，关键是确保人们明确他们的角色，有他们做这一伟大工作所需要的所有支持。

下面是你可能利用得上的整个内容角色话题的概述。

管理和监督内容策略人员

内容总监（首席内容执行官）。掌管策略和进程，监督所有内容营销动议的资深人士。内部角色。

内容策略师。负责创建、文件编制和推荐内容营销策略，自始至终兼有学习和精炼策略的任务。内部和外部角色。

内容经理。管理内容进程，确保实现内容策略和内容规划的目的，满足客户的需求。确保所有创建内容达到最佳实践标准，在所有渠道上进行长期有效的管理。内部角色。

创建内容人员

◎总编辑。负责质量——是否这个内容满足我们客户的真正需求？就创建何种内容做出决策（禁止何种内容）。管理审批流程。所有内容的最终签署同意——有价值的认可标志。内部角色。

◎主题专家。企业内知识渊博的专家。他肩负为内容出点子的任务，撰写初稿，当然也包括向他们的网络发布内容。我们建议这个团队应该既要包括技术专家也要包括知道客户们所问问题的前线销售人员。内部角色。

◎内容作家。你的团队内的一位熟练的写手，他对内容初稿进行润色。这个角色可以是内部的，也可以外聘。

◎网站专家。负责网站设计、开发、用户体验的人员——负责由内容管理系统（CMS）处理的复杂的网络增强，当内容创建时负责用户体验，跟进最新的网络趋势和发展，营销自动化顾问。内部角色或者外聘。

◎ SEO 专家。寻找关键词机遇，确保所有数字化内容搜索优化。内部角色或者外援。

◎内容设计师。制作网页和博客插图、指南设计（打印版和数字版）、信息图、幻灯片展示、摄影等。内部角色或者外聘。

◎视频制作人。创建和编辑高质量视频内容。内部角色或者外聘。

发布内容人员

◎社区经理。在社交媒体上管理和发布新鲜内容，建立联系和回答问题，通知主题专家搜索请求和机会点，回应分享内容的人。负责把新的博客文章发到网站上（检查是否为SEO正确标记）。确保电子期刊按时发放。负责客户关系管理（CRM）。负责内容分配——在机构内交流所有新内容。最好是内部角色。

◎内容延伸和公共关系。这个人追索搜寻和管理媒体关系和机遇点，包括传统媒体和在线媒体，客座博客机遇，活动。内部角色或者外援。

帮助企业学习人员

◎评估官员。每月一次的跟踪评估，对照目标进行报告。内部角色或者外部角色。

◎技能培训师。确保机构内所有领域拥有实施内容策略所需的技能，如内容营销意识训练、博客和内容写作技巧、社交媒体技能、内容销售技能。内部角色或者外部角色。

当为内容营销花费精力设定预算时，要把这些角色考虑在内。这些因素包括任何外部支持的成本，或者为你的团队聘用新的人员、网站平台的变化和你需要使内容发挥作用的任何工具成本、设计和制作成本和其他别的东西、时间成本。

利用价值内容营销是物有所值的，但是它意味着有区别地分配营销预算。

你可能从你的营销预算中削减媒体、印刷、邮件和客户服务中心的成本，计划用薪水高的作家和分析师替代他们。

——克里斯托弗·巴特勒

所有成本中最大的成本是把精力浪费在未达成目标的内容上，所以你做的前期策略思维是非常重要的。

让你的人员通力合作

你的企业通过价值内容方式进行沟通意味着很大的改变。它依赖的就是人们做着不同的事情。如果你是一个推动这种新方法的人，你需要鼓舞人们担当新的角色，并且说出你想让他们从事何种角色。

你需要让你的人在场——你的主题专家和销售人员——帮助你创建内容。认真聆听客户问他们需求，寻找记忆点，创建伟大的内容，想出新的思路，并帮助实践这些思路。

优秀销售人员会听得进去，但是也许你让他们做的是更多的合作，不只是记住 X 在这个过程的某个部分问了个信息有助于他们的下次业务拜访，而是应该与制作指南的内容团队分享那个信息去帮助 100 个 X，这 100 个 X，也许在这个过程的相同部分也遇到了困难。你想让他们利用这个内容帮助他们建立关系，告诉他们事情是如何解决的。什么起了作用，什么帮不上忙，下次哪个的作用能更好些？

你想让你的营销师把"去帮助，而不是推销"作为营销部门的基石。你想让你的企业领导人支持这个策略，创建他们自己的内容并分享；利用他们自己了不起的网络，采纳一个长期观点。理解这一切需要时间，你要保持高昂的斗志。

第9步：为了成功而评估

考虑的问题和实施方法：

◎ 什么有意义的措施能与你在第 1 步中所定义的目标和目的相一致？

◎ 什么措施会有助于你追踪你奔向目标的过程？

◎什么样的结果会演示出成果？

◎什么样的内容驱使做出转变？

◎你应该把时间花在哪儿？把目标确定在哪儿？

你已经做了你的研究，精心制作了你的故事和制定了内容规划。你快要准备好开始创建所有内容了，但是在你启动之前要弄清楚你如何来评估是否你的新策略有效。

> 当今，你可以评估许多事情。然而最重要的衡量标准是"企业怎么样？"对于能与企业同呼吸共命运的企业主来说，你会看到企业的发展和你在网上所做的一切之间的这一直接纽带。
>
> ——戴维·米尔曼·斯科特

谈到评估内容策略时，最困难的事就是通常会有一个差距——在复杂营销的情况下，经常会有一个很大的差距——在你发布的内容和最终的销售额之间。那么你应该追踪什么才能显示出是否策略沿着正确的方向实施？

内容营销评估并不是一门确切的科学。营销师们已经奋斗多年捕捉这些衡量标准。然而因为评估工具和营销自动化已经升级，把营销和新的机遇点归因于具体的内容动议越来越容易。

所以拥抱一下你的内部数据高手，让那些比你热爱数字的人环绕在你周围。下面是我们一路走来了解到的关于内容评估那些事儿。

没有明确的目标你不能评估

在第1步你确实考虑到了你的目的和目标，所以这里回顾一下你的决策。创建一套有意义的评估方法，它是一个能与企业愿景相一致的评估方法。

首先知道你的企业目标是什么。如果你的内容首先回答了你的企业目标，你可以评估一下它的影响，执行人员需要看到它在何处产生影响。转发消息、点赞和评论对企业目标来说并不重要。围绕销售、收益和成本设计你的内容评估，你会让执行人员和客户都满意。

——詹森·福尔斯

评估真正重要的事

网页上营销更容易获取极多的统计信息——访问者、页面访问量、弹出率、推荐来源、电邮平均点开率、点阅率和更多信息。这太棒了——有许多免费工具帮助你分析在内容营销投资上产生的影响——谷歌分析、你的网站或者博客软件、电邮营销工具、像网址缩短的链接缩短工具和象互随（Hootsuite）的社交媒体管理工具都能助你捕捉大量数据。这么多评估的东西吸引你为了数据的缘故而卷入到数据的困扰中。

直接来自谷歌分析的报告使大多数人感到困惑：上个月2345的页面访问量——那又怎么样呢？毫无意义的过载数据会引发瘫痪，完全阻止你再做任何事。用数据地毯式轰炸你的其他内容团队也会使你开一些相当不值得的会议。如果想弄清数据的意义，你必须也要做一些明确的考虑和一点额外的解释。

评估进程中的过程以促成销售额

意识到领先评估和落后评估的差异很有帮助。落后评估追踪的是最终结果。领先评估逆流而上看得更远——向你的目标挺进过程中的早期指标。好的内容营销评估系统会对两者同时进行追踪。

收益是所有衡量标准之母。目标客户进行分享是最终的认可，是相向而行的始终不变的主要指标。

——道格·凯斯勒

布莱恩尼·托马斯在他写的书《Watertight市场营销》中制定了一个有用的框架，从三件事上来关注评估：销售过程中的量、进展和结果。挑选出在你促成销售额的进程中能展示出你如何形成leads和建立关系的评估。

谈到内容营销时可以追踪如下购物过程中每一步的表现。

◎意识。谁在访问网站，他们是如何发现的？你可以通过独特的每月网站访问量进行追踪。观察一下网站访问来自哪儿（推荐流量）。

◎兴趣。多少访问者与你的内容进行了互动并对你说的内容感兴趣？是否在社交媒体上分享？网站访问是否长于三分钟？选择下载存量内容的人数是多少？邮件列表新注册的人数是多少？观察一下你的弹出率。

◎评估。多少人想要购买你销售的产品？例如，常见问题解答页面或者比价页面的访问量；注册参加网络讨论会的人数；过程中注册参加试验步骤的人数（包括免费试验）；最终集客leads——电邮或致电你的企业询问是否适合他们的人。

◎采纳。建议采取措施查看成为客户的人数。

◎忠实。你可以追踪客户对你内容的满意度反馈，或者使用工具评分，如NPS向客户发送反馈调查问卷。"你有多大可能会向你的朋友或者同事推荐这家企业？"最终措施是查看注册一件以上产品的人数。

[以上步骤摘自菲利普·科特勒（Philip Kotler）的"理性决策模型（Model of Rational Decision-Making）"，评估指南出自布莱恩尼·托马斯的《Watertight市场营销》。]

对话是关键

能够转化的内容才是王道，你可以用多种方法衡量这点。在我们的企业，我们要看注册博客文摘和邮件名单列表的人数。我们利用这个来衡量访问者对我们内容的兴趣，这在我们的 leads 发展过程中是至关重要的一步。挑选出推动对话的内容是非常有用的（在我们的案例中注册）——这是真正有价值的内容。并不是每篇博文都会激励人们注册，那也没关系。我们知道成功更多的是归于整体内容的成功，而不是关于某条具体内容发布的成功。

营销自动化使你更智能

营销自动化系统（如大型企业使用的 Hubspot、Act On、Marketo，小型企业使用的新的播放器 New Rainmaker 等）使内容评估更为容易（更多信息请参见第十二章）。它们能展示给你访问了在线内容的那条 leads——在促成销售额的进程中什么内容可能影响了他们。

但是甚至是像这些自动化系统也不能评估任何东西。它的局限性在于不能展示哪条内容最能影响购物者，或者其他什么内容（在社交基体上或者线下活动，如销售会议，演讲推荐意见），也能产生影响。这就是为什么整体的数据比起任意一条内容的数据能提供更多的信息。

创建一个定制评估报告

针对你的内容营销有各种各样的目标和指标——你需要找出一套适合你的标准。确切理解作为一个企业你期望取得的成果，创建一套自己的追踪过程的衡量标准。谷歌分析和其他分析系统极其有用，但是需要你来给人们译释结果使之易于理解和长期追踪过程。你应该把时间花费在哪儿？目标确定在哪？创建一份在你每月内容规划会议上分享的简短、简单的报告，追踪你向目标挺进的过程。在资源区可查找评估报告结构的例子。

评估的目的是查看你的发展方向是否正确。所以现在要打好坚实的基础，在你开始着手之前追踪一下进程中的指标。总结一下每月的结果，对照这些目标绘制图表。对发生的变化做出评估。

长期评估、精炼和学习

如果你不尝试的话，你不会知道什么会起作用。你也许曾一度认为电子书会是最佳的选择，但是一旦你全身心投入进去，你会发现几个月前创建的简单的检查表已经完全不正确。做好准备去学习和适应。评估什么会发挥作用以作出更多的调整。

回顾一下这个月里你创建的每条内容，去看看哪些起了作用，发现发展的趋势。规划一下行动来提高未来内容的质量和执行力。你也许会注意到围绕某个特定主题的内容不断地发挥作用，或者某一内容形式受到众多追捧激励更多的人注册。所以在这方面要多投入一些。这种评估会帮助你做出调整，优化你的策略。这样你创建的内容才更具价值——带来更多的反馈、更多的吸引力、更多的销售额。

但是永远不要忘记内容营销既是一门艺术，也是一门科学。布莱恩尼·托马斯警告我们不要"衡量魔法"。仅仅关注硬性措施，会错失可能的和道格·凯斯勒所称的"涟漪效果"的可能事件——当你的内容正好适合客户的口味时发生的那些偶然间开展的活动——受邀去演讲、遇到优秀的新的联系人和关系、进行合作。这些很难衡量但却对你的企业有无限价值。

第10步：弄清你的位置对计划做出调整

考虑的问题和实施方法：

◎你现在有什么内容？

◎你现在有什么工具和资源？

◎你的网站在多大程度上满足你的策略需求？

◎差距在哪儿？什么需要改变？

◎调整后的现实的实施计划是什么？

不要盲目地把策略传送出去——首先计划你的行程，知道你的目的地和如何到达？

——杰夫·梅森

如果你遵照这10个步骤直接记录下了你的价值内容策略带来的收益，那么是时候考虑一下如何把它变成现实了。

优秀策略的力量在于它的执行性。你所做的决策对你的网站意味着什么？你是如何把你现在的内容、你的企业安排得井井有条？必须推出什么样的改变才能使新策略具有起飞的姿态？

多多考察一下，大多数企业都会发现他们有大量内容藏在某个地方——过去的展示片、指南或者文章——可以再完善、再利用。对所有现有内容开列一个清单，这样你就知道你有什么内容和那些可以再利用的内容。登陆和评估每一条内容，谨慎贴上标签——做一个价值评分（适合用电子表格来做）。尽可能地再利用可以给你省下大笔的金钱和时间。

首先要做就是了解你已经拥有什么样的供你支配的内容、工具和资源。进行一次内容审查和差距分析。从起始点可以详细看出你现在的内容。你有了什么内容？内容是否优秀？是否它满足你的内容策略需求？

在下一章我们会详细关注你需要对你的网站做出的改变。

一个页面的内容策略

已经完成了所有的基础工作，是时候把你的新的内容策略制成文件并进行交流。我们建议你把主要元素压缩成更为简短的视觉文件，便于以后参考起来简单和容易，把它钉在墙上定期与整个团队进行讨论。这就是在你的每月内容规划会议上要参考的文件。

学完课程很容易，秘诀就是要知道你努力的方向和你的意图。确保正确的方向，偶尔偏离一下你的策略没有大问题，但仍然必须依照计划行事。随着了解的情况越来越多，做好学习的准备使你的策略适应客户的需求。评估一下什么能发挥作用以作出更多的调整。

有价值的提示

采取行动，但是要有耐心。内容营销是一件慢慢来的事，而不是速成。在你期望看到重要结果之前，给自己六个月的时间来预热，开始利用你储存的价值内容。

下一章里我们会关注，如何把你做的决策和规划投入到内容策略中，为你的企业发挥作用——尤其会强调你的网站。

具体的实施方法

在你的网站下载和完成内容策略工作簿。

一旦你对这个满意的话，在页面模板上填写你的内容策略，密切注意。

第十二章
创建有价值的网站

尽管你有电子书、播客、白皮书等一流的内容，但条条大路最终都会使你回到网站上来，你的愿景和客户产生共鸣的网站，才会最终赢得业务。

——米歇尔·林

本章内容介绍

◎坚实基础上创建内容策略。

◎你的网站设置能否取得内容营销成功？

◎有价值的商务网站的作用。

◎内容撰写的二八定律。

◎销售各环节的逻辑、情感和内容因素。

◎传统网站与价值网站。

◎价值网站指南。

◎与你的网站设计开发团队协同并进。

◎两个重要的网站设计特点。

◎营销自动化和网站的未来。

◎网页设计团队指南。

◎网站主区域的设计。

坚实基础上创建内容策略

你可以分享令人心旷神怡的文章、视频、电子书和推特内容,但是如果这些把客户吸引回来的网站内容并未把他们的兴趣转化为行动的话——产生收益、注册你的电子期刊、联系你、给出推荐意见、购买产品——那么你的投资都会付之东流。你现在的网站能否对新的内容营销策略公平对待?你能否很容易地创建、下载和收藏所有这些新的内容?客户能否在你的网站上发现有价值的东西?你的网站能否把他们的兴趣转化为实际行动,从而激励他们取得联系或者保持联系?是否有助于你一直追踪他们的行为?

多年来我们兢兢业业从事的每一个策略内容营销项目,都需要在企业网站上投入一些工作。更重要的是还需要一些变化使你的网站提供新的内容策略并带来优势。

本章展示的内容是如何设置正确的网站,既能对客户有价值,又能把它打造成你的销售团队中全情奉献的一员。

评估时间:你的网站能否胜任此工作

在我们详细了解如何打造一个既有价值又有内容策略完备的网站时,下表是一个快速评估工具,可以让你先了解一下自己网站的水准。

你的网站是否为内容营销成功而设立?	是	部分	否
网页浏览者是否立即清楚你的企业是做什么的?是否有清晰的以客户为中心的前期信息,说明客户知道他们来对了地方?			
是否有一个强大的能与所有内容相契合并赋予特殊内涵的故事?网页是否既能回答"什么"和"怎么"的问题,也能回答"为什么"的问题?			
网站上是否既有销售页面也有大量价值内容?伟大内容营销网站都遵循二八定律——80% 价值内容;20% 销售内容。			
网站是否有部分内容积极、设计精良的博客?博客是网站的机房,经常是浏览者首先登陆的地方。是否感觉像欢迎页面?			
是否有资源库收藏深度内容?你在找寻资料储备库——博客旁边重量级的、永久的内容。			

续表

你的网站是否为内容营销成功而设立？	是	部分	否
内容更新的怎么样？是否定期添加新鲜内容？没有滚动升级。浏览者会寻找新内容的生命迹象。			
是否容易找到所有价值内容？考虑一下浏览者的网站之旅。是否他们能找到过程中每一环节他们所需的内容？网站结构和信息体系结构是否清晰？			
是否有各种各样不同格式的内容（例如文字内容和视频、信息图、博客）？你的内容是否适合所有学习习惯？			
是否有大量基于实证的销售内容？是否有实证研究、真实客户经历、客户感言之类？浏览者是否发现企业向真实客户发送价值内容的证据？			
是否有清晰的行动召唤？是否立即显现发现这个网站后企业想让你有所举动？			
是否有注册邮件更新——客户可以一直接触到内容？这是注册召唤中的关键一步，所以要确保非常清晰。			
人情味——企业背后是否有真实客户的证据？是否配有照片的客户经历和社交账户链接？客户经理是否也配有照片？			
是否有互动工具（例如分享键、评论功能、评价内容功能）？			
是否链接到积极的社会形象？是否容易发现这是一个积极的、吸引人的社区的形象？			
是否在每个页面出现引人注目的服务/相关内容产品信息？是否读者被吸引过去挖掘更有深度的内容，想了解更多内容？			
是否全平台网站设计——在所有平台上很容易直观地观看网站？			
是否具有专业的、有特色的、给内容带来活力、彰显内容特色的现代化设计？			
这个网站整体上（包括消息传送、消息复制、布局、设计）是如何以客户为中心的？是否满篇内容都充斥着"我们"或者"你们"？			
网页是否具有分析性和洞察了解性？你的网页平台是否让你洞悉了解你需要知道的浏览者行为和内容表现？			

为了把你的网站打造成一个有效的平台，思考以上这些问题有助于理解进行价值内容营销需要把关注点放在哪儿。

有价值的商务网站的作用

超过80%的客户指望着从网页上得到信息，他们自然把你评价为潜在服务供应商。无论商家是否有意识地塑造他们的网上形象，客户总是指望着从那儿获取信息。

——Hinge 2014 年营销研究

来自四面八方的潜在客户会被引领着登录你的网站，所以你需要向他们清晰地阐明，他们来的地方非常正确。让他们感觉登录你的网站就像登录他们自己的网站一样。

由你的客户的问题来开始——他们所关注的问题和困难。你的整个网站需要体现与你博客里相同的以客户为中心的态度。大多数商业网站的撰写就好像它们只是推销提议或者是平铺直叙的网上宣传小册子。诚然，网站关系你和你的企业，就好像你处理其他内容一样，要从客户的角度出发，不是"为什么我们这么伟大"，而是"我们该如何帮你"。这对许多企业网站来说是语气上的彻底大转变。

世界知名网站设计顾问企业 Newfangled 的创办者马克·奥布瑞恩《发挥作用的网站》(*A Website That Works*) 一书中清楚地写明了商务网站的三个目标：

◎吸引关注。

◎把浏览者引入最感兴趣的领域。

◎让他们与企业的关系更进一步。

优秀的网站能让浏览者成为你的客户：使他们与你亲近，让你获得他们的信任，鼓励他们与你展开对话，在需要购物的时候选择从你处购买。有价值的网站就是一个强大的、独立的平台，可以吸引更多的 leads，创建更多的关系，并有助于把客户的兴趣转化为销售的业绩。这才应该是你的目标。

我们在网站上所付出的所有辛勤努力和撰写的内容极大地提升了我们的品牌意识。现在人们都是不请自来，而不是我们三番五次去拜访。

——戴夫·詹姆斯

确保购物行程每一阶段的内容迎合访问者的要求——从最初阶段的研究到评估和挑选直至成为忠实的客户。购物是一个艰难的过程，潜在客户迫切需要你的帮助。所以谈到网站时不要只是去推销。

把它变成一个不折不扣的信息和资源枢纽，访问者可以深入研究和从中学习——更像图书馆而不是给出提议或者宣传小册子。这样做的话效果会好得多。

你的网站是否以自我为中心

看一下你自己当前的网站，尝试一下这个简单的测试。有多少措辞是用来推广企业的？有多少措辞是关注你的潜在客户、他们的需求和困难的？想使你的网站有价值，多谈谈你的客户而不是关于你自己。你们、你们、你们，而不是我们、我们、我们。这是一种测试你的网站是否以自我为中心的简单方法。

像梅尔·李斯特（Mel Lester）一样，给网站设立客户为中心的目标

管理顾问梅尔·李斯特完美地演示了这种以客户为中心的态度。他渴望的是创建为客户服务的内容，他用令人信服的承诺引领他的网站：

> 梅尔·李斯特很高兴来提供这样一个网站，你可以把它作为一个能提供"如何把事情做好"的信息和工具的价值来源。我是怀抱这个远大目标开始的：创建最优秀的网络资源，帮助建筑、工程和环境咨询企业的管理者们取得成功，既是企业的成功也是个人的成功。
>
> ——梅尔·李斯特

梅尔的陈述表明了所有的价值归因于立志于创建一个优秀的网站。它的内容有帮助性、目标明确；它的目标清晰、引人入胜。他致力于创作优秀的内容以便可以给他人显而易见的帮助。他首先关注客户进而获取收益，他获得了很多销售额，采用的方法却不是卖力销售。

如果你打算取得网站成功，也应像梅尔一样把客户放在首位。

我们看到许多人首先设计网站，而后添加内容。看到的词就像是替代了"欢迎来到我的网站"这种文本的填充补白。博客像是一个事后的想法藏在网站的背后。首先创建价值内容，然后围绕它设计网站，你就会创建一个更为强大、更有用的平台。

内容撰写的二八定律

你的网站内容应该如何来构造？静态销售页面与价值内容页面各是多少？需要显著区分开来。

如果你想在网页内容构造方面取得一席之地，在支持价值内容方面要斟酌权衡。这意味着要在整体上留出比你的销售页面多得多的空间用于实用性、教育性的内容。同时也意味着投入更多的营销预算来创建此种类型的内容。

有助于你取得恰当平衡的一条重要规则就是二八定律。也就是说，网站80%的空间应该投入到你一贯坚持创建的有帮助作用的价值内容类型上，时刻牢记客户的需求，其余20%的空间用于更加静态的营销内容上。

这对许多企业网站来说是个很大的改变，我们建议你随着时间的推移以改变比例为目标更多地支持价值内容。

在价值内容一章，博客在网站中有着举足轻重的作用。在写作之时，如果把你的博客文章都包括进去，价值内容的页面和销售内容的页面比例呈现为270页对15页的样子。其比例远远高于二八定律中价值内容占80%这一比例，从而更加地支持了价值内容。

为达成销售进程中的每一步提供内容

在这个不断在网上展开研究的世界，现在许多销售过程是在客户与你的企业接触之前完成的。如果你的产品或者服务在购买前是经过谨慎考虑的（而不是提前购买，冲动购买），你会知道你的网站起到了主要的作用。

这家企业会解决我的问题吗？他们想为像我这样的人工作吗？他们是否是那个行业的专家？他们是否想要一个好的合作伙伴？谁负责这件事？其他客户说了什么？他们得到了什么收益？他们是否会重视我的企业？他们是否很好合作？他们的世界观是否与我的相匹配？确切地说他是如何发挥作用的？第一步是什么？我如何来测试他们是否合适？

网站需要通过你提供的内容回答所有这些问题。给出他们需要作出选择的答案，采取下一步骤，向成为忠实客户的进程中挺进。布莱恩尼·托马斯在同名书《Watertight 市场营销》的框架中捕捉到这个进程的细节，阐述了情感需求和逻辑需求的因素、花费的时间和人们谈话的第三方。彻底地思考一下当人们、潜在客户关注购物时会寻求的信息。利用你的内容给他们提供一次有价值的经历和一次推着他们沿着你指引的那条路走下去的行动召唤。

把自己想象成为一个潜在客户。当你考虑进行大宗购买时，你会经历什么样的思维过程？

◎ 从研究到意识。当有人在研究时，你想出现在他们看到的各个地方——你想在搜索时弹出、出现在他们的社交信息流里、出现在他们阅读的新闻里，或者通过推荐来出现。你在这些前哨基地的工作是把他们拉回到你的网站，所以无论是你的推文、谷歌搜索中的栏目标题或者是播客的标题一定要以简洁、精炼和即时吸引性展示给他们，促使他们点进你的网站。

◎ 从意识到兴趣。你已经得到了他们的关注，现在你想让他们的兴趣与日俱增。给他们提供问题的答案，让他们思考、让他们大笑，鼓舞他们或者是教会他们新的东西。让他们亲密接近你的博客、文章、视频、信息图等。不要让他们失去兴趣——通过注册你的电子期刊激励他们保持联系。

◎顺利通过评估。他们已经做好购买的准备。确保他们从你这儿购买，给他们提供他们需要的所有信息来做出那个决定，像好看的宣传小册子，最新的案例研究（视频加上书面文字）、奖状证书、述评和关于你的企业和服务／产品和定价信息。你的深度撰写内容在这里非常有帮助——当潜在客户做决定时，令人难以置信的有用指南、常见疑难问题解答等会给你腾出更多的时间。所以给他们提供他们需要的细节服务，让决策过程更加容易些——确保容易查找。

◎先试后买。他们已经决定你也许是帮助他完成某项工作的人或者产品，但是如何使他们确信呢？通过你分享的内容给他们提供一个可能与你进行合作的特色方式。在专业领域里，这经常通过线下会议或者电话来进行，但是你的网站在这也可以帮得上忙。考虑一下经由你的网站提供网络研讨会或者线上评论，你让他们尽可能容易地做出从你这购买的最终决策。

◎从推销到满意的客户。恭喜你，你已经有了一位新客户。你的网站任务还不止于此。等他们安顿下来使用你的服务或产品时牵住他们的手。一系列链接到博客的温暖的、有用的欢迎性邮件和你网站上的内容会起到一定帮助。

◎从客户到忠实拥护者。用你的内容使对话继续下去，来建立一次客户乐于分享的体验。不仅仅是如何最佳地利用你的产品或服务，而是能建立起有用的、鼓舞人心的内容的点滴提要，此内容既能建立起他们的理解，也可以展示出你会进行持续关注。通过案例展示他们的成功是做到这点的一个绝妙方式。使你的客户成为英雄，夯实你与他们的关系。

逻辑和情感

人们通常做出购买的决定依靠的是情感，然后使用逻辑来判断他们刚刚做出的决定。在《防水营销框架》的第一部分，布莱恩尼·托马斯在她所称为的"逻辑三明治"中展示了逻辑和情感的相互关系。为了抓住某人的注意，勾起对某事的需求，你必须引起他们情感上的兴趣。当让他们仔细审查你提供的信息时，逻辑性的大脑才开始运作。当最后的决定迫近时，他需要的就是感觉正确，这时你又回到情感中来。

利用你的网站上从视觉到博客，从研究和实际信息到由衷而发的宣言等各种营销内容的结合，你可以确保达到正确的情感和逻辑目标，让人沿着你指引的路走到底。

从情感上吸引一定数量的购买者的内心比从逻辑上来吸引他们要困难得多，但是你可以采取这样的步骤，确保你的网站能够达成目标。

我们经常提到这条来自玛雅·安吉罗（Maya Angelo）的漂亮引言：

> 我们知道人们会忘记你所说的话，人们会忘记你做的一切，但是人们绝不会忘记你带给他们的感受。
>
> ——玛雅·安吉罗

这对企业来说是千真万确的真理，对人们也是一样。使人们感觉良好的企业会飞的更高。当我们与人面对面相遇，自然会流露出微笑和愿意倾听的表情，但是有时这些重要的感觉良好的因素消失于上网时我们对它们解读的语言里。你的企业由你的网站全权代理，聪明一点，尽可能做到使它令人感觉良好。

感觉良好意味着友好——合适的语调，真实的图片，优秀的设计。它也意味着使工作进行得毫不费力。当访问者立刻准确地找到了他们正在寻找的内容时，不要低估来自他们的这股巨大的、涌动的感激之情，他们通过网站取得的进步会立刻使他们欢天喜地起来。

所以当你思考设计你的网站内容时，考虑一下用逻辑加上情感。

传统网站与价值网站

你需要一个价值网站。实践起来会是个什么样子呢？什么因素使得价值内容营销网站与传统的手册式网站不同？以下几种不同的设计，会让你明白我们说的是什么意思。

传统的手册式网站的特点

◎连菜单上都不会提到客户，都是关于企业的信息。没有任何帮助性信息去协助客户解决遇到的问题。

◎没有清晰的信息。没有适合客户阅读的清晰的文字，只有一些毫无意义的图片，客户很难找到适合自己的信息。

◎以自我为中心的用词。总在介绍自己的企业，吹嘘自己如何了不起，全是毫无新意的官样文章。同时也试图成全每个人的一切，希望能涵盖所有人的所有问题（实际上却是竹篮打水一场空）。

◎毫无意义的、不能建立任何信任的自我推销。

◎只为销售而毫无帮助。销售手册是唯一可以下载的资料。这只是一厢情愿地认为浏览者会购买。

◎企业新闻。全是一些客户不感兴趣的内部新闻，而且大多都过时了。下图是一个能产生 Leads 的价值网站的页面示意图。

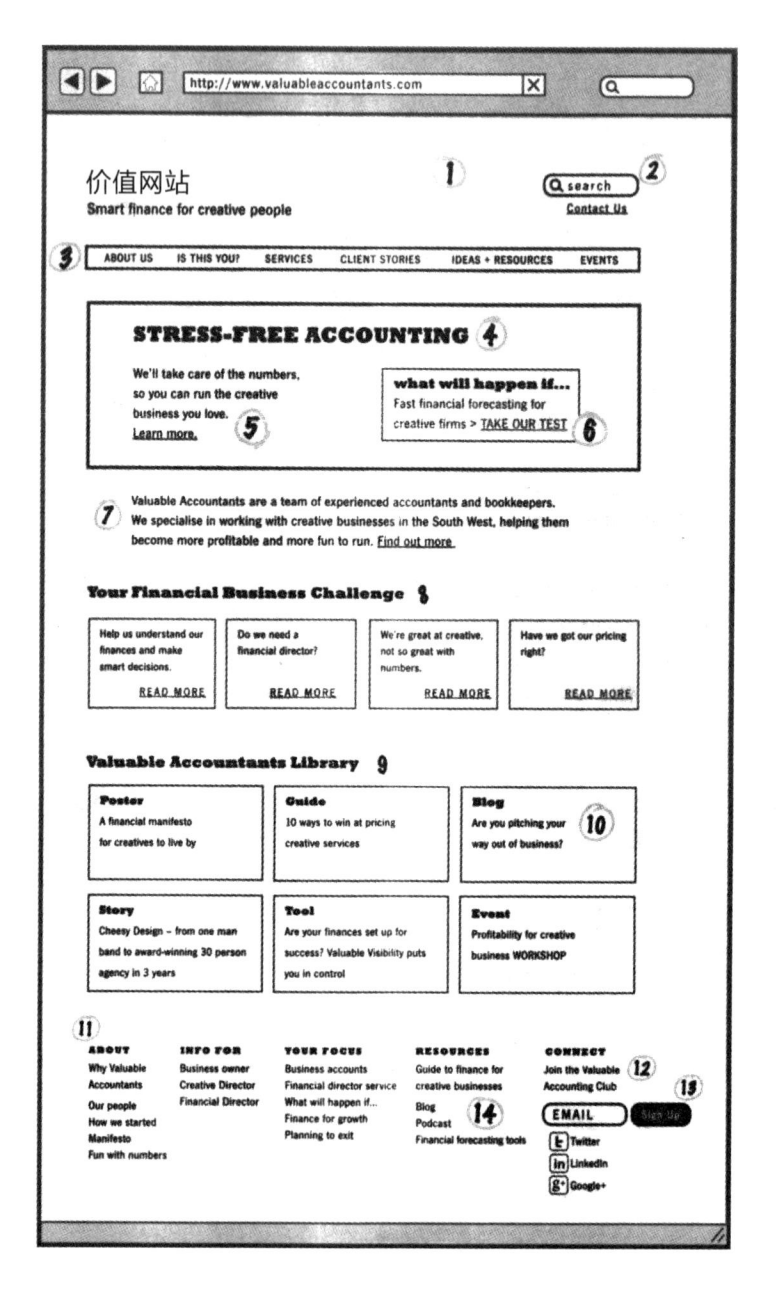

上述示意图的特点如下。

◎标语关注的是客户。整个网站的设计及文案撰写围绕着客户的需求进行，以价值内容为尊。

◎便于搜索。

◎简单的、以客户为中心的工具条。

◎有清晰的信息。设计良好的网页配上鼓舞人心的简要说明，让客户了解企业的业务以及能为他们提供哪些服务和帮助。

◎以客户为中心的用词。把客户的问题融入网站中，告诉他们已经找到了正确的地方。

◎能与客户进行互动的内容具有挑战性，并能使客户参与进来。

◎利基业务，所关注的市场。

◎以客户为中心的路径链接到服务页面。使他们快速得到与他们所面临的挑战相关的信息。

◎不同版本的大量价值内容。热点客户经历。这是极为重要的建立信誉度的方法。

◎博客。提供大量新鲜、有用的内容，同时满足客户和搜索引擎的需要。

◎使用脚注作为快速路径来查找你需要的信息。

◎利用每月期刊保持联系、建立关系。

◎取得联系的简单方法。

◎清晰的行动召唤。注册框清晰并能调动人们的积极性。

与你的网站设计开发团队协同并进

你的网站是商业工作，而不是艺术工作。

——马克·奥布莱恩

如果你正在考虑设计或重新设计企业网站，一定要想方设法吸引客户的注意，并给他们留下深刻的印象。策略的实施需要功能和美学方面的双重设计，但是这种设计优先的理念往往不会考虑人们为什么要购买你的服务以及怎样购买的问题，其实客户需要的是一个专业的商务网站。

设计很重要，但是如果在设计之前只一味地考虑色彩搭配等表象问题，而忽视了客户的需求，那么最终创造出来的可能只是一个外表好看，却对客户毫无帮助的华丽网站。

> 除了少数例外，一般来说，人们访问网页是为了它的功能而不是它的美观。用美丽的视觉效果来吸引人们关注没错，但内容才是最终的决定因素。
>
> ——雅各布·尼尔森

一定要首先考虑内容。在致电网页设计师之前，要仔细想清楚你和你的客户想从网页上得到些什么；要怎样表述才能让浏览者购买你的服务？这些内容又该如何布局？

为网站设计"框架图"是不错的方法：网站上每页的非图示式设计。它可以帮助你在网站建成前组织内容、测试布局。用笔纸或 Balsamiq 等简易框架图工具画出结构图。如果能在选择图片或编写代码前先画个框架图，那么你的网站取得成功的几率将得到大幅提高。为了你，也为了客户，都应该尽量避免创建华而不实的网站。使用这一工具帮助你给你的网站设计人员／开发者作一简单提要。使用这样的工具向你的网站设计者展示你需要取得的效果很有必要。你会发现许多好的企业网站使用的也是这样的工具。

有价值的提示

花费与创建网站等量的时间来规划你的新网站。

两个重要的网站设计特点

下面有两个可以加入你计划的网站设计特点，与你的网站团队讨论一下。

相关内容

太多的网站错过了与浏览者者互动的机会。经常出现的问题并不是内容而是能否容易找到这些内容。这里相关内容和侧栏是你手中的利器。优先考虑这些因素，把它作为网页设计的一部分以此鼓励你的客户在网站上逗留更长的时间和进行更深入的互动。

如果你遵循本书的建议，你不仅可以拥有存放量大的价值内容，而且还会拥有它所提供的谈及你的企业和产品/服务的销售页面。在侧栏中安放一些标牌类的图标，可以帮助读者链接到相关内容上。

给浏览者提供能与他们的兴趣相匹配的链接。利用相关内容特点指引浏览者深入了解你的网站，鼓励他们在网站上延长停留的时间。"我们的服务"栏目是一个重要的区域，这里的价值内容要丰富多彩、有权威性、有一定的专业深度。除了清楚地描述你提供帮助的方式外，标牌还可以指引浏览者去阅读相关客户经历或者便利指南。使浏览者方便获取他们需要的信息，并在此过程中证明你的专业水准。

页面之间的链接不能出现问题；每个页面都应该有独立的可供浏览者参与的内容，还要具有一定的帮助性。使用相关链接是一个非常不错的策略，可以使你的网站浏览者有一定的保有量（你的跳出率就会下降）并可赢取相当数量的忠实读者。能够提供有用建议的网站可以鼓励浏览者与他们进行互动并且反复地回访页面。确保相关链接都是相关内容才可以更好地保持对话，可读性良好、设计完美的内容才能聚得人气。

行动口号

整个网站都要有清晰的行动口号，这很关键。你想要浏览者做什么？由于潜在客户可能会从你的博客或其他任何页面到达你的网站,所以网站的每个页面都要有清晰的行动口号。口号中要清楚地说明你希望人们接下来做什么。

浏览者登录你的网页后可能会产生各种行为,你最期盼的行为是:

◎带走一些资料——下载一些可能会为他们提供帮助的文档。

◎保持联络——注册你的更新日志或电子期刊。

◎相互接触。

这些行动口号可以遍布整个网站作为相关内容。所有行动口号都要赋予一定的情感因素,让客户明白你了解他们的困难。"年底账务有困难?请致电莎拉",这句话显然要比"请致电我们"好得多。

营销自动化和网站的未来

如果你考虑重新设计网站,展望一下在营销自动化、CRM 和新的电邮营销领域都发生了哪些变化是很值得的,了解一下这些内容如何才能链接到你自己的网站上。下一代的超级网站要比过去的强大得多,技术也唾手可得。下一代的网站是产生整个 Leads 发展生态系统的一个整体部分。他们不会独立存在,但是会链接到社交网页、你的人数与日俱增的电邮订阅列表、你的联系人数据库以及智能分析上。

使用可链接电邮营销工具(如 Mailchimp、Aweber)和 CRM 平台(如 Salesforce)的智能营销自动化系统(如 Hubspot、Act On、Marketo 等)链接到你的网站,这会给你提供高效能的内容营销基础,此种基础既能洞察一切,也能提供知识和实时控制。

营销自动化是这个生态系统的关键部分,是一种有助于为你的网站提供动力和管理由内容建立的关系的一种方式。起初大型企业独占平台,由于新的平台像来自 Copyblogger 的 New Rainmaker 这样的强有力的网络销售平台的出现,小型企业也可以在这里一展身手,得到更多的使用机会。

智能自动平台带来的影响力的因素

自动化平台提供更好的深刻见解

在深刻见解方面分析工具只能让你了解这么多。你可以从分析工具获知什么样的内容会驱使产生更多的网站流量,这些网站流量来自哪里,因此知道哪些是最佳分享内容。但是还是有以下更加难以回答的重要问题。

◎具体地说,谁在何时消费哪一类的内容?

◎什么类型的内容(即包括主题也包括发布格式)最有可能吸引你的理想客户?

◎哪一类价值内容会给你带来最佳的机遇,最终给你的企业带来真正的收益?

一个好的营销自动化系统可以通过追踪访问者的行为帮助你回答这些棘手的问题。当一个网页访问者随着访问过程的继续最终成为客户,你可以回到最初的登陆点和对话处追踪他们的过程——完成"价值内容最有可能带来好的机遇,产生新的业务"这个循环。

一个好的自动化营销系统可以让你了解得更为精细,追踪你的理想客户的行为,所以你可以围绕他们的需求来设计你的内容和网站。这会给他们带来好处(更好更相关的网页经历),对你来说也非常有益(更有可能选择你,你会知道什么样的内容有效)。

聪明的营销师杰森·米利基,研究美国专业服务营销机构 Rattleback 的经营者,对这种方法的影响力做了更多的解释:

> 对于大多数的中小型企业来说,网站仍是为大多数网站访问者提供整齐划一、绝大部分为静态的经历。我们已经介绍过动态元素(例如推特信息流),大多数情况下,我们向访问某网站的每个人发送绝大部分相同的信息。但是,网页用户期待越来越多的内容的现象

呈增长趋势，我称为亚马逊现象。因为亚马逊基于我在过去曾经关注过的和采购过的东西对我了解更多，每次我访问该网站时能更大程度上地驱使我进行网页体验。我知道我访问的每一个网站都在追踪我，而且我也开始有点期待他们会利用那些信息向我传送一些有价值的东西。

像 Marketo 这样的自动化工具已经使得中型企业甚至小型企业都能利用这种元素。我们已经能在我们创建的网站上发布智能的行为召唤，它能确保网站访问者不会看到相同的、重复的行动召唤。

无论你的关注量有多少都会自动链接

在理想世界中，我相信你会愿意亲自培养每一个潜在客户，是不是？但是当你的邮件订阅者名单列表人数增加到有意义的人数范围时，你会如何和这些关注者进行交流？你会和他们分享有用的并且和他们已经阅读过的内容相关的内容。智能营销自动化会使你通过自动化程序和我们所知道的"leads 打分"程序来完成这一切。

自动化程序基于网站访问者以前和他们互动的内容，赋予你向访问者发出及时内容和信息的能力。采用 leads 打分程序，你可以基于访问者是谁和他们采取的行动为他们打分。当他们在累积点值时，你可以在你的系统中设置触发装置通知你，他们何时达到了某个阈值线。

随着时间的推移，你会看到当人们接近你想要和你联系时，人们最有可能想和你互动的是哪些内容。在时机合适时，你能辨认出那些就是有待和你进行个人联系的人。

相当不可思议，对不对？采用这种技术就在合适的时间向你的客户发送更多好的内容。我们也知道不可能让客户自动地产生信任，如果你出了什么差错，效果适得其反，不堪想象。更重要的是，我们知道如果营销者无情地利用数据锁定我们会使我们有什么样的感觉（被绑到十字架上，就是这样的感觉）。所以要使你的客户由衷地产生最大兴趣，必须谨慎处理。

你的网站的未来是什么

在正确的时间、正确的地点给正确的人提供正确的内容——这应该是我们的一种志向。就像我们已经在上文解释的那样,现在许多自动功能都可以帮助实现这一愿望。未来的网站会给访问者提供甚至更为人性化的体验,价值内容会成为默认导航。

毫无疑问,新的平台会不断产生,新的网络机构会满怀希望地关注能理解我们需求的网站,这个网站对于我们链接在一起的数字化世界提供全方位的解决方法。然而有一件事是确定的:拥有正确的内容——知道该表述什么和如何去表述——仍旧会是所有问题的核心。

网页设计团队指南

现在你已经清楚知晓网站需要完成的任务,是时候跟为你设计网站的人谈一谈了。大多数的网页设计者都比较擅长美术和技术,但他们并不完全理解你的价值内容营销网站的需求和设计功能。

使用本指南可以引导网站设计团队满足你的要求。

与设计师讨论一下你的需求:

◎一个能自行管理内容的网站。这是毋庸置疑的。Wordpress 内容管理系统平台让我们可以很方便地为网页更新或添加新内容。因为你要不断地更新网站的内容,所以必须要有自动操作的能力。

◎一个以内容为中心的网站而不是一个只重视视觉感受的网站。

◎网站上的任何一个动作、声音、图形、图像都有特定的目的。根据目标浏览者需要而设计的简单、直观的导航工具及布局。必须让浏览者很轻松地找到想要的信息。

◎全平台支持网页设计——在所有移动设备上都能观看。

◎建立一个整合的博客——功能齐备、设计好。

◎建立一个可以互动的主页，强调价值内容，吸引人们深入了解网站。

◎方便管理者上传、存储、强调更多的内容——视频、播客及其他内容。

◎满足搜索引擎的基本原则——有符合原则的 URL 结构和设计 Meta 资料的能力。

◎有分析功能——你想知道哪些人登录了你的网站，哪些网页阅读的人最多，哪些内容发挥了作用，而哪些没有发挥作用。

◎营销自动化——你需要达到什么级别的自动化？什么级别的整合工具？

◎整合一份电邮营销工具，以方便浏览者注册获得更新内容。

◎为每个网页设置显示相关内容的能力。每页都有相关的行动召唤。任何一个网页都不能让人有内容有限的感觉——他们总有更多的机会去发现新的内容。

◎要有互动工具——如分享键、评论功能、查询表格等。

◎强烈的视觉效果设计——有专业性和趣味性，且要保持整洁。

◎专业的页面及内容布局——注意排版，让网页的风格与内容契合而且易于阅读。

◎有搜索功能。

◎有清楚的联络信息。

有价值的提示

观察一下网页设计者/开发者自己的网站，如果他们为自己创建了价值内容，那么可能会理解你想要达到的目标。

网站主区域的构想

主页

你的主页不是画廊，而是一个门户。你需要用充足的理由说服人们通过网页加入到你们中来。

——克里斯·巴特勒

你卖力推销自己的房子时,房产经纪人都会建议你清除杂物来显示一下房子的最佳优点。我们认为这同样也适用于你的网站主页设计。你的主页应该让浏览者有浏览自己主页的感觉——他们理解你的想法,关心你的内容,认为自己找对了地方。

虽然人们可以通过多个页面到达你的网页,但是仍然需要一个设计精良的主页。它需要展示以下的内容。

◎明确的意图。简而言之——你做什么,你所做的,你的客户说什么,你说什么,为什么这很重要。

◎清晰的导航。这是你吗?使页面访问者快速找到答案的清晰路径。

◎值得公开和骄傲的价值内容。

◎呼吸的空间。

关于我们

潜在客户需要了解你的企业是哪种类型的,因此这个区域尤其重要。但这并不是全部,实际上他们真正关心的是你能帮助他们解决哪些问题,以及你的企业是不是能为他们提供帮助。

◎站在潜在客户的立场来看你的网页。你的团队可能有高超的高尔夫技术,但是这又有什么用?这里需要一些能开展商务工作的方法。

◎分享你的使命、你的故事——你的信仰是什么?为什么会有这样的信仰?

◎明确你的目标客户——你的企业可以为哪些人提供帮助?

◎不要写得太多。优秀的网页要短小精悍、切中主题,并带有炫目的标题和小标题。

◎确保网站内所有链接对网站的内容都有帮助。与"关于我们"有关的内容可以自然的链接到你的客户、服务和经历中。

我们的员工

你的设计除了让企业更具自信外，还要发挥另外的作用。潜在的客户还希望了解他们在与谁一起合作：

◎优质的团队专业照是必不可少的。虽然我们知道潜在客户对自己的事情最感兴趣，不会对我们的人员情况过分热心，但仍然需要在网站上展示一些极具个性化的内容。

◎快速问答是一个很好的互动方式，既可以人性化的手段展示足够的内容，又不会让浏览者感到厌烦。

◎链接到他们创建的有价值内容。

这是你吗

通过互动的方式确定哪些浏览者会成为你的客户，以及他们关心的问题。这就是能使你的客户档案资料活跃起来的地方。你需要这样一个地方确切展示你为谁服务，你如何熟知他们的问题和如何帮助他们克服这些问题。利用一个"这是你吗？"的页面就可以做到。指导不同的潜在购物者选择与他们相关的服务、产品和内容。

客户经历

不要告诉我月亮会发光；把碎玻璃上反射的光芒展示给我看。

——安东·契可夫

在这个信任度极低下的世界里，我们渴望从人们身上得到独立的证据。从已经接受了产品或服务的人那里获取到的信息有更强的说服力，从其他人获得的信息比直接从企业这里获得的信息具有更高的可信性。

当潜在客户评估你是否可以成为一个合格的合作对象时，案例研究、客户经历的重要性尤其突出。他们会把你的服务套用在某个背景下，若目标正确就可以完全反映出消费者的真实境况。

> 与客户的真实经历相比，其他任何一种促销工具都无法同时具有以下三种特性：可信性、教育性和有效性。
>
> ——凯西·希巴德

下面是一些如何在网站上使用案例研究的技巧。

◎ 以客户为中心，塑造客户的良好形象。

◎ 显示你的产品、服务或企业是如何解决某个具体问题的。简洁明快地描述出你所解决的商务问题。

◎ 给出价值所在。向其他人传授案例中的某些要点，把这种内容的真正价值展现出来。

◎ 把客户也包括在内。怎样才能知道客户与你合作后能得到哪些益处？唯一的方法就是去询问客户！

有价值的提示

每次完成任务或交易后，询问一下客户的意见。他们真正的看法是什么？他们为什么要采购？有你参与他们能获得哪些益处？此次交易过程中他们比较满意的是哪些方面？下次还有改进空间的是哪些方面？

本书结尾处的资源区有案例研究的模板。

我们的服务 / 产品

"服务"区是我们工作的重点,这些页面的写作方式要与其他页面有所区别。比如你从事的是技术服务的销售活动,那么就要注意不要一不小心写入过多浮夸的成分或者采用较多的术语,使潜在客户望而生畏,离你而去。如果你的客户种类较多,提供的服务也比较繁杂,那么你的网站很容易变得令人迷惑。

你需要一份简介,在网络搜索的初期阶段对你的服务做清晰的描述。记住要用简短的语言来回答"你会怎样来帮助像我这样的人",而不是只在那里空谈"我们会做什么"。

为每个网页撰写一份简短清楚的概述,向渴求更多细节的浏览者设置更多的页面加以介绍。

记住一定加上"相关内容"框。

◎ 有助于撰写服务文案的基本结构服务的名称;

◎ 服务的相关对象;

◎ 他们为什么需要服务 / 哪些问题需要解决;

◎ 你的服务涉及哪些环节;

◎ 结果 / 收益;

◎ 行为召唤——下一步采取什么行动;

◎ 相关的图像 / 照片 / 视频;

◎ 客户经历和推荐信;

◎ 相关价值内容。

免费资源 / 深度内容图书馆

这是网站中的一个至关重要的部分,具体内容可由你视具体情况而定——资源介绍、免费资料、知识银行或图书馆等均可。所有价值内容会在网站的显著位置上予以清楚地标示，除此之外它们还需要拥有自己的网页。有价值的资料要陈列在网站中易于寻找的位置。把你的博客、电子期刊、视频、播客、白皮书、幻灯片展示等内容收集起来，这些资料将成为潜在客户可以免费使用的价值资源。

就像图书馆需要对图书进行分类和设置标记一样，你的资料也需要进行整理，以便让人们迅速查找到想要的内容。把你的内容组织起来形成目录，关联资料间的链接可以让人们与网站更好地互动。把信息分成多个部分可以让客户按照他们喜欢的方式进行阅读。

向世界发布你的新网站

创建一个新的网站的过程会使你殚精竭虑，灰心丧气，而有时也真的会让你思考。它强迫你以新的观点来审视你的企业，做出一些真的很艰难的思考——你的信息、你的客户和他们的需求、你的服务、你创办企业的原因。

一旦艰巨的工作完成——创建了你的新网站、你的内容策略适在其位、活化了你的社交媒体流量和大量新的内容待分享——此时的巨大诱惑可能就是"出发，出发，出发！"你已经创建了不可思议的内容营销机器，你马上就能使用上它了！你可能感觉多少有点媒体商业巨头的意味。

在把你自己推向世界之前，火药味十足地向所有网站开炮。记住这种内容营销策略游戏是想要建立联系。既要播报也要倾听。分享他人的内容，不只是你自己的，一定要慷慨大方，你有这样的能力。现在广泛地使用一下。

当你已经发布了你的网站之时，工作并未停止。这是一个需要进一步创建的平台，不能止于其本身的发展。如果你想有人浏览你的网站，青睐你的网站，要明确你的内容策略，创建几个月后的发布计划，不断增添、分享更优秀的内容。想要打造成能在网上驱动产生 leads 的领军网站、取得成功需要花费

223

一定的时间。如果你遵照这些提示不断添加价值内容，自然会取得收益。

具体的实施方法

◎ 浏览你现在的网站。它是否支持你的价值内容目标？它是你需要的平台吗？

◎ 想要获得灵感，例如去看看那些拿过价值内容网站奖的企业，它们的表现就是最好的示范。

第十三章
如何撰写有价值的内容

任何能清晰思考的人都能清楚地写出任何事情。

——威廉·辛塞尔

本章内容介绍

◎任何人都能学习撰写价值内容吗？

◎基本写作规则。

◎撰写之前要有规划。

◎敲打出正确的基调。

◎如何让标题发挥作用。

◎不要虚度光阴，想做就做！

博客和深度内容都需要精心撰写，社交媒体资料、标题、视频字幕、邀请人们收听你的播客的更新内容和在网站上发起的号召也都需要精心撰写。甚至在这个日益视觉化的时代，真正有必要经过深思熟虑形成正确的语言。

写作已经触及内容营销的各个领域，写得一手好文章的能力会给你增加额外的魅力。成为一名好作家有助于你创建任何类型的价值内容，并在写作过程中也对你的业务进行超级快充。

任何人都能学习撰写价值内容吗

> 什么使一个作家变得伟大？是对读者和话题无限的爱。你必须关注许多事情——你的语言、你的读者和你创作的内容。
>
> ——索尼娅·西蒙娜

写作之举本身感觉就像一个巨大的障碍——你可能会感觉到你就是做不到，或者不能把它做到足够好，好到可以成为你的企业营销的主要关注点。

但是不要绝望，我们认为这几乎是每个人都可以做的。你所需要的就是写作常识和一个明确的目标。本章将会给你打下一些好的写作基础，在写作的提升方面助你一臂之力——如何确保你创作的内容有价值，如何保持正确的写作基调和如何使创作的内容有吸引力。不仅仅是关于如何写，而且如何创作出人们会重视的内容。

我们的建议就是全力以赴、放手一搏。像任何技能一样，写作需要不断地大量练习才能提高，把握我们概括的基本规则，这样你在为企业进行写作时应该会变得容易些。（我们喜欢的是你能享受写作，享受由此而建立起来的你和客户之间的关系。）

我们保证写作这一举动会提高你对自己本领域的理解，改进你与客户之间的联系。

写作就是思考，是真正有价值的思考，能够做到这点会有助于你建立更强大的企业。

撰写价值内容的不同之处是什么

撰写价值内容与你可能写过的其他种类的东西有所不同。主要的区别在于视角的不同。你的出发点总是会提醒自己："这对我们的客户会有什么帮助""以客户为中心,而不是以自我为中心"。如果出发点转变就会有可能感觉不自然。我们对这种直接表达已经习以为常。同样的,价值内容真正会受益于表达个性,它却会使曾经接受过写作培训的人感觉困惑,因为他们的写作要求是要适度、公正。

有一些简单的规则和方法论,一旦你掌握了写作会变得容易些。本章将教会你有信心地撰写价值内容。

规划成就完美

> 在准备作战时,我经常发现计划是不中用的,而规划则是不可缺少的。
>
> ——德怀特·艾森豪威尔

对你所撰写的内容有一个清晰的认识会更好地塑造你所写的东西,并且知道为什么写。

精心规划的内容与精心撰写的内容一样更有可能会圆满告捷。所以这里有一些问题来确保你的内容走上有价值的正确道路。在你静下心来投入之前首先用你创建的每一条内容来回答这些问题。

规划问题

◎这条内容是为谁设计的?谁是你的理想读者?
◎你用这条内容锁定的概念和关键词是什么?它为读者回答了什么问题?
◎为这个内容暂定标题吗?
◎你的目标是什么?为什么你这么做?你想让读者学到什么?你的读者读后思考了什么和感觉到了什么?号召采取什么行动?读过内容后你想让读者

做什么？

◎首先弄清楚这些问题的答案，然后开始写作。

遵守规则吧！

提高写作技能的一些基本写作原则

用更简短的句子表达更多的内容

如果我们必须选取一条作为黄金写作法则，我们会选"用更简短的句子写作"。

在维多利亚时代的英格兰，你的读者很愿意伴随你进入带有复杂句式的漫长旅程。但今日的读者完全不同。只要是商务写作涉及的地方，保持句子简短会使你的文案更具影响力。

试着拿一篇你自己撰写的文案，数一下每句话里面平均的字数，然后删减。对，就是这样删。

如果你每个句子平均超过 25 个字，那么就减半。如果你一贯是达到 15 个字，最好减下一些词来。并不是每个句子都必须超级短。花样繁多才能体现生活的情趣。但是整体上看越简短越好，而且要好得多。

为什么句子越简短越好？因为我们的阅读工具改变了。让我们想象一下，我们维多利亚时代的读者舒适地坐在炉火边。他（她）可以把书放在裙摆上，或者漂亮的胡子上（如果你喜欢两者都可以，你可以尽情想象）。他们在装帧的书籍或者在大篇幅的报纸上读着你的文字，按照自己的阅读速度翻着页。

今天的读者是用笔记本或者平板电脑在网上阅读你的文字。这些情况下阅读长句子会有一定的困难。他们电话上的小屏幕就像一列塞满了人的拥挤火车。如果你的读者需要通过频繁的滚动来达到他们阅读的点，很快他们就会丧失信心。所以要保持句子简短。

快速写作练习（一）

查看一下你的最新博文。找出五个最长的句子重新写一下，每个句子至多 10 个词长。看看会有什么不同。

使用主动语态而不是被动语态

吸引人的语调罕有用被动语态的。看看你最喜爱的作家的用词方式，几乎可以肯定地说他们使用主动语态。使用主动语态也会赋予你的文字权威感。不要说"这个报告会被递交"，而要说"我们会提交这个报告"（这种表达要有力得多）。

另一个写作原则的权宜之计是变换你的写作时态。现在时态中使用主动动词会给人留有一种目的性的印象——读者感受到的是他们很快会取得一些进展。

快速写作练习（二）

选取一篇你的博客改变一下时态，那么读起来就好像创作于此时此地。如果你还没有开始写作，那么比较这两个句子看看你更喜欢哪一个。

A. 报名订阅了我们期刊的企业将会收到帮助他们赚更多的钱的要诀和技巧。

B. 报名订阅我们的期刊获取要诀和技巧，帮你赚更多的钱。

希望你会喜欢 B。（如果你不喜欢的话，反复读这两个句子直到你同意我们意见为止。）

句子 A 徘徊在过去（订阅了的）和将来（将会）之间给你留有一种漂浮游离的感觉。句子 B 更具有即时性。它也运用了另一个基本写作原则。句子里面用到了"你"。

捕捉"你"的力量

好的写作会与读者建立联系。最快的做法就是直接把读者置于副本中。把"你"写入其中,你的写作会让人难以忘怀。

快速写作练习（三）

比较：

A. 商业理财使许多人夜不能寐。担心收益和损失，现金流和预测是小型企业经营者司空见惯的事儿。"Big Red Pen 会计师"可以给你提供帮助。

B. 商业理财不应该那么困难。想让你的这一切变得简单吗？用数字来理解发生的一切是关键——因此，如果你想控制你的利润和损失，现金流和预测，我们很乐意帮忙。

句子 B 更具影响力，因为它直接和你对话。我们不能直接辨别出句子 A 中的"许多人"，但是却能恰如其分地体现在句子 B 中。

看一篇你的博客，重新再写一遍，用"你"替代任何"他们"／"我们的客户"／"人们"。这样你的写作感觉更具及时性、更有对话性。

提出问题

你们中目光锐利的会已注意到除了把"你"加入到以上句子中，赋予写作更多的即时性，我们采用的另一个技巧是在文案中使用问题。

读者提出问题使你的写作感觉更像对话。就像转过身来问挨着的那个人来看看他们有没有理解你所说的话。这表示你的写作引起一种共鸣，从而使它看起来更加暖人心，更具吸引力。

问题使你更容易与读者建立联系。你同意吗？

问题使你不再感觉只是处在讲座的接收端，而使它进入双向对话。

快速写作练习（四）

看一篇你的博客。能否看到加了问题的地方使文章读起来更加流畅，更朗朗上口？试着加上些问题，看看会产生什么影响。如果这种方法很奏效，副本应该感觉更有活力——好像你在写作中更有身临其境的感觉——这就是我们想要的效果。有人情味就是好的。

要精简

一个不错的开始就是如果你希望写得简短有力，就是要去掉成行的使你慢下来的连词。所以任何"然而""此外""据此"直接胎死腹中。不要说"我可以递交 X"，而要说"我递交 X"。

隐喻和类比

类比法是与读者互动并建立联系的好方法。做对比可以给出一些让人印象深刻的语句，让人迅速找到要点而且记忆深刻。例如，如果我正在试着解释一个网站的主页为什么让人感觉看起来不舒服，我会说"所有的地方都显得结构混乱、毫无秩序、邋里邋遢，到处都充满了让人反胃的销售信息。不知道要从哪里开始看，脑子里只有一个念头'我不想再这么烦了'"，或者我会说"像元月大减价结束后第一天百货商店销售大厅的地板"。这种类比长话短说，但读者可以迅速抓住重点想象出当时的情形，也很容易唤起他们的回忆。

隐喻是可以被用来做对比的词或短语，可以用简洁的语言把你的思路和感觉表达出来。把它编织到你的文章中，可以起到"直入主题"的作用。选择一些能让读者产生情感共鸣的内容把他们的注意力吸引过来，更容易接受你传递的信息。

打破一些规则

句子开头可以使用"And、Because 和 So"。打破一些我们为你设定的规则也是可以的，只要你能明白你这么做的原因。我尤其想到了短句黄金法则。这里就解释了其原因。

要真实

模仿自然的言语模式是一种培养好的写作语调的极好方式，有助于你摆脱平铺直叙式的写作方式。每个句子都是超级短句会使你的文章听起来太不连贯，也不太像日常说的话。我们日常说话时往往长句短句都有。只要你大部分句子简短的话，把这些变化运用到你的写作中，有助于表达真情实感。

编辑

一旦写作正式开始，你很快就会感觉到完成一篇了不起的博文是多么地有成就感。即使你打算把关于某个主题的所有内容全部写出来，真正重要的内容仍然只占五分钟。不要浪费时间——必须马上分享，刻不容缓，你的物质生活和精神生活全靠他了！

还有一种动力推动你完成它，即在必做事件的列表上打上标记会让你觉得好一些。你会渴望尽快上传。

现在最重要的事不是按下发送键，而是保存你的文档，然后关掉它。明天用更清醒的头脑更严格的目光重新审查一遍。

别看只是几个小时的时间，却能让你更好地检查每一个可能出现的常见错误。

停下、查看、编辑——按下"发布"键前需要做的 6 件事：

◎文章切题吗？感觉好像很应景，但是文字有时有欺骗性的。问问你自己，它是不是真的对你的客户有用？可能会有一点点的瑕疵，你就应把它从网上收回来。伟大的思想从不应被浪费，而且它们还需要正确的起飞姿态。如果你确实发现了一些错误，不要犹豫不要害怕，收回它！

◎有些内容遗漏了？如果文章还没发出去这是很容易的事。慢慢检查一下你的文章，确保它的内容是有意义的。

◎有些内容胡扯了？有的内容磨蹭的时间过长，或者有的内容兜圈子、不直截了当，直接删去拐弯抹角的部分，以简洁的方式重新措辞。

◎有些话语重复了？这是写文章最常见的错误，特别是写得快的时候，再检查一遍。

◎拼写正确吗？用词准确吗？拼写检查功能的确可以检查出绝大多数错误——但是它无法察觉那些潜在的用词错误。在确保一切完美之前不要发布任何东西。

◎语法正确吗？用自然而互动的语调并不是要放弃语法规则。不规范的语法可能会使读者放弃他们的阅读，因为你写的东西难以理解。如果你不确定，可以请其他人帮忙检查。即使你已经确定了，多双眼睛总不是件坏事。

为企业确定一个正确的基调

确定正确的基调非常重要。如果人们感觉到你是以一种居高临下的态度对他们说话或者你根本不理解他们，他们会立刻关掉博客。"感觉"才是最有效的语言。感觉就是我们的本能作出的回应。

有时很难明确指出哪是正确的或哪是错误的，但是我们肯定知道我们就是不喜欢了。不恰当的语气会让我们感到紧张、生气或者被忽视——这根本不是在对我说——我们要一走了之。

第一次写文章的时候的确很难确定基调，许多人对此也表示过担忧。遵循上面概括出来的写作技巧会改善你的写作基调，那么怎样才能为你的企业确定一个正确的基调呢？

没有一种基调是万能的。即使是同一个企业的推销人员在谈到网站设计时也不会用一模一样的说法。人力资源企业与意大利连锁餐馆的网站基调肯定是不同的。但优秀的内容也有其共同的特点：用词准确、容易理解，但是在塑造自己的品牌时语调上的变化也很重要。

先讲后写。应该怎样与正在合作的客户交谈？如果对方正坐在你的旁边，要怎样来解释你的思路？你希望创造的机会就是要让对方最大程度地顺着你的思路发展。如果你只是沿着固定的思路走下去，专业意见反而会成为一块绊脚石，所以你要学会站在客户的立场来考虑问题。

在演讲之前要先建立正确的词汇表。除了一些人人皆用皆懂的术语外，其余术语要尽可能剔除，你的客户只希望看到他们工作中需要使用的那些词汇。与客户喝咖啡聊天谈论项目的时候，不要使用客户不懂的术语——面无表情会令人不安，绝不会为你带来一次舒适的会见——所以不要把这样的情绪带到你的文章和博客中。

例如，不要说"我们帮助培训课程提升效率让草根也能成功"，应该说"我们为新企业提供工作培训"。

所有的博客、推特或网页都只有一个目的，那就是沟通。不要让拗口的语言或不必要的术语毁掉你的文章。

当创作内容的时候，想象正在与一位客户交流，这会让你的作品读起来倍感温暖和容易理解。

小型企业可以在反复试验和尝试错误中找到他们的基调。

我们企业的基调是自然形成的。你必须开始进行写作和试验。我们办公室有一些个性很强的人，如果感觉有什么不合适我们会立刻告知彼此。现在我们在 Wriggle 的员工都在发推文！

大型企业需要与客户谈话，倾听他们的想法，然后制定基调指南供每一位打算开博客、上推特的人分享使用。

基本的基调指南

◎内容的真实性是确定正确基调的关键所在。避免写你都不愿意大声说出来的内容。这条简单的规则可以帮助你避免犯信口开河的错误。

◎理解、尊重你的人有助于你确定文章的基调。人们需要感觉到你是在真正地关心他们。

◎写作中想象一下真实打交道的人，你会悬崖勒马停止喋喋不休地推销。那些海量的、咄咄逼人的销售信息会使人感到非常不舒服，务必收回。

◎最后，头脑中保持宏伟的蓝图。围绕你所创建的社区来确定基调，这样你才能大有前途。

让标题发挥作用

一般来说，与正文相比，许多人会花五倍的时间来阅读相同文字量的标题。因此，学会写标题也是一项非常有用的技能。面对着信息的海洋，我们只能依靠浏览标题的方法来确定哪些内容具有相关性，从而进一步深入了解。标题不仅是网站的构成要素，还是推特等社交媒体不可或缺的要素。下面的技巧将告诉你如何让人们点击你的内容而不是一掠而过。

◎要够简洁。用尽可能少的语言总结文章或博客的要点。简洁而充满朝气的内容比那些令人费解的内容更能吸引关注。这也是一次对内容的极好测试——如果你不能用一句话来概括总结完毕，那么很可能你的内容本身就有问题。

◎在标题中使用关键词。这对 SEO 和潜在的客户来说是极为有用的。

◎把读者放在第一位。考虑一下他们想知道什么。他们将搜索哪些内容？你的内容将如何帮助他们？

◎使用那些可能会成为搜索词的内容来做标题。

◎主页设计中的快捷指南；网络礼仪中需要先说的内容；新闻稿的重要组成部分。这些都有利于吸引读者的注意，是标题制作的优秀案例。

◎提出一个问题。标题可以是一些好消息，也可以是提问式的对话。你的名片有用吗？你的招聘工作是否顺利？客户知道如何找到你吗？

◎"如何"式标题。对正在搜索信息的人们来说，"如何"式标题会勾起他们的兴趣，吸引他们点击获取更多细节。例如，如何设计"关于我们"的网页；如何推广电子商务销售；如何在六周内把你的房子卖出去。

◎许诺成功。我们都想获得成功，任何人如果提出成功的承诺都会吸引我们。在标题栏里写一些许诺成功的内容可以增加点击率。例如：如何赢得更多的客户和优质的商务网络；成功的销售来源于三个词；利润的提升来源于优秀的工作。

◎阐述失败的危害。人人都渴望成功害怕失败。惊恐同样可以促使人们阅读你的内容！例如：五个需要避免的高成本公关错误；为何客户会抛弃你；人们为什么疏远你；你的网页方案占用销售成本吗？

◎提供一些内部资料。没有人不想知道秘密。激发人们的好奇心其实是很容易的。例如：成功博主的秘密；顶级小说家共有的品质；谁是能让 20 位世界级领导人关注的博主？

◎玩数字游戏。或者承诺可以迅速阅读，或者提供一些容易掌握和确定的信息。例如：迅速提升你的 SEO 的五个方法；让读者留在你的网站的七个方法；写作时必须打破的三个原则。

◎ 使用主动语态。含有增加、推动、运作、剧增、飙升等词的标题更能吸引关注，为你的标题注入一些能量可以获取更多的关注。聪明的营销带来销售额的剧增，让客户迅速主动去结账。

◎ 说一些不同的内容。在拥挤的推特营销阵地上，创新就像呼吸新鲜空气一样重要。用不同词汇创造的标题跃然纸上。我不谈术语，只使用一些出人意料的词汇——名词或动词——把他们融合在推特的销售流中。例如：Lady Gaga 教授给你哪些网络知识；为什么销售临近结束时会有断崖。

◎ 如果这些都做不到……那么就有什么抓什么。这是最后一招，要尽量避免使用。例如："如何在一夜之间赢得更多的销售额""为什么你的内容有吸引力""如何撰写杀手博客"等。

成为一名自信的内容作家

自信能使你在创建价值内容时更容易、更快乐。如既能够撰写博客也能够撰写其他有深度的内容，你会发现好的写作技巧会提高你在社会媒休的存在感，在提升你的展示效果的同时还能改善你的演讲。

完善与他人分享的内容非常重要，成为一个更优秀的作家有助于你无论身在何处都能进行清晰的沟通。

不要虚度光阴，想做就做

如果你正在经营自己的企业，那么让你静下心来写文章是很困难的事情。对于我们大多数人来说，搁置一切专心写作是很奢侈的事，很难会有这样的机会。即使好不容易抽出了时间，也很可能会突然冒出一些紧迫的事情，如检查一下邮箱，整理一下桌子，冲杯咖啡。

下面是一些可以帮助你提高写作能力的方法。

◎提醒自己写作的原因。你写下的这些文字是整个营销计划的一部分。这是向着正确方向迈出的一小步，而不是不可逾越的障碍。请把它列为工作的一部分。

◎不要浪费精力去考虑太多问题。把所有的精力都投入到写作上。想写就写。打开你的电脑，不要进入推特，也不要打开脸谱，不要打开邮箱，就是单纯地写作。

◎开始得越快结束得越快。随时可以结束。如果你觉得自己写完了，那就是写完了。不用再特意结束一次，想结束就结束。

◎给自己许下一点奖励。这是一篇写给小孩子或成人的文章——400字。然后，我要出去走走，吃块蛋糕，打个电话。

◎认真规划几段时间，确保不受其他事情干扰。每天抽出五分钟在博客日志上记录下你的思路；半个小时设计一篇博文（如果你忙得过来，也可以写一篇）；一个半小时写些东西，强调经常出现的几个问题，然后把它上传到你的网站上。

◎忘我。换个写作环境，远离日常工作的地方，以免分心。比如找一间安静的会议室、一家咖啡厅、一个图书馆，甚至是换个不同的桌子都可以。

◎许下一个承诺。确定写作的截止日期，这是可以让我们确保完成写作任务的有效方法！认真写作将会让你的业务别开生面，另有一番境遇，因此它值得你抽出时间，坚持下去吧。

◎告诉别人你正在做的一切。公开宣布使之更加难以放弃。

具体的实施方法

◎找一个你喜欢读的博客，仔细研究它的撰写方式。作者使用的哪种写作技巧吸引了你的注意力，使你一直读下去？

◎练习标题写作。注意吸引眼球的标题，尝试以相同的风格重新撰写一个你的标题。

◎加大阅读量。不仅仅读博客也要读小说、诗歌、剧本和其他任何一切读本。眼观六路，耳闻八方，阅读能打动你的内容，在写作的下一内容上采用相同的技巧。

◎允许自己有玩乐的时间。优秀的作家都有把玩文字的爱好。

第十四章
如何利用有价值的内容进行销售

> 在大森林中,你不能待在只属于你的那个角落中等待其他人来找你,有时你也要主动走向他们。
>
> ——《小熊维尼》

本章内容介绍

◎推播式销售营销并未终结。

◎价值内容并不是销售手册。

◎利用价值内容开启销售演讲。

◎价值内容与优秀销售团队的作用。

◎从内容营销入手处理 leads。

◎让营销与销售紧密结合。

本章是写给销售人员的。如果你正在进行销售或者销售是你工作的一部分,那么我们想鼓励你把价值内容作为商务发展过程的一个至关重要的部分。

价值内容是真正现代营销实践的核心,分享它才是创建信任关系的完美方式。我们想要展现的是伟大的内容和新的数字化工具箱如何有助于你打开门户,培养关系。工具箱装有价值内容,销售就会变得更容易。

我们也想鼓舞你加入内容创建过程,因为如果销售团队出谋划策的话对创建更好的内容大有裨益。

你只有加入内容营销才会对你的企业真正有效。

推播式营销在集客式营销年代并未终结

积极主动营销并未终结。如果操作方式正确的话，直销在今天的网络时代仍然有一席之地，鉴于今天的人们是多么希望有人来进行交流，而又不打扰潜在客户。如果人们感到与你有一定的关系，他们一定会愿意接你的电话。销售和营销的任务是，协同努力培养和培育更多、更温暖的关系。其中，价值内容起到了关键的作用。

因为你会通读本书，创建和分享价值内容是一个极好的"拉人"或"集客式"营销策略。如果你执行正确，这会是一个可以经常采用的最佳有效的混合策略。

有价值的提示

当你写作时脑中记住一位真实客户，就当是给他写的。

内容故事：集客式营销（Inbound marketing）和推播式营销在顾问咨询企业 Ascentor 中和谐共存

在第一章我们向你介绍过信息风险管理公司 Ascentor。

三年前他们投资了一家内容丰富的网站，展开的营销策略成功地把 leads 引入到他们的企业。但是这不仅仅是 Ascentor 的集客式营销。他们使用创建的价值内容，也主动地与一些新的潜在客户打交道。

下面是一个价值内容引导销售活动的例子。总经理戴夫·詹姆斯（Dave James）意识到这是个可以帮助向政府推销以得到 G-Cloud（新的英国政府云）认可的企业的机会，并且想要推动产生 Ascentor 在本领域的服务意识。他的活动包括一系列活动的组合。

◎集客式营销：创建描述他们服务的引人注目的网页，围绕主题的一系列有用博文和一个非常有用的对此程序可下载的指南。

◎推播式营销：与潜在客户进行积极主动的联系——给他们提供高水准的鉴定程序价值指南，并在其后推动销售演讲。

> G-Cloud 水准鉴定程序是一个很有分量的术语，要求写在政府声明里。所以我们把一本有用的指南（打印版和网络版两种格式）和一系列博文放在一起，帮助人们解开这个过程的谜团。
>
> ——戴夫·詹姆斯

他们的博客、网页和指南在搜索中排名很靠前，并且引入了好的能带来销售额的集客式营销 leads。而在另一边的推播式营销中，总经理大戴夫·詹姆斯透露说："在我们活动展开的第一个月，我接触了 25 家想要与我们在这个领域展开业务的企业。17 家索要指南，安排了 8 个会议，会议举行后我们赢得了 2 名新客户。"这个转化率令人印象深刻。

Ascentor 恰好在企业发展过程中使企业实现了增值，无论他们采用何种方式与客户相联系，确实为他们的企业发展活动带来了和谐。资深团队、销售、营销和主题专家一起合作创造和分享潜在客户青睐的高质量内容——不仅对接收内容的人有价值，也对他们的企业有无限的价值。

价值内容并不是销售手册

如果你正在谋求与目标客户会面并进行销售会谈的机会，那么不要把你的营销预算投入到高成本的销售手册，用有限的预算制作一些有价值的内容吧。销售手册固然有作用，对于一家专业企业来说，它只是一个可以增加商誉的工具而不是一块敲门砖。

下面是一个具有前瞻性思维的企业发送有价值的内容而不是传统的销售手册，从而取得销售成功的典型案例。

内容故事：Conscious Solutions 的销售团队用价值内容引导销售

戴维·吉尔罗伊是 Conscious Solutions 的销售与营销总监，他们是为英国法律企业提供数字营销服务的专业企业。这是一个利基市场，10000 多家法律企业中顶尖的有 4500 家，他们对自己的市场有很好的了解。Conscious 内容丰富的网站和社交媒体的活跃度为他们带来大量 leads 和推荐，但是随着野心的增长，他们希望获得更多的商机以满足自己的目标。他们把自己的内容放到市场上，这个策略为他们带来了良好的销售成果。

> 戴维和他的团队并没有制作手册，而是创建了一些对于法律企业来说既有应用价值又有优秀设计的指南，放在他们的网站上以 PDF 的形式提供电子书下载，当然也有打印形式的内容。比如，《法律企业制作网站时常见的 38 个错误》《法律企业打响品牌时经常会忽略的 29 个错误》。
>
> 我们的价值指南——以电子书或打印的形式制作——只是销售团队需要的营销材料。是指南，而不是手册，帮助我们敲开了客户的大门，有了良好的会面和销售机会。
>
> ——戴维·吉尔罗伊

他们围绕着每本指南展开价值内容竞争，认真撰写每份邮件发送给目标联络人，每封电子邮件中都有 Conscious 网站下载指南的地址。每一轮活动都能提升他们在该领域内的专家声望，产生 15% 的平均回应率。如果有人在 Conscious 的网站上按了下载键，网站就会提醒销售团队，立刻会有销售人员跟进检查用户是否完成下载。这是一场完美会话的开始，而不是"强硬的销售式"对话。这种方法通过使用智能访客分析软件获得技术支持，它也能显示谁从其他的哪个页面下载了指南。戴维的销售团队可以进行有指导性的推销对

话，谈谈他们对什么样的前景感兴趣。

如何使用价值内容开始营销对话

态度冰冷的陌生电话必定是行不通的，态度温暖的陌生电话则不然。你可以利用价值内容对你的陌生潜在客户进行一下热身，这样他们才会更有可能接听你的电话。

价值内容是完美关系的创建者。用有价值的东西来进行引导——发送文章、电子书、或者甚至是打印出来的书——你都会获得互动的权利。这是在人们营销警觉下低调的信息类型，因为这种信息不是有趣，就是有用。和以往一样，关键是要知道你的服务对象才能开始行动。要对他们的需求和兴趣极其清楚，恰到好处地提供内容。继续给每一个接触的人传送价值。

如果你想与理想客户会面，为客户开展具有个人特色的价值内容营销活动，那么可以直接发送 2～3 份邮件，或者定制一些带有与众不同、有趣有益的附件的邮件在几周内发送出去。价值内容活动可以提高你与关键客户进行会面时的效率，帮助你们建立相互信赖的关系。

> 不要低估直邮的效果。在我们被电视弄得不知所措的那些日子里，直邮正在东山再起。不是传单和广告——而是能够提供价值的写作上乘的信件，并且手写地址。甚至更好的是：发送"邮件"——随信打包寄来相关的物件。谁能不打开包裹呢？
>
> ——伊恩·布罗迪

成功进行价值内容营销活动的 20 个小技巧。

◎ 准确地了解你想跟谁开展业务——要做好功课，并创建目标列表。

◎ 创建他们发现有用的、相关的和令人吃惊的内容——例如电子书，或是指南，或是引人入胜的某条研究。

◎把这个价值内容发送给你的理想潜在客户，谨慎附带一简短的介绍性邮件或信件——记住：提供帮助，而不是推销。

◎不要忘记也给你当前客户发送一份该内容的副本。

◎把电子书也发布在你的网站上。在你的网站上为内容创建一个精彩的登录页。在你的主页推广电子书。确保电子书内容得到搜索优化。

◎制作相关的博客。

◎建立相关的推特。

◎录制关于内容的播客。

◎以LinkedIn状态更新的形式升级内容。可以在LinkedIn的群组中加以介绍。

◎将其转化为幻灯片（设计精美），也将其上传到SlideShare。

◎在你的电邮刊物中介绍内容。

◎在LinkedIn上用锁定广告的方式登出广告。

◎在邮件签名中添加链接。

◎在企业名片背面添加链接。

◎创建相关主题的网络研讨会，邀请你的网络联系人出席。

◎作为其他人的网站上的客座博客。

◎撰写相关的新闻（尤其是数据吸引人的研究）。

◎围绕主题创建一次演讲，在活动中分发内容复本。

◎谨慎追踪结果，从中获取经验。

◎创建案例研究，向高层管理团队展示价值内容策略传送的益处。

记住，目标对象可能很忙碌，可能有些愤世嫉俗还可能怀疑你是在买空卖空。唯一能阻止他们按下删除键，或者把你的邮件标记为垃圾邮件的方法就是，提供一些能让他们从中发现兴趣和价值的东西。

价值内容与优秀销售团队的作用

并不是每个人在第一次会面时就会做出采购的决定，这有可能是习惯使然，缺乏时间，或者有其他更多有压力的问题需要处理，预算限制等——总之第一次会面不能立刻采购的原因很多。然而研究显示，只有 20% 的交易有后续跟进。一个极好的销售机会就此丢失，而原因只是缺少后续跟进。

价值内容可以完美地承担后续跟进的任务。不再死缠烂打地纠缠或者要求对方迅速做出决定，而是发送一些对方感觉有价值的信息，可以帮助你们继续维持对话的状态——看看以下内容，考虑一下你的销售策略。

◎ 发送一个行业新闻或研究的链接给客户，以证明你所推荐的方法应该立即使用，刻不容缓。

◎ 写一篇文章提醒对方，说明你的解决方案可以带来哪些好处，以及对销售的推动作用。

◎ 邀请他们加入你的邮件联系人清单，发送有价值的电子期刊，定期更新内容以建立信任，并且保持你在客户面前的曝光率，直到他们准备购买为止。

在计划/介绍阶段使用价值内容会有极高的工作效率，提案过后若未有决议应注意保持联系。内容必须始终具有相关性。如果客户发觉他们只是你数据库中的一项记录，发送给他们的邮件也只是通用的模板式文件，你会失去他们的信心和热情。记住，要有价值，保持相关性。能为他们撰写些东西，那是再好不过了。做到这点会极大地加速销售进程。

你应该如何追踪内容下载

作为一名销售人员，可供你支配的数据量不断增长：电子邮件（包括电子期刊）打开量、网站访问量、内容下载量、社交互动情况。网站变得越来越智能。自动化系统也一起联起手来——这对销售部门来说是可以产生潜在 leads 的极具吸引力的地方。但是一次网站上的行动何时会确定能促成销售成功的 leads？如果你正在推销，你是如何来跟进的？答案是什么？要极其谨慎。下面就是原因。

如何不把事情搞砸

几周前，一位朋友给索尼娅发送了一个关于内容营销的简短指南链接。关于这个主题的内容她都会读一读，所以认为她会瞄上一眼。令人讨厌的是，在注册表后内容被锁定了，热衷学习万事万物的她，尽职尽责地填写了她的详细信息，然后下载了指南。内容还不错，值得一读，但是说实话，她很快就把这一切抛之脑后了。晚些时候电话铃声响起了，一位销售人员已经注意到她下载了他们的免费指南——是否她会喜欢他们的营销软件演示程序呢？

> 索尼娅的回答是："呃……不！就是因为我下载了他们的内容才使我没有想出一个 leads 来。我对他们的产品没兴趣，只是内容。我又不是在市场上采购营销软件；我甚至都记不起该企业的名字。我接到来自我下载内容背后某人的陌生电话相当恼火。我也很忙；我不知道他们都是谁；根本不感兴趣！"啪地就挂了电话。

接下来她所做的：被激怒了的她发了一篇推文——迅速写出 140 字咆哮出这段经历。这也触到了许多她的关注者的痛处。

你的销售团队推进内容营销所做的努力是否正确？这是不是一次公平的交易？我们在内容上投入很多的时间、精力和金钱，"因为我们就是想向人们推销东西"。当然，我们寻找的都是下载过我们资料的人……这难道不对吗？或者也许有更好的方式？

如果你围绕创建和分享价值内容来关注你的营销努力，对跟进你的内容的趣味性必须慎之又慎。你跟进的风格要与你的营销方法中以客户为中心的精神相一致。如果不是你的客户会发现语气上的变化，他们肯定厌倦这种不速之客闯入式的类型。一则慷慨分享内容背后笨拙的陌生电话，你这是在冒着把你的品牌扼杀在萌芽状态的关系里的风险，所以一定注意你说话的语气。

要知道并不是每个下载了你的内容的人都会成为你的理想客户。对于那些留下了详细信息的人，你需要一种基于你的潜在客户资料的谨慎划分名单的方法。让你的销售团队充满敬意地接近这些人。不要用提供产品或者服务对他们进行地毯式的轰炸——你必须赢取销售的权利。证明一下你把他们的最佳利益置于心中。建立关系。用更多价值内容吸引他们直到他们做好购物的准备。

总之，如果你想和你的客户建立信任关系，不要把帮助性的和死缠烂打式的发展业务的风格掺杂在一起。尊敬的客户必须是你的营销和销售活动的核心。

冷嘲热讽式的营销和死缠烂打式的销售都已不复存在。绝对会有更好的方式。

追踪内容下载的好方法：

打好这场持久战。

◎索尼娅下载了一则有趣的，具有最佳时间风格的内容，留下了她的详细联系方式。

◎这引发了回信，信中提到了在早期内容中有人使用这个软件实施这个想法的案例研究。

◎当她点击链接想要读取更多的案例内容时，这里标记是来自一位销售人员。

◎他彻底研究了一下她的企业，发现她本身就是一位内容专家。他在推特上找到她，关注她，向她发推文，看她是否愿意下载。

◎他是一位聪明的销售人员，他分享了一些索尼娅的优秀内容，评论她的博客，回复她的推文，保持对话进行下去。

◎ 他打电话给她，而不是说了一番推销商品的言辞，他打电话想知道是否她有时间就为内容营销者如何改进它们的软件给出一些专家性的指导意见。

◎ 她同意了，给出了一些能注入产品发展的极好的反馈。

◎ 他们随后连接到 LinkedIn 上。

◎ 他问她是否愿意接收他们的电子期刊，她也同意了。

◎ 软件公司向她发送了一张致谢卡片，这真的是一次使索尼娅能够微笑起来的很棒的接触。

◎ 她开始接收他们的电子期刊，这些期刊真的很有趣，那年后半年，当其中一位大客户考虑营销软件时，她推荐了这帮人。

（这个思路在布莱恩尼为 Winning Edge 撰写的文章里进行了详述。）

这听起来也许有点理想化，但是是完全可能的。我们这里想要尽量弄清楚的观点是，你需要接受是你的购买者在控制一切，我们需要从推销转向提供帮助作为企业发展的一个方法。利用好这个新的你可以随时获取的社交工具和网络工具，去创建关系并在每一环节实现增值。

让营销和销售在内容上协力发挥作用

创建和分享价值内容作为吸引和赢取业务的策略，通常是由营销部门所实施的一种手段。很多时候推手就是企业的网站，必须承认，如果你的内容恰当的话，你可以吸引来自网络的 leads。

所以营销有一个内容发展过程。用一个博客作为它的核心，以文章、指南、信息图、视频等形式出现的大量的越来越多的有用资源就可以上升为一个新的网站。随之而来的企业推特信息流、脸谱页面、"Google+"资料、YouTube 频道，都由营销部门来进行管理。这是一个繁琐的任务，但是一番大量的艰苦工作后，企业开始看到在一定程度上的客户参与和产生 leads 方面的收益。

但是销售的情况怎么样呢？经常是他们并不是真正地参与，与他们创建的内容没有联系。我们听说过这样的传闻，不止一家大型企业花费巨资用于营销，他们创建了一个塞满了博客、信息图和指南的网站，而销售团队并不了解正在创建的这一切！销售和营销管理机构杂志开展的一项调查发现"大约40%的营销者在内容开发中很少或根本不参与推销"（来自Brainshark的调查）。真是错失良机啊！

如果你正在进行推销，那么你正处于想出完美价值内容点子的位置。你可以收集到潜在客户和当前客户咨询你的行业、产品或者服务的一手资料。请求营销部帮助你创建回答这些问题的价值担保——网站上的常见问题解答、博客里的文章、从客户角度写作的书面或视频格式的案例研究、解决相关问题的白皮书或者电子书。这就是你需要的会给你带来销售额收益的担保类型。

在客户交流第一线的营销部和销售人员都会起到重要的作用。创建价值内容是让这两个部门紧密协作开展工作的完美机会。

所以当谈到创建和分享价值内容时，企业需要你，销售也需要你！参加内容规划会议（在下一章，你会听到更多这方面的内容），告诉你的营销部门你的需求是什么和客户想要知道的是什么。利用你的网络分享价值内容，利用价值内容来帮助你打开门户，并通过销售过程来建立起信任。帮助营销和内容团队去了解这个销售过程。邀请他们在你的问题上多投入点时间。

销售人员需要加入内容营销创作过程的三个原因。

◎销售人员了解情况。他们是花时间与潜在客户进行谈话的人——他们知道客户要问的问题。正是这些问题的答案成为最重要的价值内容。利用他们了解到的情况创建内容才能真正地达到目的。

◎销售人员可以将内容传送至潜在客户手中。一位优秀的销售人员拥有庞大的联系人网络。如果销售人员（就此而言，企业内的所有部门）直接分享内容，内容会传播得更广，就更有可能传送至潜在客户手中。不要仅仅依赖集客式营销办法。

◎销售团队是优秀内容的晴雨表。如果他们自愿地或不断地与他们的潜在客户分享已创建的内容,就知道这个内容就是好内容。如果某项价值内容帮助他们赢得了业务(包括销售提议中的链接、会议之后留下的有用指南),你可以完全肯定它是有价值的。

内容营销对于那些能正确理解它的人来说代表着巨大的机遇。如果我们携手并进,企业对价值内容所做的投资就真正地开始有了回报。这些对那些期待新客户,并能够调整他们的推销和营销方法的人来说是真正激动人心的时刻。

销售人员参与内容营销的实施方法

◎识别出你的企业中已有的内容。发送给潜在客户并在销售过程中采用这些内容是否有足够的价值?

◎了解一下你想开展业务合作的目标客户的资料。找出三份可以用作敲门砖的价值内容。

◎撰写一篇文章或者让营销团队帮你创建电子书刊、视频、下载资料或白皮书,从而争取更多的会面机会。

第十五章
赢得不断生成内容的挑战

> 成功不是终点，失败也并非末日，最重要的是继续前进的勇气。
>
> ——温斯顿·丘吉尔

本章内容介绍

◎内容营销是一场持久战。

◎价值内容产生过程。

◎每个月都写些什么内容？

◎内容规划会议。

◎付诸行动的策略——有内容规划日历。

◎如何让别人阅读你的内容？

◎充分利用你所创建的内容——改换用途，重新构想。

◎团队参与与创建内容文化。

如果你已经通读本书至此，那么你已经摆好了进行内容营销之旅的完美姿态。帮助你取得长期成功。

内容营销是一场持久战。价值来自于长期创建的价值内容和长期累积的备忘录。不仅便于在网上查找，而且能加强内容的可信度。对已创建的内容进行再创造，有助于内容主体深刻、变化多样，而且能够创建加强你自己的思维和客户关系的内容。

第三部分·
如何用价值内容提升你的业务

我们由经验得知，内容营销是一项会给自己带来种种挑战的漫长而艰难的工作，这里我们会给你提供帮助。这是一场马拉松，绝不是冲刺。一旦你开始了，如何才能继续进行下去，并得到改善提高？

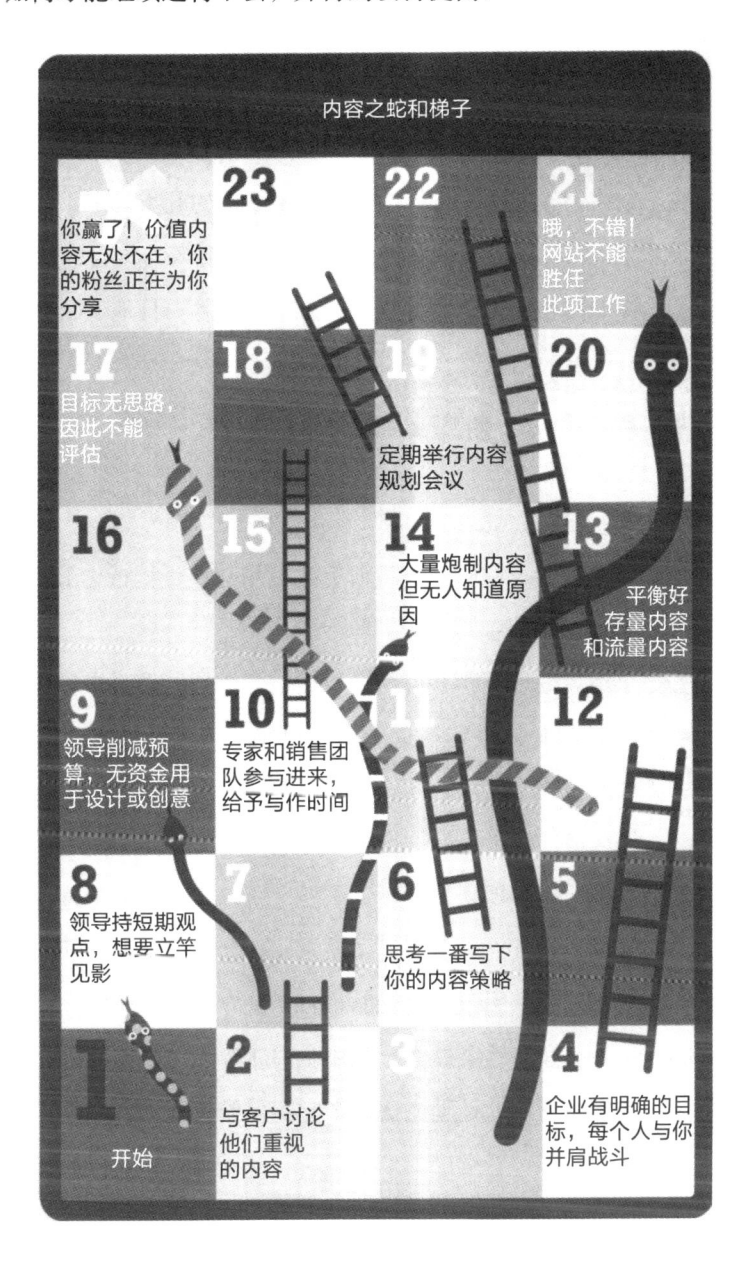

内容之蛇和梯子

23 你赢了！价值内容无处不在，你的粉丝正在为你分享	**22**	**21** 哦，不错！网站不能胜任此项工作	
17 目标无思路，因此不能评估	**18**	**19** 定期举行内容规划会议	**20**
16	**15**	**14** 大量炮制内容但无人知道原因	**13** 平衡好存量内容和流量内容
9 领导削减预算，无资金用于设计或创意	**10** 专家和销售团队参与进来，给予写作时间	**11**	**12**
8 领导持短期观点，想要立竿见影	**7**	**6** 思考一番写下你的内容策略	**5**
1 开始	**2** 与客户讨论他们重视的内容	**3**	**4** 企业有明确的目标，每个人与你并肩战斗

下面一些有用的思路，可以帮助你在价值营销中保持旺盛创造的活力，并创建一幅价值内容方法施行中酸甜苦辣的图景以引起注意。

价值内容产生过程

永远不要低估持续在基础上创建高质量内容所花费的努力。这是一个陡峭的学习曲线。始终创建能达成目标的内容是个不小的壮举。

很有可能你在忙于日常工作，除了你必须做的事情外，内容就如灵光一闪突然出现了，你如何才能保持这种早期的热情，日复一日地不断坚持创建对你的客户和企业有价值的内容？

不要惊慌。这里有一个简单的可遵照的过程（我们都知道——又是七个步骤！）。

内容产生过程：

◎思考。提出内容的思路——进行研究，利用那些最接近你的客户（经常是销售、咨询、客服）的信息。

◎善于安排事情。处理好哪些思路可以推进，哪些要停下来。

◎规划。对于每一个你决定推进的内容思路，清楚知道因为谁而写和为什么这么做。这项内容如何适合你的目标？你想让它为你的企业做什么？选择你的策略——什么格式效果最好，谁会创建它（内部，外部？），你投资了多少？时间表怎么安排？这个规划阶段至关重要，所以千万不要略过。

◎创建。文字加上设计——考虑成果质量（更多写作信息见下一章）。

◎推广。选择最佳推广渠道以增加内容的曝光率。适合用于脸谱或是在推特和"Google+"上推广效果最佳？与团队内所有人和联系人进行沟通。参考他们的意见，考虑一下你的处理方法。把它提供给其他博客、网站以扩展它的覆盖面。考虑是否值得付费推广。

◎改换用途。你如何重新利用内容里的诸因素才能从你的投资中获得最大收益。

◎学习。衡量和回顾取得的效果。你学到了什么？

随着时间的发展，提到创造价值内容时应牢记这个过程。本章我们会探究这些因素，因此你要清楚如何随着时间的推移保持这些好的内容的涌现。

每个月都写些什么内容

如果你已经掌握了第十一章中的策略方法，你就会很清楚你的内容最有效点。但是对于能深度挖掘最有效点的新思路，你也需要找出不断涌现相关新思路的方法，而不至于思路枯竭。

再重新回过头看看你的内容策略是非常重要的。一定要牢记在心。更好的是，当你把笔记本中规划的一页概述钉到你能看到的墙上时，也要配上你锁定的目标人物照片和他们的购物之旅所需的地图。记住，这些都是真实的人，只有面对真实的挑战你才能给他们提供帮助。

下面是帮助你每月写作的更多的点子。

自己准备一个笔记本

> 内容营销的秘密武器是什么？他们提问，你回答。
>
> ——马库斯·谢里丹

你的价值资源库总会是你的客户的问题。你的客户的问题会成为你的内容。每一个问到的问题就是一个内容机会。所以包里准备一个笔记本记下他们所问的重要问题是很必要的。逐字地记下他们的问题——匆匆写下你能以答案形式创建的内容思路。如果你在一家大型企业，那么你就可以激励其他面向客户的员工进行同样的操作。

平衡你的内容——不能只是博人眼球的内容

谨防"流量陷阱"。内容营销的目标罕有只是吸引尽可能多的浏览者访问你的网站。真正的目标是最大可能地产生更多的 leads 和带来更多的销售。所以要确保创建内容的平衡，该内容在销售过程的每一步骤都能回应客户的需求。

当你从销售部的观点来看这个问题时，内容营销经常是在早期的互动阶段予以过多的关注。所创建的价值内容倾向于被纯粹看作是一种建立品牌/声誉、教育和娱乐的一种方式。这很好，但是在一些点上（越是在销售过程的后期把它更多的是作为一种这个内容带来的收益）人（销售）会与人（客户）相互动。贯穿销售过程的每一阶段都需要价值内容来支持销售以确保业务的进行，并有助于协助此后的发展。

——特雷·弗利弗咨询公司

每个月问一下你自己：是否我们有覆盖所有基础问题的内容？做这点的同时，在旁边创建能回答你被问到的独特问题的内容，这应该是给你提供一个有用思路的方法。

如何做到善于安排事情

我最大的困难就是如何妥善安排事情的先后顺序和知道完成某件事应该分配的时间。总是有好多事情要做。如果真的能深受欢迎，这么做还是值得的——否则的话，真是白白浪费时间。是否我应该把时间投入到一件令人不可思议（需要很长时间）的事情上或者还是能迅速完成的事情上？

你会发现针对某一内容你会有许多思路，但总是没有足够的时间。哪些思路是你想继续推进的？哪些是想停下来的？记住：价值内容必须既对你的企业有价值也要对你的客户有价值。在决定哪一内容是需要继续推进的内容时，你需要权衡一下这个平衡点。

如果你还是挣扎于如何妥善安排事情的先后顺序这个问题，试着把你考虑创建的每条内容在头脑中用这个简单的计算方法进行分级。

简单的检查表：这条内容思路是否有价值？

◎这个内容是否有清晰的业务目标？按照比例，这条内容对你的企业有多大价值？

◎我们的客户是否对这条内容非常喜欢？按照比例，这条内容对你的理想客户有多大价值？

把对于双方来说最重要的思路向前推进。弄清你需要什么内容，内容创作要分配多少时间。在重要的内容条目上做出策略性的决策，在内容简短的博客中也要做到如此，并且坚持下去。

创建价值内容并不是一门确切的科学——你永远不能准确地预测出哪条内容会一飞冲天，哪条不会。掌握几条自己获得的经验，你就会培养起自己的感觉。不要让排出前后优先次序的恐惧成为拖延的理由。进行实验，然后继续。

如何让别人阅读你的内容

人们经常是带着满腔的热情和最好的打算来开始他们的内容营销，但是随后就碰了壁。我们在这里已经见证了无论是大型企业还是小型企业的一种状况，多半这堵墙在 2～3 个月节点时赫然耸现、令人惊恐万状。新的网站建立起来，一些伟大的内容也不断涌现出来，但是几个月下来出现了一系列的打击挫折。

所有的网站访问者都在哪儿？为什么 leads 不能源源而来？感觉像我们在自言自语。这里的内容是有价值的——想要产生收益我们很有压力——为什么没有人读我们的内容？快点！我们需要博得更多的眼球关注我们的内容。

这是一种自然反应，我们非常理解这样的挫折。我们的建议是：不要惊慌；利用所有你能做的来推广你的内容。继续，再继续。下面一些想法可以帮助你安然度过 2～3 个月的内容营销萧条期，取得你的内容理应得到的成功。

最要紧的就是，要有耐心。记住，内容营销是一场持久战：是一件需要慢慢来的事，不能速成。最初几个月你会看到一些兴趣，但是以我们的经验，6～12 个月期间，你才能真正开始获得收益，所以坚持下去吧！

坚持信念，不仅要坚定地走下去，而且确保你会尽你所能让别人来阅读你的内容。结合像在第十一章中概述的策略建立一个分配方案是确保你的内容具有应有的趣味性的最佳方式。

是否你能尽你所能确保每一条内容有最大的曝光度？

下面是对内容推广有效的快速检查单。

如何让别人阅读你的内容（快速检查单）

告知人们

在数字化世界中，这条对文字工作来说也许听起来是最基本的，但是你会大为惊讶，那么多企业忘记了这个真实世界中至关重要的一环：一旦你创建了一条内容，一定要告诉人们！

如果你不是一人组队，告诉企业的每一个人，让他们把内容传送出去。想象一下你所能触及到的范围，是否企业的每个人都把这条内容告知了他们网络上的每个联络人？如果内容与他们的联系人相关的话，让他们发送电邮传出内容或者把它发在 LinkedIn 上作为状态更新。

在企业之外，可以告诉你的联系人、潜在客户和准客户们有用的内容。如果你的内容有价值的话，这个环节中你就不要羞于启齿。

当然，你必须要告诉足够多的人。扩大你的联系人网络——甚至在这个数字化时代，老一套的面对面交流也一定不会过时。

◎正确做法：全球营销代理机构 Freedman International 除了给所有员工发一条信息和链接到他们能分享的地方外，还把每一条新的内容都贴一份在办公室靠近喝水区的墙壁上。

◎禁止做法：保密，不要告诉别人。静待佳音。

在社交媒体上推广你的内容

把你的内容发布到社交网络上，并链接到你在社交频道上创建的每一条新内容。

在标题上花点功夫，使之有趣味、吸引人。记住，像在推特这样的频道上你不可能发布一次就可以成功（但是切忌发布次数过多——不要让别人讨厌！）。尝试发布一条评论或问题，在相关的 LinkedIn 群组链接上你的内容。聪明地使用主题标签，使你的内容易于人们查找。（可参见第十三章标题帮助信息和第五章的社交媒体建议）

◎正确做法：问一些有质量的问题，有好奇心，积极评论其他人的内容。

◎禁止做法：垃圾邮件式推出你的内容链接，仅当推销时顺便拜访，忘记进行互动。

使用电子邮件

告知注册了你的邮件列表的人，给他们提供选择是否订阅收取你的最新日志更新，记住要弹出一个链接，链接你每月电子期刊中的最新内容。在你的电邮页脚处为你创建的每一条新内容插入一个链接怎么样？

259

◎正确做法：邀请人们注册你的新内容。

◎禁止做法：购买一份邮件列表，向列表上的每个人发送带有你所写内容的垃圾邮件。

优化搜索引擎

采用第七章的建议，确保谨慎优化每一条新内容以增加你被搜索的可能性。这意味着要对你创建的每一条内容予以关注，才可以知道是否有利于你被搜索到的关键词。行动起来要像一位好的图书管理员，在一本书上架之前通过正确地设定数据给书的内容标上正确的标签。

◎正确做法：为真实的读者写作，但是要清楚他们搜索的关键词。

◎禁止做法：忘记标记你的内容。发布内容，静待佳音。或者更糟糕的情况——用关键词堆积你的内容，疏远你的读者！

利用公共关系把你的内容推向更广范围

像我们在第十章提到的，公共关系这一重要的工作可以扩充你的内容。所以要致力于把内容发布在行业领先的媒体和其他网站上。

◎正确做法：培养和几位关键影响者的关系，他们才会愿意分享你的价值内容。是真正有帮助的——不是强求的。

◎禁止做法：向你能想到的每人发送相同的"请分享"邮件。谨慎使用这条策略——你很快就没有可再发送邮件的人，如果你每周都要求分享支持，人们也很快耐心耗尽。

组建内容俱乐部

与志同道合的内容创造者合作组建内容俱乐部——是一群你评价过他们的理念并且他们的内容会对客户有用的人/企业，反之亦然，这种想法怎么样？同意在推特上推出他们的内容（如果有价值的话），他们也会分享你的内容。

与你的读者进行合作。寻求他们的意见。在创建内容方面你的客户参与度越高，他们就越愿意代你去分享。

◎正确做法：与志同道合的内容创建者相联系。

◎禁止做法：让他们分享不相关的内容。或者忘记去分享！

谨慎应对付费广告

说到你的网站的流量问题，现在比以往有更多的付费数字广告选择。但是就像我们在第十章中提过的，处理事情要小心谨慎，不要忽略客户的经验。

◎正确做法：和专家谈谈，找出所有你能做的。

◎禁止做法：在你讨厌的客户身上花冤枉钱。

充分利用网站访问量

确保你充分利用你真实得到的网站访问量。是否你的网站运作和创建它一样难？要使浏览者容易找到你创建的价值内容。有真正清晰的采购路径，或者是注册电邮更新的路径。链接到其他相关内容保持人们的兴趣，引导他们去关注其他真正有帮助的内容。

定期举办内容规划会议

在有助于你妥善安排一切和维护承诺的事情中，你能落实到位的最佳步骤之一就是定期举行内容规划会议（有时被认为是编辑会议）。这些都会有助于你组织你的团队和参与到你的团队中，激发出一些内容思路，并保持每个人都关注你的目标。这些会议会有助于你把这个程序作为是对你的企业的一个策略性、结构性和可持续性的规划过程。

一次好的内容规划会议的目的，是看一看哪些是可行的，对新的内容思路集思广益和决定哪些内容可以向前推进，规划一下如何使这些内容行之有效。我们推荐所有参与内容思考和创建过程的人举行一月一次或者是一月两次的聚会。保持这个习惯会有助于你获取更多高质量的户外内容。

我们见到过那些在内容方面做出努力而功成名就的企业，当谈及内容规划和创建时思路宽广——他们信奉的是整个团队的努力，而不仅仅是个人的工作。他们奉献了资源和时间去应对内容挑战，内容来源涉及多种学科领域。如果你是一家大型企业，当发出会议邀请时一定要牢记这点。我们会邀请这样一些负责内容的人士：你的内容创建者、营销师和设计师，主题内容专家和来自各个销售团队的代表。

内容规划会议议程安排：

◎ 会议目的：介绍会议和定位会议内容。反复重申内容营销的重要性和其观点愿景。(5分钟)

◎ 工作进展。概述过去几个月的内容。包括：发布了什么内容，内容接受度怎么样？我们看到了什么收效？哪些地方与我们的目标背道而驰？这一过程对每个人的效果怎么样？(10分钟)

◎ 内容集思广益。我们客户要求的是什么？团队发现了什么样的价值内容机遇？接下来的几个月里在我们可以创建内容的客户中会发生什么？我们可以创造什么样的正合口味的内容？用什么样的格式？大主题内容？是否有下几个月的期刊规划？记住，好好平衡一下存量内容与流量内容，把你的思路写下来。(15~20分钟)

◎ 思路是否满足我们的策略？再次讨论一下你的内容策略。提醒团队注意企业目标，你选择服务的客户需求和你许下的每月内容量和话题的承诺。你是否采用内容思路取得适切的平衡？你提出的每一条内容思路有多大的价值？你是否漏掉一些内容——客户购物之旅的每一环节你是否都准备了足够的合适的内容？(5~10分钟)

◎ 内容规划。完成你的内容日程表（更多详细内容见本章稍后内容）。我们打算发布什么样的内容？何时、何种方式、何地？在价值内容部分我们为下个月做了一个详细规划和向前推进 2～3 个月的更高级别规划。会议中你的规划能推进多远完全取决于你。这取决于你们见面的频率和你的内容营销努力的成熟度。（15 分钟）

◎行动计划。同意采取行动。配置资源和履行程序使一切开展起来，定下下次会议的日期。（5 分钟）

内容规划会议最长 1～1.5 小时，时间足够。

有趣味性

> 创造力是智力的游戏。
>
> —— 艾尔伯特·爱因斯坦

进行得好的话，这些内容规划会议会是工作周内最精彩的时段。专业人士经常惧怕要有创新性这个概念，所以不妨思考一下如何使得这些会议对参会者来说成为一次真正积极的体验。当人们充满热情玩得开心时他们才更具有创造力，所以不要让会议拖了后腿。把关于分析和数据的讨论引导到能开展行动的点上来（更多像这样的标题，这个格式让人们在网上互动的时间最长，这个只能让我按了四个积极的销售电话）并持续关注"我们如何为我们的客户创建最佳内容？"

你可以为每月的最佳内容制作者颁发奖金点燃人们的热情直至狂热。最佳博客奖也许不是加勒比海的一次度假（虽然我们认为那会有效果），但是一些企业分发的是 T 恤衫：像 Desynit 系统研发公司的绝妙内容团队——哪有 IT 开发人员不喜欢印有品牌字样的 T 恤衫的？我们使用我们的价值内容奖徽章作为奖励，颁发给我们的客户提供的星级内容。

规划和使用内容日程表

把内容策略付诸行动,你需要创建一个详细的规划和日程表。我们在第十一章"内容策略"中提到过这点,但是现在我们想进行更详细的描述。

更新我们的内容规划和日程表是我们每月都得做的事儿,既能激励我们也能使我们按部就班走上正轨。如果你表现的好高骛远或者是无精打采,一旦你已经把它落实到日程表上,那么这两种状态都会自动消失。(每月发表20篇博文也许是行不通的;一个人一个月发表一篇博文也无济于事,帮不上什么忙。)

没有好的规划和日程表,系统是极难在内容营销方面表现得出色的。为什么?因为它永远不会成为你营销日常事务中的一部分。

我们为自己的内容创作所创建的内容规划是一个简单的表格。下面是我们使用到的标题和有助于你填第一张表的提示:

◎发布日期。明显而且重要。你什么时候把消息传出去?

◎作者。谁负责来完成?提交资源。

◎内容格式和目标。博文、视频、打印邮件、电子期刊、信息图或者一次演讲?你会在哪发布——在你的博客上?发表在其他人网站上的一篇客座博客?或者也许是像 Medium 的另一个网站?

◎暂定名称。写作时还会有变化,但是试用一个好的定位标题。

◎锁定关键词或者概念。你指望用这个内容为你的读者解决什么样的困难?你关注的是什么主题?如果你希望人们最有可能发现你的内容,考虑一下真人和搜索引擎。他们会使用什么词/短语?你的标题要包括这些词/短语并贯穿内容。

◎锁定客户。你用这条内容和谁谈话?要具体。如果你想让你的内容触及他们的内心,你要清楚知道你是为谁创建这条内容和他们需要什么。

◎目标。为什么你创建这条内容?你想让这条内容为你的企业获取什么?也许这是最重要的问题。

◎行动召唤。如果你期待着收益，这是至关重要的一环。你最渴望得到的读者行动是什么？

◎状态。计划的或者是行动中的？追踪一下你完成任务的进度。

◎成果。这么做是否值得？衡量和记录结果。然后你会知道什么是最有效的和重复什么才是有意义的。

像填写规划书这一举动本身就很有用。你会清楚了解你讲述的故事、你锁定的部分和你想主持的对话。

你也能够看到一些差距和是否你的目标是现实的，从而来判断是否你以牺牲另一个区域为代价以关注某一个区域。

一旦填完了规划，把它也挂到墙上，再没有比这更有公众敬业精神的了，有始有终的责任心会确保任务的完成。在每条内容上写上名字和日期，确保每个人都能看见，这样你才能对一切事情都了如指掌。

内容日程表工具和内容实施

如果你是个独行侠的话，那么把内容规划填好贴到墙上也许是你走上正轨唯一要做的事。在你的日记上添加提醒，提醒发布日期或者是你分块标出想要进行写作的时间，这都会是有用的提示，我们知道这对于一些人来说很有效。对于许多企业，尤其是那些有更多人参与内容创建的企业，网上项目管理的数量不断增长，也有越来越多的有助于保持每个人在这个循环里和保持内容流通的内容工作流程工具。

一个简单的工具是Trello。用起来像在白板上移动便利贴一样简单。Trello帮助你保持你的内容传递渠道走上正确的方向。你可上传正在进行中的工作以供讨论，润色之后可以沿着这条线把它移动到发布区。邮件提醒非常方便，确保正确的人可以看到正确的文件。

除了Trello，还有更为复杂的内容营销工具例如CoSchedule；在线项目管理工具例如 Basecamp 或者 Teamwork；简单的 Google 日历，一个白板或者电子表格——找到对你有用的系统，然后坚持用它。

有人负责制定内容创建过程工作会有很大的影响。像全球营销执行机构 Freedman International 的卡门·卡马乔（Carmen Camacho）这样的人。卡门是他们内容营销过程背后的推动力——正如 Freedman 把她称为执行队长——她纪律严明，管理严格，头脑中装有大局。卡门使用 Trello 管理内容日历，密切注视预算和交货排程，保证每一个人——内部人员、外聘作家和设计师——在正确的方向上。

尽管你是一人团队，像卡门一样肩负起执行任务的担子，坚持这个计划。

建立团队精神：一种价值内容文化

你的目的并不只是了不起的内容想法的创建，而是创建稳固的内容创建者团队。你要让团队中的每位成员都掌握全局，了解一路上的每个步骤。成功的内容营销不是个人才华展现的总量，它是一个团队的持续努力。你并不只是想让人们就按时地提交他们的博客，你也想让他们高兴地推广彼此的内容，为了让价值内容营销成为你的企业中的一种生活方式。

向人们展示为什么建立团队精神很重要，用通过价值内容营销取得成功的故事鼓励他们。如果你担心鼓舞从一开始时会很难，那么从小事开始。建立一个人数适中的写作起来感到很惬意的团队，让他们定期付出点时间写篇博客和他们的联系人分享文章。

示范这种方法很有用，在企业里交流这个成果，展示而不是告诉的做法应该激励其他人主动来帮忙创造出他们自己的内容。他们能够看到它所带来的个人利益——更多优秀的 leads（更少浪费时间的人）、更多的推荐意见、更多的公共关系和发言者机会、更多的客户、更有深度的专家意见和信任的、有益的客户关系。

提供人们创建内容的时间

> 我们不会强制执行，但是我们确实会晒出思想，把它发展成年度计划。
>
> ——格雷格·奥斯汀

如果你认识到了价值内容营销的重要性，那么就应该给人们提供创建优秀内容的时间。博客写作不应该是人们从其他工作必须挤出时间来做的事——人们需要能取得最佳效果的思考和写作的时间。当然，如果你期望人们在午餐休息时间和周末时间完成它，他们对价值内容创作的热情很快会消磨殆尽。使"创建价值内容"成为他们角色的一部分和他们的业绩展望。消除一些计时工资的压力——当你的目标是用英镑来排时间表时，你是不可能创作出优质的内容来的！

如果你是一人团队，那么我们建议你也给自己一些时间。认识到内容创作是重要的业务任务，要为这预留出时间来。你需要给大脑留出空间来创建有价值的内容。两周拿出半天的时间走出办公室，找个好地方进行写作。

身先士卒

长期成功进行内容营销的企业都会得到机构最高级别的认可。那就意味着博客管理总监与面对客户的人群进行并肩战斗。

这是创建一种内容营销文化的全部——需要自始自终嵌入到机构内部的思路和过程。

是激励，而不是强迫

我们曾听说过这样的讲述，一些企业对那些没有创作出所期待的价值内容的人们采取惩罚措施。我们相信如果强迫要挟的话是很难迸发出创意的。下面是来自企业变革专家 Project One 的一个更好的方法。

> 在 Project One 中，我现在通过推动自愿的志愿者来推进内容。我已经设计出一些建议的话题，寻求志愿者参加啤酒和披萨会议来提供内容。无须写作——他们没有时间，这是我的工作。但是如果我可以获取他们的思路，相当于在公园里喂食野兽时也散步了！
>
> ——杰夫·梅森

使价值内容文化成为你招募过程的一部分

更进一步思考一下未来，真正想取得内容营销成功的智能企业会把内容营销文化作为他们招募过程的一部分。一些企业已经着手做这件事。

> Indium 公司喜欢非常热情的和狂热投入的团队，这种团队真正热爱他们的事业、他们的研究领域、他们的技术和他们的同事。所以聘请一些能在对你的客户至关重要的主题上花一番心思的人。然后把这两者结合在一起，让他们一起出彩。
>
> ——瑞克·休特

提升团队技能

对于大型企业来说，广泛散播内容不仅有意义而且省时，因为这会给你带来各种各样的观点，思路广开。如果团队所有成员都能记下客户所问的问题，你们就会有一揽子的内容思路。尽可能使更多的人参与进来，直接面对客户的人是优秀内容的来源，他们与技术人员同等重要。

一旦人们立足于心，你会发现内容产生的真正力量，哪些地方会需要获取一点额外的支持。

培训有助于人们成为更优秀的内容创建者。如果你是唯一的操盘者，你想从这本书中学习些更深入的东西，基础的内容创建过程可以帮助你实践一些技能，给你继续沿着自己的路走下去的信心。

如果有一个大队人马的团队要培训，你可以提高一组人在创建博客上的技术，给你的内容发布人做一个用最佳的方式来分享内容的速成课程。

支持你的团队

尽可能使他们很容易的恪守这个新承诺。你那个最不情愿的主题专家，可以接受一位把那些思路变成博客文章的作家的采访来开启他的博客事业。考虑聘用一位内部内容作家或者从内容创建机构聘请外援或自由写手来完成一些内容的创建工作。

混合式的内容创建方法会更容易一些，我们看到越来越多的企业选择此方法——原创内容是由企业内部专家来开发的，一些内容创始于企业内部，然后由一位外聘内容写手进行润色，其他一些由你的写手创始的内容会由那些了解企业内部的人进行精确审查。

尽可能使这个过程高效率些。像 ZS 联合公司全球营销主管格雷格·奥斯汀建议的那样："重新运用现有的内容，实时捕捉新的思路和观点——就像有人正好在向内部观众做展示之前或之后，或者在会议上写了一份白皮书——聘请有能力的作家减轻采访时需要充实内容的负担。"

继续前行

让内容继续下去是一项艰苦的工作，你确实需要干劲十足地坚持下去。

269

你深知每个人都必须从某处开始，汲取信心，吸取教训、振作精神。我们知道即使你感觉不到，你也会在你的进程中取得一定的进步。在你渴望别人阅读你的内容时永远不要忘记价值原则。

不要地毯式地轰炸人们或者反复敲他们的门让他们来读你的内容。——既然你的内容有用——所以玩出精彩！

优秀内容和广泛发布策略的相结合会让你兴奋，要保持镇静继续前行。继续创建、混搭格式、保持稳定的源源不断的存量内容和流量内容的涌现。仔细倾听和关注重要问题。如果你关心你想要服务的人群，创建内容时把他们牢记于心自会迎来成功。

具体的实施方法

◎自己准备一个笔记本，记录下客户所问的问题。
◎填写价值内容检查表和内容规划以便想出优秀内容的点子时使用。
◎组织每月的内容规划会议，带领团队勇往直前。
◎你开了个好头！祝你好运！一路的每个环节都要坚持你的价值原则。

第十六章
疑难问题解答：回答重要内容问题

> 如果一件事值得思考，那么就是有办法，那么困难也可以克服。
>
> ——E.A.布吉亚奈尔瑞

本章内容介绍

◎如何抽出时间来创作优秀的内容？

◎如何从我的内容和我的团队中挤出每一滴有价值的内容？

◎如何克服我的写作恐惧？

◎如何长时间使内容保持趣味性？

当我撰写此书时，我们向我们的客户、联系人和我们的邮件订阅者发出了求助。我们问了他们一个简单问题：当谈到你的内容时，你面临的最大挑战是什么？我们想要知道人们真正挣扎不解的问题是什么？他们的回答使我们很受启发。

下面就是关于用价值内容进行营销时反复出现的关键问题的直接答案。如果这些问题一直留存于你的脑海中，那么你不会寂寞，不再是你一个人在思考。这些都是值得认真考虑难以立即回答的好问题。

问题1：如何抽出时间来创作优秀的内容

> 作为创意设计师，实际上我想出的有创意的内容点子并不逊色。同样也是作为设计师，我撰写的文案也不逊色（或者至少好到满足我自己的内容写作目的）。但是抽出创作和写作内容的时间真是非常地棘手。我如何才能抽出时间呢？
>
> ——克里斯蒂安·泰特

这听起来多么熟悉？好像永远不会有足够的时间来做你必须要做的所有事情，更不用说做你想要做的事了。

我们也是挣扎在其中。我们面临的这个挑战是另一个版本，我们总是尽量在进行客户工作中安排进写作的时间，日复一日的内容写作，使我们的企业发生了一些相当大的改变。所以，我们必须做出一些激进的决策来确保完成它。

我们的解决方式是——当撰写此书时，每个周五我们就闭店打烊。在周五那一天不接电话、不收邮件、不查看任何社交媒体的动态，我们就是写作，给我们提供时间来做我们需要做的事。不仅如此，我们决定我们必须让写作成为一件令人心情舒畅的事。如果我们在某个美好的地方进行写作，或是在我们期待要去的某个地方进行写作，我们会更有可能把这变成一种我们坚持下去的习惯。所以我们在健身房写作，我们会在健身房咖啡厅写作，在划艇机上"款待"一下我们的上午茶，午餐时游个泳。间歇时刻，我们全神贯注、心无旁骛。结果就是，我们真的很享受这种写书经历（我们希望这是为写优秀内容而设）。额外的收获就是，我们更容易专注于其他的工作，因为知道周五的时候我们会继续写作。当你随时揣有"而我应该做那件事"的想法的巨大包袱时，你很难做好任何一件事。投入地写作，保护创作的时间有助于我们更好地集中精神——你也许已明白了这个道理。

这就是我们的解决办法。你需要找到自己的方式，如果你很难找到时间

第三部分·
如何用价值内容提升你的业务

来写作，下面有一些可供考虑的想法。

◎ 意识到你的内容的重要性。写下为什么你做这件事和做这件事将会取得什么——对你，对你的企业。明确目标和利益有助于你抽出时间来写作。

◎ 理解写作的价值。创建价值内容是你想从你的潜在客户手中赢得业务的最佳方式之一。撰写专业的价值内容会使你在你所从事的行业表现更优秀。——这不仅仅是关乎值得拥有的事，而且也是必不可少的工作。

◎ 改变思维模式。把它看作是营销／专业开发／网络工程的必须工作。如果你这样想的话，对于取得你的企业和事业的长久成功来说，你更有可能会把它看作是与今天要完成的客户工作一样重要，因为这样付出时间很划算，也很容易。

◎ 严格保证时间。留出时间并守护时间是很重要的。我们并不是建议你有必要辟出一周一天的时间。如果你严格坚守两周抽出半天的时间，我们打赌你也会收益良多。在你的日记本上可以分块标出，在你的门上挂上"请勿打扰"的标志，关掉吸引你注意力的东西开始着手写作。如果是会见一位重要客户或者是你的孩子的生日聚会的日子，也要尽可能小心保护这段时间。

◎ 让它成为日常工作的一部分。我们都是有习惯行为的生物。建立新的日常规范需要花时间，所以计划接下来三个月内每周几小时的时间用于写作，这样你才更有可能把这个习惯坚持下来。

◎ 设定截止日期。不知何故，我们总是会在当月的最后一天找出时间来写我们的通讯期刊！

◎ 款待一下写作。健身房、公园、你喜爱的咖啡厅、家——去最适合你写作的地方。做你一直期待要做的事是很容易抽出时间的。

◎ 不要等待缪斯的出现。她根本不存在。写作是一种需要大量练习才能有所起色的技能。如果你达到了规定的写作时间，还没有形成任何思路，那么坚持下去。记一些笔记，写一连串有意识的咿呀话语，就是说要把自己进入到

273

写作的思维状态里。说过了这些，找个最适合你的写作时间。莎伦早上的写作效果好，索尼娅喜欢在晚上写作。腾出些你思维最敏锐的时间，集中注意力于写作。

◎需要一个计时器。对作家来说是极其有用的工具，尤其对我们当中的拖延症者。计划你的内容，然后就开始动笔——15～30分钟。抑制住编辑的冲动，只是把话写下来。

◎开始像作家一样思考。收集思路，时刻想着你将撰写的下一内容。快速记下客户或是潜在客户问你的问题。这只会占用你几分钟的时间，但是培养这种时刻捕捉内容的习惯会给你赢得不少的时间，你的写作也确实会更加富有成效。写作清晰与思路清晰密切相连，所以花更多的时间来揣摩想为你的客户创作的内容将会有助于你写作。

与那些效率低下的营销手段相比，每周用半天的时间进行价值内容营销是十分超值的，同时还可以构建更强大的商务关系。如果以价值内容所产生的效果而论，每周这个半天的工作效率是最高的。如果把别的任务硬挤到你的周日程表上可能会觉得力不从心，但做这件事就足够了。我们在前面提到过，要准备一个笔记本记录撰写博客的思路，这也是节省时间的好办法之一。你写作的很多思路都是在日常生活中涌现的。迅速记下思路的要点，把它和其他材料组织在一起，在你的脑海里不断打磨。当你坐下来开始写作的时候，就会发现思如泉涌，写作速度大幅提升。

问题2：如何从我的内容和我的团队中挤出每一滴有价值的内容

内容效率对于时间有限的小型企业和预算有限的大型企业来说都是极大的机会，再利用是你的利器，这点我们以前在第八章提过。Newfangled的克里斯·巴特勒就这一主题说：

我们见到对多种多样内容的大量需求。那个没有时间读你 2000 字文章的人也许有时间听你 20 分钟的播客或看你 5 分钟的视频。所以通过平台传播你的内容更为关键。

我知道听起来像是需要更多的内容，但表达的想法是内容要多种多样而且要广泛传播，不必执着量上的多少。如果你写了一篇 2000 字的文章，你能否把相同的内容转换成视频或者播客？人们在创建内容方面也要考虑一下多样性。

如果你一直在管理创作团队，更多格式的传播意味着你可以以一种更为敏感的方式激发他们的才干。也许完全没有作家天分的人会在摄像机前表现得很自然。这会减少他们面对并不非常适合每个人的写作要求时的种种压力，试着见识一下他们的专长。一个人没有必要三头六臂。

——克里斯·巴特勒

问题 3：如何克服我的写作恐惧

我发现最大的障碍是我自己！过于恐惧反而把事情弄得更糟，而且看起来不专业——我猜就是缺乏自信的表现。

这真的是一个很普遍的障碍，所以如果写作的恐惧阻碍你前行，我们希望十三章的写作技巧可以缓解你的忧虑。

无论你在你所做的事情上表现得有多么好，恐惧也会使聪颖敏锐的头脑瘫软无力。

如果我分享了我的知识，人们就会意识到我真正一无所知。

其他人比我知道更多的方法。我不是专家。

我工作时的人格面具就是一种伪装。我不能展示"真实的我"，或者是人们会意识到我只是在伪装。

谈起我的成功我感到极不自在。我知道我不配拥有这一切。

很容易看到，这样的一些感觉会阻碍你前行。写作和发布自己的内容会感到极不自在，怀疑你自己和你的能力造成了使自己处于危险境地的想法。究竟为什么你不愿意向世人敞开心扉呢？

要理解你并不是一个人踽踽独行。我们对第一篇努力写出的博客都会感到极不自信。极少数人会对他们所做的极为自信而轻而易举地写出来。

联合创作

有一个写作伙伴是很有用的。有人和你各抒己见，分享早期的创作内容是对称工作的一种极大支持。我们总是抛给彼此写了一半的博文让他去完成，我们信任彼此的判断，也能厚脸皮地接受任何批评。"我删去那段内容因为写的没用"这样的话感觉很有帮助，而不是消极的。我们需要最完美的文章，联合创作是一种达到实现目的非常有效并具回报的方式。

如果你受到自信心问题的困扰，那么与其他人合作会有很大的益处。已经克服了向别人展示你的工作的困难——一个很大的障碍——在你与世人分享内容之前。协作编辑，使你感觉你的工作并不仅仅属于你，这是你与别人共同写下的文字，而不是致力于出版的你的内心灵魂作品。这可以缓解被评价的恐惧，也缓解了担心作品不足够好的恐惧。

习惯于写作和分享你与同行一起撰写的内容。征询反馈意见、广纳谏言，对得到的答案作出回应并愿意做出改变。

考虑了所有情况之后，写作真的就是一件不断练习的事。与我们打交道的大多数客户之前并未写过一篇博文，但几个月后就有人已经适应和熟悉写作了。

问题 4：如何长时间使内容保持趣味性

这是畅游营销内容游戏多年的人们面临的挑战。

如何反复地表述相同的事件？如何利用你已经创建的大部分内容？

库存内容盘点和重新组织内容

通常来说，这是一个在你的网站上重建信息的问题，所以要对每一位用户提供正确的内容。

◎ 使用分析工具衡量一下网站上哪些内容效果好，哪些内容无人阅读。

◎ 分析你的星级表现内容，是什么类型的内容、格式、语调、长度？

◎ 库存内容盘点——重新组织内容是否会赋予重要但是不受青睐的内容新的活力？或者是否一些内容已经过了保质期？

拥有储备充足、设计精良的资料库和所有回答过的关键问题内容，才能选择接下来一步做什么，所以要关注相同思路的内容。

联系你的客户

如果你对主题的热情开始减退，与你最喜爱的一位客户进行对话也许会有帮助。问他们最有帮助的是什么。感受价值内容带来的影响，让它激励你再接再厉。

你也许感到你在反复的述说，但是问问他们的意见很有可能让你以完全不同的方式来思考同一主题——随着时间的发展你也可以做出假设，但是他们真正想要知道的是什么呢？

尝试新格式

换一种方式进行试验。如果你厌倦了开博客，可以尝试播客。有没有使用视频？用信息图来进行表达。一张幻灯片。或是倾心于漂亮的打印。

重新唤起你的创造力

或者也许可以尝试额外做一个具有创新性的项目，真正能一飞冲天的营销能够开启完全不同的生活。米顿·威廉姆斯（Mytton Williams）的设计工作室就是一个典型的例子。JazzTypes 对合伙人和创意总监鲍勃·米顿（Bob Mytton）来说是一次创意性实验，一路走来引领他们走向了惊人的高度，给他们赢得了仰慕者和新的客户。鲍勃如是解释：

> 经营这样一个小工作室，我要参与业务的每个方面，有时创意都不是我脑中的头等大事。作为创意总监，我不断对其他设计师施压让其提出构想，让他们的点子尽可能好些。但是各种问题纷沓而至，新的业务、财务金融、信息技术和人力资源等。在每件事情上花费了这么多时间，而不是投入到设计和为每个人提供帮助上，我感觉到又有陷入老一套解决方法的危险。越来越无创意。

鲍勃决定做一次实验来挑战他的创造性和想象力。结果怎么样呢？JazzTypes——在连续 100 天内设计了 100 张爵士海报，每一张都代表一个不同的音乐人。每天，包括每个周末，带着设计海报的目的，他一有时间时就随机选择一位艺术家，经常是花几个小时的时间，有时时间更长，自始自终记录着自己的思考过程和他所理解的创造性。

项目确实点燃了鲍勃的创造性，但给他的业务带来的益处何止于此。实验的消息传播到四面八方。他被要求在巴斯和伦敦展出他的海报。他已经出了一本书附带补充说明他在 JazzTypes 上所做的工作，设计杂志上也曾写到此次实验。

这个非常个人化的创意性内容项目使米顿·威廉姆斯声名鹊起，也带来了仰慕者和一些更大的新客户。

抽出点时间来把你的创造性也投入到工作中。

结语：快乐的人创造优秀的内容

你的心境是否会影响到你所创建的内容？我们的答案当然是肯定的，但并不单单只是我们这么想。我们的朋友道格·凯斯勒说："了不起的内容产生于当人们创作它时是在享受它。"

这个说法言之有理，是不是？如果你厌倦于正在创作的内容——如果可能的话——写出有灵感的东西。如果关于它的一切都不能让你微笑，你也不太可能让你的读者感觉良好。当你享受你在做的一切很容易就会有创意，写出来的东西也具有亲切感和充满智慧，能把人们引领到你的文字和你营造的意象世界中。

最伟大的内容来自于这样的一群人的创作中，他们热爱所做的事情——关心与他们开展业务的人。

那么我们能说如果你痛苦，你就不能创造价值内容吗？有点是这样，但并不全是。我们所说的是如果你不关心你想为之创造价值内容的人的话，你就不能创造有价值的内容。真诚的想要帮助你的客户会使你感觉良好，那种良好的感觉会闪耀在你创建的内容中发出光芒。

如果你卖力写出的每样东西都使你感到沮丧，也许你该再找份工作了。找些你愿意做的事情，找点能让你心跳加速、热血澎湃的事情，内容营销（和生活中的其他一切事情！）就会容易得多。

我们认为内容创作过程应该是令人愉悦的，帮助了你关心的人是一定有回报的。把这两点结合起来，你就会走上创作一些真正有价值的内容的康庄大道。

具体的实施方法

◎ 如果这里还有我们未解决的挑战，加入价值内容俱乐部，给我们发邮件。

◎ 问题"你面临的最大挑战是什么？"也是向你的客户提出来的一个真正好问题。他也会给你的内容提供一些妙策。

结 语

致营销人员的宣言

把营销重点放在为客户创建真正有价值的内容上

我们希望本书能鼓励你把价值内容列为营销核心，因为我们亲眼目睹已经采纳了这种以客户为中心的组合方法的企业所发生的变化。诚然，它需要进行一些工作或者委托他人帮忙——并不是所有的环节都很简单——你需要承担一些风险，可能还会犯一些错误（实际上我们已经犯了不少错误）。让内容具有价值并不是口头上的吹嘘，也不是随意的敷衍，你需要利用正确的工具和资源让它们发挥作用。现在一个天大的机会出现在你的面前，它可以帮助你的企业开启一片新天地，现在就开始行动吧！我们希望你能把握住机遇。

自从2012年我们撰写了内容营销的第一个版本以来，我们已经看到越来越多的企业意识到他们需要改变促销产品和服务的方式。我们感到高兴的是，对话已经从"什么是内容营销"发展转变到"我如何真正地让内容营销为我发挥作用"。我们对企业勇敢迎接挑战的态度感到很欣喜，他们用充满想象力和具有创造性的方式创建了真正有价值的内容。

使我们感到最高兴的是，用有价值的内容进行营销已经成为一个真正优秀企业的标杆。我们成功的信念是你需要从简单的销售转变成为为你的客户创造真正有价值的内容，这已经成为我们寻找一个更好的方式来开展业务的主流运动，而且感觉方向正确。价值内容营销代表开展的是人性化的业务；无论人们是否从你处购买东西，你的企业都会向世界传递一些价值；它关乎的是人与人之间的联系——传递的是网络的早期承诺：提供帮助，而不是推销；拥有更崇高目标的企业——我们会一直坚定支持它。因为在现实中，只有你真正关心了，它才会起作用。

如果你想让内容营销为你的企业发挥作用，请做好准备，迎接更大的变革。这不是最新的营销流行时尚；这是业务实践中的革命先头部队。这也是为什么我们热爱它的原因。

你和我们一起吗？

这是我们留给你的营销宣言。

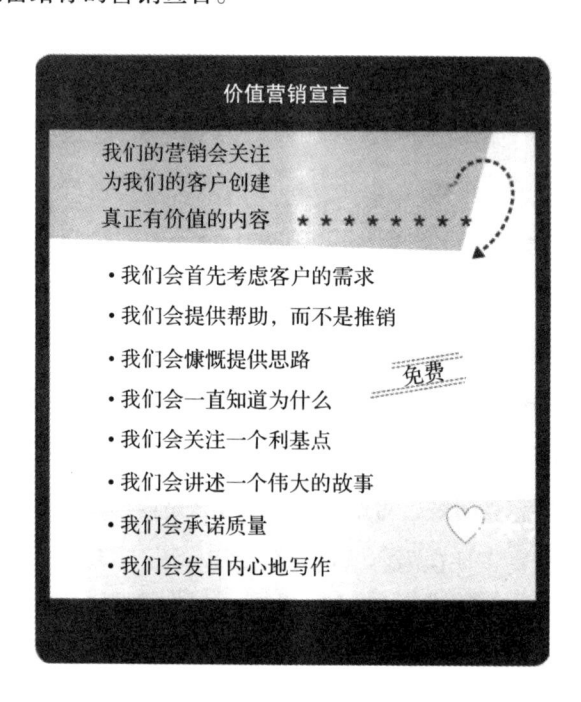

> **价值营销宣言**
>
> 我们的营销会关注
> 为我们的客户创建
> 真正有价值的内容 ＊＊＊＊＊＊＊＊
>
> - 我们会首先考虑客户的需求
> - 我们会提供帮助，而不是推销
> - 我们会慷慨提供思路
> - 我们会一直知道为什么　　　免费
> - 我们会关注一个利基点
> - 我们会讲述一个伟大的故事
> - 我们会承诺质量
> - 我们会发自内心地写作

还有一个非常重要的要回答的问题：你的客户会重视什么样的内容？

要慷慨大方，具有创意性；希望你万事如意。

价值资源区

了解客户的问卷调查

个人档案练习

开发客户档案时可想象一位真实客户——也许是某个你真正喜欢与之合作并且想要与他再次合作的人——回答下面的问题。对其进行研究有助于你完成这个步骤。

背景信息

◎ 他们是谁?

◎ 企业类型是什么?

◎ 部门和角色是什么?

◎ 他们在购物过程中的角色是什么?

◎ 迄今为止的职业生涯是什么?

◎ 教育程度和资质如何?

◎ 地点在哪儿?

为什么他们是你的理想客户

◎ 他们会从你这购买什么?

- ◎ 你想让他们采取什么行动？
- ◎ 他们为什么会选择你来进行合作？
- ◎ 用他们的话说，你给他们带来什么价值？
- ◎ 他们如何描述你所做的？

他们的业务领域（如果你向企业进行推销）

- ◎ 在影响他们行为的业务领域发生了什么？
- ◎ 关于他们的工作，他们喜欢什么或不喜欢什么？
- ◎ 他们想尽力取得的是什么？为什么这对他们来说如此重要？
- ◎ 什么驱使着他们？
- ◎ 影响他们开展工作的部门发生了什么？
- ◎ 他们对这些压力感觉如何？
- ◎ 在他们领域最喜爱的业务书籍是什么？有影响力的人是谁？
- ◎ 他们想让你解决的困难是什么？
- ◎ 他们描述那个困难所使用的典型词语是什么？
- ◎ 他们关心的是什么？

贴近他们的内心

- ◎ 他们想用生命获取什么？他们对未来的真正愿望是什么？
- ◎ 他们是否想要得到晋升或者改变世界？
- ◎ 他们的短期目标是什么？
- ◎ 他们的长期目标是什么？

偏爱的交流方式

- ◎ 他们喜欢去哪儿消遣？他们在哪里搜索他们的问题答案？

◎他们喜欢如何交流？

◎他们是否是数字土著？

◎他们发现你的企业使用的典型方法是什么？

◎当搜索解决方法时他们查看什么资源？

丰富你的个人档案和开阔思路

（思路打开范围超出你的业务角色和专业知识）

◎如果你在这个世界上有份理想工作，会是什么工作？

◎现在你最想在世界上的哪个地方？

◎你是否喜欢你的工作？

◎生存是为了工作？还是工作是为了生存？

◎管理员工和管理技术，哪个更困难些？

◎你未完成的抱负是什么？

◎休息日最喜爱的活动是什么？

◎最喜爱的电影是什么？

◎心目中的英雄是什么样的？

◎最喜爱的书籍是什么？

◎曾收到的最好的礼物是什么？

◎外向还是内向？

◎团队成员还是单飞者？

命名你的个人档案和照片或者画出来，并记录所有的信息。

他们渴望什么信息

在每一步骤他们真正喜欢什么内容？他们提问最多的五个问题是什么？

记住：他们的问题＝你的内容。在每一个步骤，把你创建什么内容来增加价值填进下表中。

你的档案	研究时的问题	评估时的问题	开始与你合作时的问题
档案 1			
档案 2			
档案 3			
档案 4			
每个步骤你可提供的内容思路			

评估报告例子

业务目标

◎业务目标，如业务增长 50%。

◎内容营销目标，如用价值内容营销提高网站有效性——通过网络推动长期的、可获利的销售收益。

◎内容营销的评估目标，如：通过网络形成集客式 leads。

◎锁定目标，如接下来 6 个月赢得 5 条好的集客式 leads。

滞后措施

对照锁定目标跟踪进程。

主要指标

◎关键搜索数与排名；

◎社交媒体上的分享数量；

◎每月唯一网站访问者数量；

◎弹出率（衡量互动的一个好的指标）；

◎网站访问时长超过三分钟的数量（衡量互动的一个好的指标）；

◎新注册电子期刊的人数（衡量兴趣的一个好的指标）；

◎注册参加网络研讨会的数量（一个好的评估指标）；

◎注册进行试验的数量(一个好的评估指标)。

洞察

记录这个月的洞察了解,如最成功的推荐网站、最成功的内容(谈及你的目标)。

问题和实施方法

例如,我们如何降低我们的跳转率?

内容规划问题

使用这种思维帮助你规划和构思每一条价值内容。开始写作前回答这些问题。

◎暂定标题:

标题和副标题思路。

◎目标读者:

这条内容为谁设计?谁是你这条内容的理想读者?使用命名一位客户或者潜在客户的方法,并描述他们需要它的原因。

◎你的目标:

为什么你创建这个内容?目标是什么?

◎行动召唤:

阅读此书后你想让你的读者做什么?你想让他们具体实施什么样的方法?

◎焦点问题:

主要概念是什么?你锁定目标的搜索词语(关键词)是什么?

◎问题:

这个内容为读者回答了什么问题和解决了什么困难?

◎ 主要信息：

总结在这条内容中你想明确的观点。读者会学到什么？

◎ 实现方法：

这个内容会以什么格式创建？它会由谁来搜索、撰写、编辑、设计和发布？发布日期是何时？

网页内容的评估指南

回答下列问题，它会帮助你搜索到创建网站内容的完整信息。它让你能够抓住问题的核心，确保网站上的内容能够准确地反映你的信息。

关于我们

做什么——简要介绍你是从事什么业务的。

谁——列出通过你的服务而受益的不同类型的企业和个人。

哪里——你的客户基本来自哪里？

为什么——解释一下，为什么他们需要你——你为他们解决了哪些问题？

关键词——客户输入哪些词才能在网络上搜索到你的服务？

专长——你有什么特殊技能和经验？

企业历史——你在这一行干多久了？你的企业是什么时候建立的？

企业简介——企业的组织构架、员工人数等，描述你的团队。

获奖情况——列出所有奖励、荣誉或者相关的资质/协会。

你的志向——你希望企业发展到什么程度？

目标——你希望通过沟通取得什么样的成果？

我们的策略

动机——是什么鼓励你们建立企业？背后的思路是怎样的？与起始目标相

比有什么不同？

你们企业的主张是——你们的信仰是什么？哪些价值对你们最重要？

最受挫的是——你的行业中存在哪些漏洞？

你最享受的是——除工作外你最喜欢的是什么？

策略——描述你对工作所采取的策略。

收益——你的策略使客户的生活更轻松吗？

竞争对手——你的竞争对手有哪些？

为什么要选择你——在你的领域中你的策略使你的企业在哪些方面与众不同或领先一步？

什么人/事激励你前进？

我们的服务

专长——你有什么特殊技能、专长和技术？你靠什么打响品牌？

你开展了哪些业务——把你的服务列出来并进行分类。

核心服务——哪项服务最受欢迎？

服务性文本的结构——对于每项服务都应提供下列信息。

◎所提供服务的名称。

◎可能会为谁提供服务。

◎为什么他们需要它/它可以解决哪些问题。

◎你的服务涉及哪些方面。

◎带来的收益。

◎相关的图片/照片/视频。

◎案例研究。

◎若有客户感言可一并提供。

我们的团队

团队介绍——列出团队成员、职务及团队的简介。

照片——为整个团队提供专业照片（风格要一致）。

LinkedIn——提供团队在 LinkedIn 上的简介链接。

商务特征——可以把人们吸引到你的企业的其他商务信息。

有价值的资源

更深刻的书面内容——如指南、手册、支持信息。

不同的格式——视频或音频下载？

其他有用的信息——客户还会寻找哪些有用的/令人感兴趣的信息？例如，FAQs、行业术语表？在线评估功能？

附加信息

联系我们——联系信息（及地图）。

更多功能：

企业博客。

注册订阅电邮或电子期刊。

表格下载。

联系表。

站内搜索。

客户登录区。

新闻发布区。

内部新闻。

可下载的文档。

招聘信息。

案例研究。

社交媒体——链接到你的活动配置文件。

联系表单。

能帮助你写好案例研究的问题

每个重要的项目都应该写一份优秀的案例研究。利用下面的问题和模板可以为你的网站创建有价值的案例分析,并且以讲故事的方式表述出来。

A. 需要你回答的问题

◎客户及项目信息。

企业名称。

网站地址。

企业类型。

客户名称/职位。

项目日期。

项目名称。

你提供的项目/服务类型。

在本案例中你要重点宣传的专业特长。

◎对挑战的描述(向客户提问,而不是向你提问)。

客户从事的业务及其所处的市场?

为什么客户会雇用你?描述一下他们的境况——他们想达到什么样的目标?希望你为他们解决哪些问题?此次的商务问题是什么?

他们要求你做什么?

如果他们什么也不做会怎样?

他们有没有关注其他方法,有的话是什么?

你的企业和你提供的方法有什么特别之处让他们比较欣赏?

◎描述你对他们面临的问题的解决方案。

你的目的是什么?

你传递的是什么信息?

提供的是什么服务?

你的方法中有哪些内容与众不同或者能吸引大家的注意？描述一些你曾经用过的有趣的方法／工具／技术。

客户在其中扮演了什么样的角色？你与谁合作？项目需要多长时间？

◎描述客户的最终收益。

客户如何从你的工作中受益？哪些利益马上就可以体现出来？哪些利益属于长远利益？或者说你希望出现哪些长远利益？

客户对你的工作及所达到的成果有什么样的感觉？他是怎么说的？

◎重点突出你的特长。

承担这个项目时你发挥了哪些特殊的技能？

你希望这份案例研究展现出哪些内容？

哪种类型的客户／企业可以从这种类型的服务中受益？

是什么打动了他们，促使其致电给你？

◎引述客户的原话。

客户对你的工作是怎样评价的？

你希望客户怎样评价你的工作？如果他们要求你把引述的内容写下来你会怎样说？

◎设计。

你是否使用了图片／照片／设计思路来阐释你的案例？

怎样规划或设计你的思路？

◎目标读者。

这份案例研究是写给谁的？哪些人会喜欢读这样的内容？

哪种写作方式最适合此类读者——如文件式、对话式、技术式还是简单直接的方式？

◎学习要点。

列出其他客户可以从案例中学到的要点。

他们从这份案例研究中可以得到哪些价值提示？

开始行动：

尽你所能详细完成上面的概述。然后请其他与项目无关的人采访你的客户，记录下他们对你工作的反馈。把两份不同来源的信息做个对比，就可以制作出一份很能引人注目的案例研究报告。

B.需要客户回答的问题

最佳的案例研究应该讲述客户的而不是你自己的经历。最好的方法当然是请客户也参与到案例研究的写作中。动笔前请先采访你的客户，询问他们对所面临的挑战有什么看法，为什么你的解决方案可以帮助他们？他们取得了哪些成绩？没有什么比倾听客户的声音更重要。使用下面的问题从客户联系人中获取反馈信息，可以帮助你的网站创建案例研究。

嗨！我正在为 X 企业做采访。你有一段非常成功的经历。我能问一些关于项目的问题吗？

◎起初你是怎么联系到 X 企业的？

◎你希望他们帮助你应对哪些挑战？

◎你最初的目标是什么？

◎你有没有想过用其他方案来解决问题？

◎他们实现了哪些成果？

◎该项目使你的企业受到哪些益处？

◎由此你能开展哪些业务？

◎你觉得与 X 企业相处如何？总的来说，他们干得漂亮吗？

◎未来进行同样的项目时你会为他们提出哪些意见？你认为他们有哪些优点？存在哪些不足？

◎与其他合作的供应商相比，他们的表现如何？

◎你会推荐 X 企业吗？会推荐他们承担哪些类型的项目？

◎如果需要向同事介绍 X 企业，你会怎么说？

◎还有其他希望他们知道的内容吗？非常感谢你的意见。你还有其他需要反馈的吗？

◎你还想谈些别的问题吗？

检查表：这个内容有价值吗

当提出内容的最初想法时，对照下面的标准检查每一条内容。这会有助于你决定哪些内容想法可以继续推进，哪些内容需要停下来。

◎这个内容是否具有明确的企业目标？我们是否清楚为什么我们创建这条内容？

◎我们的客户是否很渴求这个内容？是否它回答了真正的问题和为理想客户解决了真正的困难？

◎这个内容是否符合我们的经历？是否它与我们企业的目标相一致？是否它推进了我们的事业？

◎这个内容是否很独特？是否与我们创建的其他内容截然不同？是否是重复性的内容？

如果这些问题中的任何一个问题的答案是"否"，那么停下这种内容思路。这种内容不会有价值。

如果所有这些问题的答案是"是"，那么应详细规划这条内容。可对照下面的标准检查一下。

◎内容是否惊人地有用、人性化或者有娱乐性？是否它会引起读者的思考、引发大笑或者教会他们新的东西？

◎内容是否符合我们"提供帮助，而不是推销；演讲，而不是呐喊；展示，而不是去告诉"的内容目标？

◎内容对读者和主题来说是否是正确的格式？

◎内容给读者设定的级别是否恰当？不是太基础的或者太复杂的？

◎内容是否重点突出？

◎内容是否简洁？是否和需要的一样简洁？

◎内容是否可执行？内容是否有清晰的行动召唤——回答这样的问题"下一步该做什么？"

◎内容是否可分享？是否有清晰的社群按钮和分享键？

◎内容是否进行正确的标签和标注以便于人们在网上和搜索中发现它？

◎内容附带的图片是否能使内容增值？内容是否具有趣味性、相关性，是高质量的内容？

◎内容设计和规划是否一致？是否与我们的指南一致？是否遵循高质量的排版设计规则？

如果这些问题的大部分答案是肯定的，那么你的内容方向正确。

如果这些问题的任一答案是"否"，那么你的内容需要重新考虑和编辑。

致　　谢

得益于一些特别人士的支持，这本书才得以呈现在这里。下面是我们想要致谢的人的名单。

◎ JJ、Bill 和漂亮的孩子们，感谢 Jacob、Ben、Evie、Joe 和 Rosa，感谢你们写作过程中一再地隐忍迁就我们，让我们一直热情不减！

◎ Anna Wilson，感谢你始终如一地支持、详细地推荐和整体地肯定。

◎ Doug Kessler，感谢你为本书撰写序言，使它得到如此的肯定，我们没有比这更高兴的了。

◎ Lizzie Everard，感谢你那些可爱的插图，以及我们之间的友谊和你提供的那么多杯咖啡。

◎ Chris Thurling，感谢你作为总裁和业务培训师给我们的鼎力支持。Chris，我们的成功不能没有你。

◎ Bill Maryon，感谢眼光独到的编辑。

◎ Jon Gaunt，作为我们的会计，你的热情、信念支撑着我们！

◎ Kogan Page，感谢你专业性的、有洞见力的支持。

◎ Matthew Smith，感谢你鼓动我们写这第二个版本。

◎ "吵闹的小猴子"的 Jon Payne，感谢你在 "SEO" 一章中给我们提供的帮助，让我们一直捧腹大笑。

◎ Henneke Duistermaat，感谢你为我们撰写了资料。希望将来有更多的

致　谢

机会与你合作。

◎ Clifton Lido 和 David Lloyd Ashton，感谢你们布里斯托的游泳池和咖啡馆，及斯派克岛自由商务社区的咖啡馆，感谢你们这段时间以来提供给我们的愉快写作体验。

◎ 狗 Bella，感谢它在一片混乱中保持的安静！

尤其要对我们一些过去和现在的特别客户说一声非常感谢——Geoff Mason、Glunis Ward、Ian Hellens 和 Project Onc 组成的绝妙团队；Freedman Internatinal 的 Kevin Freedman 和 Carmen Camacho；Desynit 的 Amy Grenham 和 Matt Morris；Dave James 和 Ascenro 的团队；布里斯托大学的网络和国际团队——在你们的内容策略之旅伊始和你们合作很兴奋；Hyman Robertson 的 Terri Lucas；Paul Hajek；Jane Northcote；Andrea P Howe；Wealth Horizon 的 Chris Williams 和 Sarah Jezard；Heather Townsend，七个秘密（7 Secrets）团队；Gregg Latchams 的 Mike Rapps；Clutton Cox 的 Paul Hajek 和 Get Real Project 的 Andrea P Howe。

感谢那些激励我们思考的人——Simon Sinek（我们看了那么多次 TED 演讲）；一起为 Desynit 和 Ascentor 携手合作时，Bryony Thomas 提供了 Watertight Marketing 的框架和策略指导；Doug Kessler 提醒我们要勇敢；这些年来 David Meerman Scott 把我们引入了博客和内容世界；Newfangled 的 Mark O'Brien 和 Chris Butler ——没有人会比他们把网页做的更好；Henneke Duistermaat；Lee Frederiksen 和 Hinge Marketing 的团队；Robin Sloan、Alan Cahoon、Ian Sanders；Sands Beach Resort 的 John Beckley；James Perrott、Jane Northcole、Ian Brodie、Joe Pulizzi 和 Content Marketing Institute；Blair Enns、David Hieatt、Mark Master 和他的演讲内容系列产品、Tim LeRoy、Charles H.Green 和 Chris Brogan 的课程。

感谢那些为本书提供故事和进行校对工作的人士——Neil J Fletcher、

Brian Inkster、Peoldi Guilizzoni Balsamiq、Matthew Curry、Vaughan Merlyn、Mel Lester、Newfangled、HSBC Expat 的 Richard Fray、Mark Durnford、Rachel Goodchild、Indium 的 Rick Short、Rattleback 的 Jason Miliki、Mel Lester、David Gilroy、Jim O'Connor、Bob Mytton、Novatech、Mick Dickinson、Lee Duncan、Tim Tucker、Amanda Thomas、Ann-Marie McCormack、Chris Budd、David Nutley、Andy Maslen、Yoke 的 Jay Bigford、Trevor Lever、Fforest 的 Sian Tucker、Iain Claridge、Woolley&Co 的 Teresa Harris、Wriggle 的 Dan Waller 和 Jan Ni Dhulchaointigh、Sugru 团队。

感谢所有来自价值内容俱乐部响应我们的信息召唤，迎接内容挑战的人——包括 Annette Peppis、Christian Tait、Gill Cooper、Glynis Ward、Ben Sherwood、Kathryn Catera、Kirsten Razzaq、Laura Hamlyn 和 Carla Harper。我们很高兴有你们的加入，祝大家和你们的内容一切顺利！

唷！这只是一半的名单哦！我们衷心地向所有人表示感谢。

索尼娅·杰斐逊

莎伦·坦顿

2018 年 10 月 1 日

后　记

　　"价值内容营销这本书简直难以用语言来形容，视野高远。它向你讲述了应该制作什么样的内容。在我们这个日益喧嚣的世界，这本书给予你更高的境界。"

——克里斯·布罗根

　　"关于价值内容营销这本书我没遇到过能出其右者的，它真的是面面俱到、有实用性、给予人以灵感、容易理解。我想对这个主题有兴趣的任何人高度推荐，而且尤其是那些正积极践行内容营销的人和那些考虑把内容营销落实到他们机构的人。"

——蒂姆·塔克

　　从网站、白皮书、博客到推文、电子期刊和视频，现在比以往时候内容更是数字世界之王。正确利用这些工具你就拥有了与客户建立关系的大好机会，且这种他们喜爱和信任的方式会让他们登门造访，愿意与你开展业务。价值内容营销展示给你的是如何创建和分享客户、顾客和搜索引擎真正想要得到的信息类型——登录你的网站、使用社交媒体以及使用更多传统的方法。无论你是否打算创建一个企业，或者目标是使你的企业得到成长，这本书给你展现的是如何从你的营销努力中得到更丰厚的回报。

　　开展价值内容营销真的很有用——这本书展现给你的是如何通过提高你的品牌意识、把你的潜在客户转变为购买者、把购买者转变为你的长期粉丝等诸

方法来发展你的企业。

本书是修订本（即第二版），与第一版相比，本书是一本更明确、更实用的指南。它有助于你了解数字世界里的营销，并学会享受这段旅程。它包括新的见解和实例、按部就班的行动列表、一些小窍门等，使读者对关键概念的理解比第一版更容易。这本书为小型企业经营者和销售人员、营销和品牌方面的专业人士、进行广告宣传交流或是企业交流的从业人员，提供了从各类型企业中获得的灵感，这些企业既包括像软件开发公司 Desynit 这样的小型企业，也包括 HSBC（汇丰银行）这样家喻户晓的大型企业，他们一直使价值内容营销保持正确的方向。

索尼娅·杰斐逊向你展示创作什么样的内容。作为一位具有专业推销背景的内容营销顾问和培训师，她创建了英国营销交流企业 Valuable Content（价值内容），该企业帮助企业经营者以正确的方式准确传达他们的资讯。她创建的讯息直抵内容核心，这种制作和分享正确信息类型的做法有助于企业成长。

莎伦·坦顿向你展示如何来创作内容。作为"价值内容"的创意总监，她是一位具有深厚背景的文案作家，善于构思精巧的故事。她供职于电台、电视台、进行杂志专题写作和企业内部交流事务，她帮助企业以一种观众喜爱的方式传递他们的信息。

Kogan Page

伦敦

费城

新德里

Pilot
派力营销图书

开启你的内容之旅，祝你成功！